21世纪高职高专精品教材·市场营销类

连锁经营实训（第二版）

操阳 李卫华 主编

东北财经大学出版社
Dongbei University of Finance & Economics Press
大连

ⓒ 操 阳 李卫华 2015

图书在版编目（CIP）数据

连锁经营实训／操阳，李卫华主编 . —2 版 . —大连 ：东北财经
大学出版社，2015.6
（21 世纪高职高专精品教材·市场营销类）
ISBN 978-7-5654-1938-6

Ⅰ. 连… Ⅱ.①操… ②李… Ⅲ. 连锁经营-经营管理-高等职
业教育-教材 Ⅳ. F717.6

中国版本图书馆 CIP 数据核字（2015）第 102716 号

东北财经大学出版社出版
（大连市黑石礁尖山街 217 号 邮政编码 116025）
教学支持：（0411）84710309
营 销 部：（0411）84710711
总 编 室：（0411）84710523
网 址：http：//www.dufep.cn
读者信箱：dufep@dufe.edu.cn

大连永盛印业有限公司印刷 东北财经大学出版社发行

幅面尺寸：185mm×260mm 字数：399 千字 印张：18 1/2 插页：1
2015 年 6 月第 2 版 2015 年 6 月第 2 次印刷

责任编辑：张旭凤 张爱华 责任校对：刘 洋 孙 萍
封面设计：张智波 版式设计：钟福建

定价：30.00 元

"21 世纪高职高专精品教材·市场营销类" 编委会

☆ **编委会主任**

卢昌崇

☆ **编委会副主任**

赵　宁　窦志铭

☆ **编委会成员** (以拼音为序)

操　阳　居长志　李海琼　李文国　李小红　李玉清
邵安兆　佘伯明　孙虹乔　孙玮琳　田梦飞　王　方
王　妙　吴　玮　谢红霞　徐汉文　徐盈群　阎文谦
杨群祥　邹笑言

第二版前言

我国连锁行业发展迅速，目前已经从规模竞争转向了内涵建设，竞争白热化，随之而来的是大量的人才缺口。连锁经营管理专业作为专门为连锁行业培养高端技能型人才的专业和连锁行业的发展很类似，尽管已经有 10 余年的发展沉淀，但是也面临着内涵建设问题，特别是所学知识与职业技能难以形成有效对接，在知识向技能的转化过程中不能尽如人意，最直接的结果就是毕业生的起薪低。一边是高薪挖角，另一边却是就业起薪低。作为一名教育工作者，我们时常在想如何在学校期间就给学生打好基础，尽量帮助他们缩短从"低起薪"到"被挖角"的距离，除了课堂教学之外，好的实训教材也是一个惠及更多学生的方法。

"连锁经营实训"到底是什么？它和连锁专业的其他教材之间是什么关系？它在整个专业课程体系中起到一个什么样的作用？如果具体做实训又应该注意哪些共性问题？……要回答这一系列问题，必须从连锁经营管理专业的定位谈起。目前国内很大一部分院校的连锁经营管理专业都定位于门店营运层面，而且还锁定了一个很体面的岗位——店长，那么如果从营运的角度、如果从店长的角度，我们应该如何设定我们的课程体系，作为一门大多数专业课程都学过之后的综合实训课程，连锁经营实训教材也要与之相适应。

我们调研了多种业态的门店店长常规的成长路径，并对其进行岗位提炼分析，提出了店长的初级技能、店长的中级技能、店长的进阶技能这样一种能力结构。

初级技能主要是指初入职员工一般会从销售做起，所以在初级阶段他需要具备的第一项技能就是顾客服务技能，主要包括售卖技能与顾客投诉处理的技能，在销售之余他还会关心商品陈列，与陈列紧密相连的就是卖场的布局规划，我们把它叫做卖场规划与设计技能。会销售懂陈列仅仅是基层员工的基本要求，还不具备从门店整体运营的角度来把握一个门店，所以另外一项能力就被提出，那就是门店营运技能，主要包括门店的整体架构、工作流程以及有关收银、理货、盘点、突发事件处理等方面的技能。销售、陈列、门店营运这三项技能仅仅保证他能够维持一家门店的运作，所以我们把它统称为做店长的初级技能。拥有初级技能的店长还是一个没有"灵魂"的店长，因为他并未触及商业根本的东西，只是集中在店面销售服务方面。有时候陈列再好、推销再卖力效果也不佳，可能关键的问题是商品自身，所以我们进一步提出了围绕商品展开的品类管理技能，以及如何提升销售业绩的门店促销企划技能，这两项技能的提出，使店长有了独立思考的能力，使他从原来的一味地冲在前面销售提高到开始系统思考门店业绩如何提升。当然，在中级阶段还有一项必备的技能就是人力资源管理技能，使店长从干巴巴发号施令向如何带团队提升，这会让其在拥有经营能力之余有了配套的管理能力，让他的个人发展和能力体系增色不少，至此一个合格的店长诞生了。

1

店长还要进一步修炼发展，所以我们又提出了店长的进阶技能，主要包括采购技能、配送管理技能、特许经营技能、门店开发技能、财务管理技能等方面的技能。本书的实训体系整体设计就是来源于上述思路，从店长的初级技能训练开始，进而到中级技能，最后到进阶技能，一共25个训练项目（见下表）。当然在整体设计中有两个小的变化：第一个是在最前面增加了一个行业认知阶段的学习，主要是对行业、对连锁经营体系及自身职业生涯规划的认知训练；第二个是在能力体系中重点突出了纯连锁专业的技能，对于在其他专业中能更好体现的技能做了删减，如人力资源管理技能、物流配送管理技能、财务管理技能等均未在本书中体现，这一点请读者注意。

成长阶段	实训模块	项目序号	实训内容	建议课时
行业认知阶段	1. 连锁经营认知	1	连锁经营行业感性认知	6 课时
		2	连锁经营从业岗位认知	4 课时
初级技能训练阶段	2. 顾客服务管理	3	顾客售卖服务技巧训练	4 课时
		4	顾客投诉处理技能训练	4 课时
	3. 门店营运管理	5	门店收银技能训练	4 课时
		6	门店理货技能训练	4 课时
		7	门店进货作业训练	4 课时
		8	门店盘点技能训练	4 课时
		9	门店突发事件处理训练	4 课时
	4. 卖场规划设计	10	卖场平面布局图训练	4 课时
		11	商品陈列配置表训练	4 课时
		12	卖场客动线调研训练	6 课时
中级技能训练阶段	5. 连锁企业品类管理	13	品类定义训练	4 课时
		14	品类角色定位训练	4 课时
		15	品类评估与目标制定训练	4 课时
		16	品类策略与计划制订训练	4 课时
	6. 门店营销企划	17	促销实施及评估方案训练	4 课时
		18	全年度促销计划训练	4 课时
		19	新开店企划训练	4 课时
进阶技能训练阶段	7. 商品采购管理	20	连锁企业商品采购流程模拟训练	4 课时
		21	商品结构分析调整训练	4 课时
	8. 特许经营管理	22	特许经营体系推广训练	4 课时
		23	特许经营加盟训练	4 课时
	9. 连锁门店开发	24	连锁门店选址训练	6 课时
		25	门店开发筹备综合训练	6 课时
合计				108 课时

对于高职高专院校的连锁经营专业或市场营销专业（连锁经营方向）而言，本实训建议安排在大三上半年，在有了一定专业课基础的前提下，将本教材作为一种对专业技能进行整体盘点型的综合实训，有条件的建议集中进行实训，从而强化学生的职业技能训练，为本专业学生马上就业打下坚实的基础。对于其他商科类专业如市场营销专业（其他方向）、物流管理专业等，建议最好是学习过连锁经营原理之后再进行该实训，或者也可以实践教学与理论教学同步进行，通过

该实训，理实一体化强化学生的实践能力。

本教材主要采用的实训方法是预设情景、模拟操作、解决"实际问题"，在个别项目中，由于连锁经营实践性太强，建议在企业实际场景中实战。在具体实施过程中要注意以下几个方面：

第一，尽可能设置具体周密的模拟情景，不能为了简化实训而严重失实。可利用大家都熟悉的真实场景，让学生能把握并充分利用实训指导教师给出的各种条件，真正进入模拟企业角色。如模拟商品采购谈判，可以把同学分成若干小组，由他们自己确定业务部经理、业务部助理、供应商销售代表等角色，实训指导教师只起引导的作用。

第二，要每位学生都有参与的机会，尽可能发挥学生的特长。如开业筹备进度表的编写训练，不是要求每位学生都编制一份开业进度表，而是划定若干组，每组推举或指定一位负责人，在分工合作的基础上完成实训。

第三，大多数院校目前都在逐步使用连锁经营实训软件来进行实训，这本身是一件好事，但是必须注意的是，软件本身的编写逻辑是否符合企业实际，同时满足教学规范的要求，如果这两个基本点不具备的话，这样的软件是否值得使用还有待商榷。

本书由南京旅游职业学院操阳教授和江苏经贸职业技术学院工商管理学院李卫华副教授两位老师共同完成总体框架设计、编写大纲拟定、初稿的增删修改、统稿和定稿等工作。其中李卫华进行了实训模块一、实训模块四、实训模块五的具体编写，姚洁进行了实训模块二、实训模块六的具体编写，徐恺进行了实训模块三的具体编写，张伟杰进行了实训模块七、实训模块八的具体编写，汤薇进行了实训模块九的具体编写。

本书在编写过程中参考了大量的图书、杂志，包括通过网络进行大量的文献检索，吸收国内外众多学者的研究成果和实践经验，在此一并向这些专家、学者表示衷心的感谢！由于连锁经营管理专业在国内还处于发展阶段，加上编写人员对连锁经营管理尤其是连锁经营实训的认识和理解也有待进一步提高，因此书中难免有不妥之处，请读者谅解并提出宝贵意见，使之趋于完善。

操　阳　李卫华

2015 年 5 月于南京

目 录

第一部分

行业认知阶段

模块一　连锁经营认知

项目1　连锁经营行业感性认知

学习连锁经营就必须了解连锁企业，了解今后的从业环境，因此深入企业增强感性认知就显得非常必要。为使学生更直观、更深入地了解并熟悉今后的工作环境，学校应有针对性地带领学生实地参观、走访连锁企业，与企业人员进行深度交流，理论联系实际，从而使学生加深对连锁商业及相关知识的理解。

一、实训目标

1. 能力目标

* 能够复述学院连锁经营管理专业的定位；
* 能够科学区分不同零售业态的异同；
* 能够撰写当地连锁行业发展情况说明报告。

2. 知识目标

* 了解连锁经营与零售的联系与区别；
* 熟悉零售活动的组合要素；
* 掌握零售业态划分的标准；
* 熟悉实体店线上经营的关键。

3. 方法目标

* 掌握零售业态划分的方法；
* 掌握实体店线上经营的方法。

二、场景设计

联系当地 3～5 家不同零售业态的龙头连锁企业（包括百货、超市、家电、专卖店等业态），在零售企业相关管理人员的带领下对该企业的门店、总部（条件允许的学校，务必带学生参观总部）各部门进行参观，参观之后在企业的大会议室，由企业相关人员主持，请公司相关管理人员分别对该企业的企业文化、组织架构、业务流程、实体店与电商的融合及当地连锁零售业发展等情况进行详细介绍，学生可以提问，形成互动。

三、训练步骤

1. 联系被调研的门店

由学校出面事前联系相关企业，并协商好参观路线及互动交流等相关事项。注意所选择企业必须多业态，这样才能比较出不同业态之间的差异性，否则很容易由于参观业态单一而给学生造成对业态的片面理解与误导。

2. 参观前准备

参观前对学生进行相关基础理论知识的回顾，尤其是对业态划分的标准、零售商的活动组合要素、连锁经营的总部与门店的分工等知识，这些都是进行下一步观察的重点。根据与企业协商好的参观流程，要求每个学生列出参观的细节目标,如该商店的位置、门头、橱窗、层高、基础设施、地板、顶棚、灯光、背景音乐、温度、POP、卖场布局、客动线设计、商品结构、促销活动、企业员工服务形象等内容。另外,学生需要提前列出座谈会时可能的访谈提纲,如企业的市场定位、组织架构、部门及岗位职责、工作流程、人才需求情况等内容。学生列出参观的细节目标及访谈提纲等内容之后,实训指导教师进行审核并组织学生讨论,最后再次明确此次参观的目的。

3. 实地参观研讨

由实训指导教师带队,组织学生前往参观企业,由企业相关管理人员进行解说,按照设计好的路线对企业前后场进行详细参观。参观时需要注意维持学生秩序,不能干扰企业正常经营。同时还要注意解说效果,因为人多挤在一起不容易听清楚,所以学生尤其要用心,有机会的话可以做记录。门店参观结束后,继续参观总部各相关部门。

参观结束后,全体学生到企业大会议室,由企业相关管理人员发言介绍企业情况,然后学生就自己感兴趣的话题根据事先准备的以及在参观中发现的新问题进行提问,企业相关管理人员进行解答,实训指导教师做好场面的引导、控制工作。

一家企业结束之后,换另外一家企业参观,完成 3 ~ 5 家企业参观之后,返校。

4. 校内讨论及报告撰写

回校之后由实训指导教师组织讨论,请每位同学发表参观感言与心得,实训指导教师要注意适时的提问,引导学生的思路。讨论结束之后,请每位同学就参观情况写出实训总结,要包括业态的差异化与各家企业的竞争定位、该市连锁零售业的发展情况、未来工作环境与工作岗位等内容。

注意事项

> ★ 学生外出调研进行企业考察调研,必须听从指挥、遵守纪律、注意交通安全,并须表现出良好的礼貌礼节,维护学校形象。
>
> ★ 一般企业都不允许拍照,所以如果学生需要拍照一定要和企业做好沟通,同时提醒企业人力资源部门与防损部做好沟通,避免不必要的麻烦。
>
> ★ 学生参观企业必须带好笔及笔记本,做好记录。

四、相关知识

1. 连锁经营

连锁经营一般是指商业经营领域中的一种企业经营模式。连锁经营是以企业的"总部"、"配送中心"和若干数量的"连锁分店"组织机构为基础,在统一店名、统一店貌、统一采购、统一管理等若干个"统一"的管理方式下,由若干数量的连锁分店,构成一个规范、统一、规模化、连锁化的销售网络体系,从事商品或者服务销售的商业企业经营模式。由于连锁经营企业在资产所有权与合作方式方面的不同,连锁经营企业可分为直营连锁、自由连锁和特许经营三种连锁经营类型。

2. 零售

零售是指向最终消费者个人和社会组织出售生活消费品或非生产性消费品及相关服务，以供其最终消费之用的全部活动。

★零售活动不仅向最终消费者出售商品，同时也提供相关服务。

★零售活动不一定非在零售店铺中进行，也可以利用一些使顾客便利的设施及方式进行，如自动售货机。

★零售的顾客不限于个别的消费者，也包括社会组织消费者，购买非生产性消费品的社会组织也是零售顾客。

3. 零售商的活动组合要素

零售商的活动组合要素包括企业战略规划、商店选址等，如图1-1所示。

```
1. 企业战略规划          6. 组织系统设计
2. 商店选址             7. 商店设计
3. 商品规划             8. 商品采购与存货控制
4. 商品陈列             9. 商品定价
5. 商品促销             10. 商店服务
```

图1-1　零售商的活动组合要素

4. 零售业态的定义及其划分标准

零售业态——零售企业为满足不同的消费需求而形成的不同经营形态。新国家标准《零售业态分类》（GB/T18106-2004）按照零售店铺的结构特点，根据其经营方式、商品结构、服务功能，以及选址、商圈、规模、店堂设施、目标顾客和有无固定营业场所等因素将零售业态分为食杂店、便利店、折扣店、超市、大型超市、仓储会员店、百货店、专业店、专卖店、家居建材商店、购物中心、工厂直销中心、电视购物、邮购、网上商店、自动售货亭、电话购物等17种业态，并规定了相应的条件。

5. 零售业态分类和基本特点（见表1-1、表1-2）

表1-1　　　　　　　　**有店铺零售业态分类和基本特点**

业态	基本特点						
	选址	商圈与目标顾客	规模	商品（经营）结构	商品售卖方式	服务功能	管理信息系统
1.食杂店	位于居民区内或传统商业区内	辐射半径为0.3公里，目标顾客以相对固定的居民为主	营业面积一般在100平方米以内	以香烟、饮料、酒、休闲食品为主	柜台式和自选式相结合	营业时间为12小时以上	初级或不设立
2.便利店	商业中心区、交通要道以及车站、医院、学校、娱乐场所、办公楼、加油站等公共活动区	商圈范围小，顾客步行5分钟内到达，目标顾客主要为单身者、年轻人。顾客多为有目的的购买	营业面积100平方米左右，利用率高	以即时食品、日用小百货为主，有即时消费性、小容量、应急性等特点，商品品种在3 000种左右，售价高于市场平均水平	以开架自选为主，结算在收银处统一进行	营业时间为16小时以上，提供即时性食品的辅助设施，开设多项服务项目	程度较高
3.折扣店	居民区、交通要道等租金相对便宜的地区	辐射半径为2公里左右，目标顾客主要为商圈内的居民	营业面积为300～500平方米	商品平均价格低于市场平均水平，自有品牌占有较大的比例	开架自选，统一结算	用工精简，为顾客提供有限的服务	一般

业态	基本特点						
	选址	商圈与目标顾客	规模	商品(经营)结构	商品售卖方式	服务功能	管理信息系统
4. 超市	市、区商业中心,居民区	辐射半径为2公里左右,目标顾客以居民为主	营业面积在6 000平方米以下	经营包装食品、生鲜食品和日用品。食品超市与综合超市商品结构不同	自选销售,出入口分设,在收银台统一结算	营业时间为12小时以上	程度较高
5. 大型超市	市、区商业中心,城郊结合部,交通要道及大型居民区	辐射半径为2公里以上,目标顾客以居民、流动顾客为主	实际营业面积在6 000平方米以上	大众化衣、食、日用品齐全,一次性购齐,注重自有品牌开发	自选销售,出入口分设,在收银台统一结算	设不低于营业面积40%的停车场	程度较高
6. 仓储式会员店	城乡结合部的交通要道	辐射半径为5公里以上,目标顾客以中小零售店、餐饮店、集团购买和流动顾客为主	营业面积在6 000平方米以上	以大众化衣、食、日用品为主,自有品牌占相当部分,商品在4 000种左右,实行低价、批量销售	自选销售,出入口分设,在收银台统一结算	设相当于营业面积的停车场	程度较高并对顾客实行会员制管理
7. 百货店	市、区级商业中心、历史形成的商业集聚地	目标顾客以追求时尚和品位的流动顾客为主	营业面积在6 000~20 000平方米	综合性,门类齐全,以服饰、鞋类、箱包、化妆品、家庭用品、家用电器为主	采取柜台销售和开架面售相结合方式	注重服务,设餐饮、娱乐等服务项目和设施	程度较高
8. 专业店	市、区级商业中心以及百货店、购物中心内	目标顾客以有目的选购某类商品的流动顾客为主	根据商品特点而定	以销售某类商品为主,体现专业性、深度性,品种丰富,选择余地大	采取柜台销售或开架面售方式	从业人员具有丰富的专业知识	程度较高
9. 专卖店	市、区级商业中心、专业街以及百货店、购物中心内	目标顾客以中高档消费者和追求时尚的年轻人为主	根据商品特点而定	以销售某一品牌系列商品为主,销售量少、质优、高毛利	采取柜台销售或开架面售方式,商品陈列、照明、包装、广告讲究	注重品牌声誉,从业人员具备丰富的专业知识,提供专业性服务	一般
10. 家居建材商店	城乡结合部、交通要道或消费者自有房产比较高的地区	目标顾客以拥有自有房产的顾客为主	营业面积在6 000平方米以上	商品以改善、建设家庭居住环境有关的装饰、装修用品、日用杂品、技术及服务为主	采取开架自选方式	提供一站式购足和一条龙服务,停车位300个以上	较高
11. 购物中心							
社区购物中心	市、区级商业中心	商圈半径为5~10公里	建筑面积为50 000平方米以内	20~40个租赁店,包括大型综合超市、专业店、专卖店、饮食服务及其他店	各个租赁店独立开展经营活动	停车位为300~500个	各个租赁店使用各自的信息系统
市区购物中心	市级商业中心	商圈半径为10~20公里	建筑面积为10万平方米以内	40~100个租赁店,包括百货店、大型综合超市、专业店、专卖店、饮食店、杂品店以及娱乐服务设施等	各个租赁店独立开展经营活动	停车位为500个以上	各个租赁店使用各自的信息系统
城郊购物中心	城乡结合部的交通要道	商圈半径为30~50公里	建筑面积为10万平方米以上	200个租赁店以上,包括百货店、大型综合超市、专业店、专卖店、饮食店、杂品店及娱乐服务设施等	各个租赁店独立开展经营活动	停车位为1 000个以上	各个租赁店使用各自的信息系统
12. 工厂直销中心	一般远离市区	目标顾客多为重视品牌的有目的的购买者	单个建筑面积为100~200平方米	为品牌商品生产商直接设立,商品均为本企业的品牌	采用自选式售货方式	多家店共有500个以上停车位	各个租赁店使用各自的信息系统

5

表 1-2   无店铺零售业态分类和基本特点

业　态	基　本　特　点			
	目标顾客	商品（经营）结构	商品售卖方式	服务功能
1. 电视购物	以电视观众为主	商品具有某种特点，与市场上同类商品相比，同质性不强	以电视作为向消费者进行商品宣传展示的渠道	送货到指定地点或自提
2. 邮购	以地理上相隔较远的消费者为主	商品包装具有规则性，适宜储存和运输	以邮寄商品目录为主向消费者进行商品宣传展示，并取得订单	送货到指定地点
3. 网上商店	有上网能力，追求快捷性的消费者	与市场上同类商品相比，同质性强	通过互联网络进行买卖活动	送货到指定地点
4. 自动售货亭	以流动顾客为主	以香烟和碳酸饮料为主，商品品种在30种以内	由自动售货机器完成售卖活动	没有服务
5. 电话购物	根据不同的产品特点，目标顾客不同	商品单一，以某类品种为主	主要通过电话完成销售或购买活动	送货到指定地点或自提

6. O2O

O2O 全称为 Online to Offline，又被称为线上线下电子商务，区别于传统的 B2C、B2B、C2C 等电子商务模式。O2O 就是把线上的消费者带到现实的商店中去：在线支付线下商品、服务，再到线下去享受服务。通过打折（团购，如 Group on）、提供信息和服务（预定，如 Open Table）等方式，把线下商店的消息推送给互联网用户，从而将他们转换为自己的线下客户。这样线下服务就可以用线上来揽客，消费者可以用线上来筛选服务，还有成交可以在线结算，很快达到规模。

五、学生天地

表 1-3   参观实训总结

班级		姓名		调查时间	
学号		组号		主要任务	
备注					

六、效果评价

表1-4　　　　　　　　　　连锁企业参观评价评分表

考评人		被考评人	
考评地点			
考评内容	对连锁零售企业的感性认知能力		
考评标准	内　　容	分值（分）	评分（分）
	能够明确知道此次参观的着眼点	20	
	能够明确列出企业座谈的访谈提纲	20	
	外出参观连锁企业纪律表现良好	20	
	能够深刻了解业态差异及电商影响	20	
	能够对本市连锁零售业有进一步了解	20	
合　　计		100	

注：考评满分为100分，60~70分为及格，71~80分为中等，81~90分为良好，91分以上为优秀。（该表可复印后灵活用于教学）

七、知识拓展

传统消费行业触网的五个问题

随着互联网和移动互联网更大范围的普及，越来越多的消费者已经依赖互联网进行消费决策了，继而对各个行业的经营产生的影响也越来越大，因此作为传统消费行业的商家面对的已经不是要不要拥抱互联网，而是如何拥抱互联网的问题。

一、明确拥抱互联网到底意味着什么

如果要用一个词来描述互联网特性的话，互联网就是一个"放大器"，相对于原来主要靠门店来吸引客流，互联网给商家更多网上露脸的机会，相当于开了更多的窗户，立了更多的指向牌。原来商家做完一个服务不管好与不好，传播范围相对比较小，但有了互联网后，由于互联网本身的扁平化和开放化，传播范围会充分放大，而且影响也会更长久。也就是说，进入互联网之后，意味着你的好或者不好都会有更多人更快地知道。所以触网之前，要先确保自己的服务和产品准备好被"放大"了吗？

二、明确切入路径

生活服务一般从消费决策的角度分为重决策和轻决策，典型的如家居、婚庆、装修和教育培训属于重决策，而餐饮、美容、便民等属于轻决策。从目前来看，用户更习惯通过互联网网站来辅助进行重决策消费，随着移动互联网的发展用户更习惯通过移动应用的相关服务进行轻决策消费。因此，应根据自身行业内消费者的决策习惯来选择建设网站，还是开发APP。品途网在服务商家的过程中，看到有不少老板在不清不楚的状态下做了开发APP的决定，却没有给自己带来任何效益。

三、网络建设不是建个网站就完事了

我们发现不少传统商家老板认为建网站就是找一个软件外包团队，花个一两万块钱做个东西，基本上就算解决了。事实上在过去这些年来，网上存在着很多基本不更新或者很少更新的死网站，这些网站给商家不仅不会有正向作用，反而对潜在客户有负面影响，就像是一个门店的玻璃从来不擦一样。要做一个对企业品牌有贡献、对业务能持续不断支持的网站，至少需要以下几方面的工作：网站的规划和设计、网站基本设施准备、网站外包开发、网站上线和推广、网站持续优化和运营。如果不打算做好上述这些工作，品途给商家的建议一般是，"您还不如不做任何网站"。因为当客户搜索到您这个地方，对内容、美感、功能甚至基本信息等留下不好的印象，也许业务就止步于此了。

四、APP 也不简单

从 2012 年开始，当越来越多的人开始用智能手机时，APP 流行起来。接下来有一堆免费或收费的 APP 开发商蜂拥而入，说现在移动互联网这么火了而且会越来越火，再不开发就来不及了……但实际情况是：移动平台比互联网平台要分化得多，开发一个 APP 研发工作量远超过开发一个 WEB 网站；移动 APP 的发布渠道更是多，尤其是国内第三方 android 下载市场；大多数 APP 用户下载某些 APP 后不久就会放弃、删除，尤其是那些缺乏运营和体验比较差的 APP。

整体来说，做好并持续运营 APP 的难度比网站的难度只大不小。还好有微信，对于大多数商户来说，微信公众平台可以基本满足需要。通过微信的运营不断积累经验，在微信不能满足业务发展情况下，可以继续考虑做 APP，而那时，就需要如同规划网站一样做符合业务需求的 APP 规划了。

五、多考虑一下拥抱互联网有哪些选择

对于大多数线下商家来说，如果其服务的地理范围很有限的话，就不能充分利用网站的规模化效应。其实在开始建网站或者开发 APP 之前还有很多其他的选择。比如在一些生活平台上开一个店铺，在媒体平台上建一个博客或者开通微博，在微信上开通公众平台，在论坛中介绍自己的业务等，这都是一些可以触网的方式。

总之，拥抱互联网是一个系统工程，做之前一定要和信得过的专业人士沟通交流，想清楚目的，理清计划，不断衡量效果进行调整。天下兵器很多，要打天下，包括打互联网这个天下，一定要找最适合自己行业特点、发展阶段、资金情况、人员构成等实际情况的那一款，使用属于你自己的兵器，才是把钱花在刀刃上。

资料来源　王振华. 传统消费行业触网的五个问题［EB/OL］.［2013－04－08］. http://news.hexun.com/2013-04-08/152905244.html.

📖 项目2　连锁经营从业岗位认知

参观连锁企业，只是学生认知连锁企业的第一步，为了使学生对未来从业环境和岗位有更深入地了解和把握，就必须对学生进行连锁经营体系与从业岗位认知训练，以使学生了解连锁经营整体运作，明确连锁企业的岗位设置及岗位职能，并为自己做简单的职业生涯规划。

一、实训目标

1. 能力目标
- 能够进行简单的连锁总部组织架构设计；
- 能够进行常见业态门店组织架构设计；
- 能够结合自身情况进行职业生涯规划；
- 能够对所了解的连锁企业的架构设计提出建议。

2. 知识目标
- 了解连锁总部和门店的不同功能；
- 熟悉常见业态的连锁经营体系；
- 熟悉连锁企业常见岗位的岗位职责。

3. 方法目标
- 掌握组织架构设计的方法；
- 掌握职业生涯规划的方法。

二、场景设计

某地级市的房地产企业决定进军零售业，计划在自己的商业地产项目中开设一家 6 000 平方米的大卖场，作为自己进军零售业的首家卖场，在开业之前需要人力资源部为该大卖场招聘员工，可是涉及究竟该招聘多少员工、对这些员工有哪些具体要求、这些员工上班之后究竟做哪些工作等问题。这就要求这家公司必须先对连锁经营体系有深刻的理解，然后制定明确的组织结构及岗位职责。请从该企业人力资源部的角度为该公司做好这些工作。

三、训练步骤

1. 实训指导教师收集各种连锁零售企业的招聘信息，进行分类整理之后，在课堂上一一列出，让学生了解目前所出现的各种各样、名目繁多的岗位，以及从事该岗位未来的发展前景是什么，为下一步的座谈会做准备。

2. 学生上网查询该行业的各种招聘信息，分析各种企业、各种岗位的情况，并思考自身情况与这些岗位的适应性问题，同时上网查询连锁零售行业不同岗位的能力要求，以及了解目前连锁零售行业之中成功人士的发展轨迹，开始思考自身职业生涯规划。

3. 通过实训指导教师对各种职位的讲解、学生上网的查询以及业内资深人士（可以提前邀请其来校）的指导，请每位同学做出自己比较详细的职业生涯规划，甚至一个学生可以做多套职业生涯规划，以便应对不同的就业环境，对每个学生做出的职业生涯规划，实训指导教师做出点评。

4. 将学生进行分组，5~8 人为一组，以小组为单位在本次实训设计的场景中开展工作。

★ 首先学生上网查询各种连锁企业的组织结构图与岗位职责的描述。

★ 回顾企业参观座谈情况，列出各种可能的组织架构图。

★ 针对本次实训设计场景的情况，需要学生仔细分析该企业目前的情况，并根据自己对业务的理解设计组织结构。

　　★在组织结构设计时，尽量细化到岗位。

　　5.学生以组为单位将做好的组织架构图及岗位职责描述装订成册上交给实训指导教师，并做好设计思路讲解发言工作，实训指导教师进行审核评分。

　　🐾 注意事项

> 　　★ 学生上网学习，必须听从指挥，遵守纪律，不许打游戏或者聊天。
> 　　★ 在登录网站时，注意选取具有代表性的连锁企业。
> 　　★ 上网查询连锁企业招聘岗位，并分析岗位与自己职业生涯规划的匹配度，认真思考自己今后的职业发展。
> 　　★ 实训指导教师对于学生的发言，认真点评，做好学生的职业发展的引导工作。

四、相关知识

1.连锁经营管理体系的含义

连锁经营管理体系是指为满足连锁企业规模化经营的有效运作，将组织结构、活动过程、作业程序、经营资源等有机结合设计而成的体系。建立连锁经营管理体系的目的是依靠系统化的内部管理体系，运用标准、规范、制度等管理文件，通过高效率的内部分工和协调配合，改善服务质量，提高规模经营效益，实现连锁企业高效率的规模经营。

2.连锁经营管理体系的内容

连锁经营管理体系具体包含以下4个基本内容：

★组织结构：连锁企业为实现企业功能，可按科学管理来规定各部门的职责、权限及其相互关系，并以结构图和岗位说明书予以规定。

★活动过程：它是将输入转化为输出的一组彼此相关的资源和活动，并可以用投入—产出关系来衡量整个活动过程的效率。

★作业程序：它是为完成活动过程所规定的途径和方法，可以用经营手册对经营过程的每一个环节加以具体规定。

★经营资源：它包括人员、设备、资金、技术和方法以及各种无形资产。

连锁经营管理体系应能充分运用企业的各项资源以确保经营活动的质量。

3.连锁总部和门店的关系

连锁总部与门店（分店）两者之间，很难各自独立生存，虽然有时候会因彼此双方利益及权利义务的认知差距而可能导致某些冲突，但基本上双方还是一体两面的"命运共同体"，有着依存而生的密切的关系。或者换一个角度说，连锁总部与门店之间的关系是专业化分工的关系。

★无论是何种类型的连锁经营，总部与门店都有着共同的经营理念。经营理念是企业经营的终极目标。连锁企业常因点的扩散分布，而使经营决策层与门店之间的距离愈行愈远，尤其当各单位及每个共事人员在运作过程中不可避免地面临到问题与挫折时，如果没有很清楚的经营理念或实施架构的话，则难免形成各自为政的现象。连锁企业一旦有了清楚的经营理念，就可以制定出各项经营策略及执行方针，总部和门店的管理者就"有法可依"，并对其执行状况加以追踪评估及改善，实现企业的经营目标。

★明确定位。连锁企业在其发展过程中应明确：顾客是谁？顾客在哪里？他们需要的是什么？要如何才能满足这些顾客？只有回答了这些问题，才能确定所经营的是什么样的门店：是百货店？是超级市场？是便利门店？还是专卖店？

★总部规模的大小取决于门店的数量及所发展的形态。门店数量越多，总部的规模越大，所需的机能分工越齐备。

★连锁门店对总部的依赖程度视连锁经营形态不同而有所差异。直营连锁门店和特许加盟连锁门店对总部的依赖程度高；自由连锁门店对总部的依赖程度相对较低。

★连锁总部的"胖功能"和门店的"瘦功能"。连锁运作是否成功，主要取决于总部各组织机能是否有效并能适当的发挥作用，而非一味地借着店数的拓展而毫无限制地扩张，否则终将形成大而不当、结构松散且虚有其表的纸老虎。因此，总部应尽量把繁琐复杂的工作负担下来，门店运作则尽可能简单、方便，以快速缩短商品送到顾客手中的时间，同时又能有效收集、回复贩售的种种信息。实践证明：总部的后勤系统愈强，门店的运作和新店的拓展就越顺畅，连锁企业的发展得以稳步地向前。

4. 连锁总部的主要职能

连锁总部是为门店提供服务的单位，通过总部的标准化、专业化、集中化管理使门店作业单纯化、高效化。

★政策制定：确定企业的法律形态、发展方向、投资领域和项目、发展速度和规模、购销政策、企业形象规划、人事规划等。

★店铺开发：负责选址、投资评估、营销策划、划分部门责任、制定操作规则及表单等。

★商品管理：制定选择供应商、商品的条件，采购的作业规范，对供应商管理，商品开发和淘汰的程序等。

★营运管理：制订销售、促销计划，建立督导员制度，分析营运信息，做好商品的配送、财务监督、绩效评估、后勤服务等。

★行政管理：制定人事制度、奖惩制度、薪酬制度、安全制度、办公用品的采购与管理制度等。

★资讯管理：企业内部总部与门店之间、总部与配送中心之间和各职能部门之间的信息管理；企业与外部的生产商、批发商、消费者、社区以及金融机构、连锁协会、政府等信息管理。

5. 连锁门店的职能

门店是总部政策的执行单位，是连锁企业直接向顾客提供商品及服务的单位。其基本职能是按照总部的指示和规范要求，承担日常的销售任务。由于门店直接向顾客提供商品和服务，因此除做好商品销售工作以外，还要承担其他相关的职能和管理任务，具体如下：

（1）主要的业务活动有商品销售、进货及存货管理、经营绩效评估。

★商品销售是向顾客展示、供应商品并提供服务的活动，是门店的核心职能。

★进货是指向总部要货或自行向由总部统一规定的供货商要货的活动。门店的存货包括卖场的存货（即陈列在货架上的商品存量）和内仓的存货。有效地进行进货及存货管理，可以提高商品周转速度。

★经营绩效评估包括对影响经营业绩的各项因素的观察、调查与分析，也包括对各项经营指标完成情况的评估以及改善业绩的对策。

（2）主要的管理活动有环境管理、人员管理、商品管理、现金管理和信息资料管理等。

★环境管理：主要包括店头的外观管理和卖场内部的环境管理。

★人员管理：主要包括员工的管理、供应商的管理和顾客的管理。

★商品管理：主要包括商品质量管理、商品缺货管理、商品陈列管理、商品盘点管理、商品损耗管理及商品销售实施的管理等。

★现金管理：主要包括收银管理和进货票据管理。

★信息资料管理：主要包括门店的经营信息管理、顾客投诉与建议信息管理、竞争者信息管理等。

6. 连锁零售业从业指南

欧尚超市的店长日常工作与王府井百货的店长截然不同，欧尚超市的店长会更多地控制部门采购和销售的商品，而王府井百货的店长却要做更多的店面人力资源管理工作。因此，打算从事零售业的学生要仔细地研究不同商店之间的职业取向的差别，以及在不同商店工作的比较优势。

（1）零售业的从业机会。

许多零售商正在敲开大学的校门，例如：哥弟、苏宁、华润苏果、宜家等这些连锁零售企业都在全国各大知名院校多次"招兵买马"。零售业中充满了大量的机会。在多少其他行业中，你能在从业之初就能担负起重要的责任呢？又有多少行业能在 5 年中使你的收入翻一番呢？作为一名采购员或商店经理，你可以完全负责某个特定领域的成功经营和获利。

近年来，零售业中大量的收购、兼并和重组导致了职业机会的暂时转变。多数受到这些事件的负面影响的雇员已经掌握了零售业中的中心职位（如采购员或商店经理）或更高层的职位。当然，许多职位由于零售业重组而得到巩固，而且通过规模经济和系统改良，零售组织也取得了更高的经营效率。但是，负责商店运营的人员，像商店经理（或称店长）和地区经理，相对来说却没有受到重组的冲击。无论零售企业的所有权和高层管理人员如何变化，零售商店总是需要经理的。

（2）零售业中的升迁路径。

职业升迁路径可以被认为是某个特定组织内不同职位之间的变换路线。这种升迁路径的样式依赖于公司和组织结构以及许多其他的因素。例如：在一家实行高度中央集权化组织结构的零售企业中，如在沃尔玛公司大多数管理职能都集中在公司总部，而在另一个实行分散化组织结构的零售企业中，如在家乐福大卖场中，商店一级有更多的管理职能，造成家乐福的店长比沃尔玛的店长要做更多的管理决策工作，能力要求更高或者说更容易锻炼成长，所以在中国市场上家乐福的店长比沃尔玛的店长的身价更高。职业升迁路径在不同的零售企业中有不同的模式。在零售业中主要的升迁路径体现在采购和营运管理领域。在人力资源管理、防损、财务和会计领域只有有限的升迁机会。这些领域都支持整个组织的商品管理和运营，所以也要求相关人员对商品管理非常熟悉，以使起支持作用的经理能有效发挥其功能。正是由于这个原因，这些起支持作用的经理一般都从商店管理或商品采购开始他们的零售生涯。

一般来说，零售业中的职业升迁路径或是在整个组织中垂直移动，或是沿"之"字形移动。垂直升迁路径或是商品采购，或是商店管理。与之相比，有些公司的"之"字形升迁路径却在商店管理和商品采购之间来回运动，这种形状的职业升迁路径被许多商店采用。

采购员的工作和商店经理的工作有明显的不同：第一，采购员一般在总部采购办公室内工作，但必须保持与零售商店环境的亲密接触，所以必须亲自到自己的商店和竞争对手的商店中去，因此也经常加班和出差。第二，采购员的主要责任是采购合适的商品。要想获得成功，采购员必须有很强的分析能力，要对采购精心组织，成为精明的决策者，同时要有丰富的谈判技巧，并且要坚持一贯。

而商店经理直接在零售环境中工作。总部与商店之间遥远的距离将他（她）与总部办公室隔开，并且产生了一种独立的感觉。他（她）的工作时间就反映了他（她）的商店的营业时间，因此也包括了周末和晚上。此外，在商店不营业时，他（她）又用大量的时间来完成自己的其他管理责任。他（她）的主要作用是通过管理商店的各项资源（商品、服务、设备和人力等）来维持商店的良好运营，同时，以满足顾客的需求为最终目标。完成这些任务需要良好的人力资源管理技巧、几个业务领域（会计、管理等）的一般知识、销售技巧、创造性的决策能力，以及多种常识等。

（3）在零售业中的其他职位。

到目前为止，我们已经重点讨论了采购员和商店经理。然而，零售业中还有一些别的令人瞩目的职位。下面是这个行业中所涉及的最普通的一些情况，在其中就有许多的职位需求。

★计算机系统。

目前，有效地使用计算机已经深受人们关注。例如：数据捕捉和应用、实现存货成本最低的迅速响应系统、反应快速的销售点终端系统，以及电子数据交换等领域都使零售商得到一个更加有效的商品流。

★房地产和法律。

零售业的房地产和法律问题也是这个行业中的一些重要问题。这一行业中迫切需要一些既能确定商店规模、仔细检查统计信息，又能与管理机关和产权所有者进行谈判的专家。零售业中大量的业务需要高级法律人才充当联络员。他们在零售商与管理机关和产权所有者之间进行房地产谈判，也在从广告欺诈到产品责任的各种法律诉讼中代表零售商出面。

★财务。

熟练的财务管理人员和高级财务管理人员是零售业中薪水最高的人之一。现在许多零售商都已经参与了能导致高负债的复杂的公司重组业务。随着竞争的加剧，多数零售商都是在严格地实现净利润的基础上经营的。

★商店设计。

零售商不断发现富有特色、舒适而且赏心悦目的购物环境可以为其营造额外的竞争优势。商店设计的关键因素包括轻松购物、轻松维护，以及灵活的商店设计。随着商店设计领域的不断发展，在商业、建筑、艺术，以及其他相关专业学习的、既有天赋又有创造力的学生将会有无限的发展机会。

五、学生天地

表1-5 我的职业生涯规划

班级		姓名		调查时间	
学号		组号		主要任务	
备注					

六、效果评价

表1-6 连锁经营从业岗位认知训练评价评分表

考评人				被考评人	
考评地点					
考评内容	连锁组织结构设计与职业生涯规划能力				
考评标准	内 容			分值（分）	评分（分）
	对各种岗位及其发展前景的理解			20	
	自身职业生涯规划制定的合理性			20	
	对连锁经营管理体系的理解程度			20	
	连锁组织结构设计的合理程度			20	
	各种岗位职责描述的详细与合理程度			20	
	合 计			100	

注：考评满分为100分，60～70分为及格，71～80分为中等，81～90分为良好，91分以上为优秀。（该表可复印后灵活用于教学）

七、知识拓展

请学校与连锁企业资深从业人士（从业 10 年以上）联系，请他来校做报告，让他谈谈他在该行业的从业经历与感言，以及在该行业中可能遇到的各种职业生涯困惑，学生可以互动提问，从而引导学生树立正确的就业观和制定合适的职业生涯规划。下面就是一位零售业资深人士与零售业大学生的对话。

来自在外资卖场工作近 4 年的 Michael 的困惑：

我是一名在外资卖场工作了近 4 年的大学生，也算是小小的资深人士了，但仍然面临很多困惑。我的问题是为什么我在零售企业看不到那些真正有水平的导师，最多只是像二年级学生遇到三年级学生那样，虽然能够从我的领导那里学到一点做人做事的技巧，但似乎没走多远就迷糊了，甚至我发现我的领导（比我早两三年毕业）、我的领导的领导（比我早十来年毕业）都会常常迷糊，我真不知道应该向谁学习、应该从谁那里学习。是不是每个人的成长都只能靠自己的领悟与摸索呢？有没有更快的成长路径呢？您在参加那个什么国际培训师学习的时候，有没有提到上级如何对下级进行有效培训？您当年在对下属进行培训的时候遇到过这种困惑吗？您的上级给过您很有价值的引导和培训吗？您是怎么思考的，又是怎么解决的？期待您的回复，谢谢！

Michael

Michael 先生：

谢谢您对我的博客的关注以及对我的沟通风格的赏识，从您咄咄逼人的话语中，我似乎看到了我过去的一点影子，也感觉到后生可畏，只要您坚持下去，您将来一定会超越我的。

您的困惑其实也是一直困惑了我 20 多年的大难题，所以倒是把我给难住了，我也确实不知该怎样答复您才算真正帮助您走出这一困惑，也许我永远也无法回答清楚这一问题，不过，我还是尽量尝试着把我对这一问题的思考告诉您，期望能够给予您从某一角度观察所得的参考，但愿我这个"盲人"摸到的象的某一部分的感知能够很好地组合进您对整个大象的感知中去，如此幸甚！

从人的一生的成长来看，绝大部分管理人员的选择都是成为一名普通的职业经理人，只有很少的人会有很强的进取欲望，渴望成为一名成功人士，甚至是渴望早日成为一名成功人士，如果我对您的判断没出错的话，您应该属于这少数人中的一位，我也是这种非常典型的少数人之一，尽管我现在离成功还差很远很远。

一个真正走向人生的极限、走到自我开发的最佳境界的人，是很难找到一位让其可以依赖的导师的，但是同时，这个世界上的每一个人，或老或少、或生或死，即便是死了几千年的古人，其实都是这些成功者的真正的导师，因为这些人的思想与行为每时每刻都会给他们启迪、给他们激励，甚至那些有生命的动物植物和无生命的风云变幻，都会给予他们莫大的精神启迪，所以中国有句古话：上有千古。就像《阿凡达》中的那位植物学家所说的，潘多拉星球上的任意一颗植物的根部都融汇了该星球数千数万年的遗传密码和信息。人类的智慧其实也是这样传承下来的，是不分古今中外的，所以我们是很难找到一位固定的导师来引导我们人生的成功的，特别是当你想比你遇到的那些导师还要优秀的时候、追求的目标也要高得多的时候就更是如此了。

所以，一个真正有追求、有远大理想的人一定是把自己的一生作为一整盘棋局来下的，在这一生的棋局中有青少年时的开局、有中壮年时的中盘厮杀、有老年时的收官与总结，这3个阶段虽然具体做什么、怎么做以及做得怎么样都有着很大的偶然性，就像一个人下棋，尽管他是有一定的棋路的，但是究竟每一步走什么还是有偶然性的，因此一个有全局意识的人当你去回顾他一生的行走路径时，还是可以发现他其实是有着明确的价值观的引导的，他是自始至终遵循着这些价值观的引导而不是纯粹地按照利害来取舍的，一个成功的人尽管不会拒绝机遇，但是他绝对不会是一个纯粹的机会主义者，只有这样的人才可能做到把自己的一生像一束激光那样，过滤掉其他波段的光谱——避开可能的诱惑和陷阱，使自己的人生能量发挥到极限。此正是："不谋全局者不足以谋一域，不谋万世者不足以谋一时。"

虽然一个有着远大理想的人是靠自己去自觉探索的，但是这个过程也是不能排除其上司的引导的，一个好的上司的引导将能够使其更快地达到理想的目标。此外，任何一个企业中的大多数管理人员的职业目标都不可能定得那么远大，有远大理想者最多也不过1%，还有20%～30%是追求优秀的，甚至有排在最后的20%～30%的管理人员是企业需要逐步优胜劣汰予以替换的，企业必须将主要的资源投放到那些对企业贡献最大的人才资源上，这就像一个零售企业，其能够挣钱的品类或品种数也只占所有品类或品种数的20%～30%，企业人才资源的分布其实也是遵循同样的原理的。

所以，企业如果能够针对那些排名前20%～30%的人才资源给予有效的培训与指导的话，那么这个企业必将能够在所有的企业中脱颖而出。当然这20%～30%也并不是专指那些中层和高层的管理干部，应该还包括各个层级的优秀者。这样一些企业的各层级的优秀者所组成的团队也就构成了企业人才队伍的核心力量。企业对这一核心力量的开发培养的有效性在很大程度上决定着企业竞争力的强弱，这就像一支大雁群，几只头雁的飞行能力和飞行速度往往会决定整个雁群的飞行距离。

现在各个零售企业都会对那些关键岗位的人才进行各种业务素质和管理素质的培训，也会强调企业内部的传帮带的人才培养机制，这些都是企业培养一支有竞争力的团队所必需的，不过，就我个人的观察，我觉得零售企业在这方面普遍还有较大的潜力可以挖掘。

一是正确认识传帮带机制的局限性。自然，作为企业而言，有传帮带肯定要比没有要强很多，但是如果仅限于此，如果不能够让人才在成长中拥有更广阔的视野，让各类人才对自己的综合素质和素质的提升培养路径有更清晰认识的话，这些人才的成长往往会很快遭遇天花板，特别是那些比上级更优秀的员工会遭受比较大的压制，或散失发展自身的热情，平庸地度日，或者对企业失望，而该企业，无论是哪一种情况，对企业的发展都是非常明显的损失。

二是要认识到系统性的培训的效果要远远大于随机性的、片段式的培训，这就像按照科学的均衡的营养配方所养育的孩子一定会比随意喂养的小孩更健康一样，企业应该从领导管理能力（包括把握员工的心态、职业习惯、领导能力、沟通能力等）以及业务能力素质这两方面给管理人员均衡"进食"，才能保证管理人员素质的整体性均衡提升。

三是重视管理人员在培训后的消化吸收。目前我所见到的很多情况是企业的培训很多，但是管理人员在培训后将这些培训的知识点应用到实际工作环境中的转化率非常低，一般是 5% ~ 10% 都不到。我自己也做过一些跟踪对比，发现"听听激动、想想感动、回去就是没行动"的现象比比皆是，而这当中，培训师所培训的内容是否与学员们的需求点紧密结合是一大影响因素，同时学员们往往因自身的惰性和对以前习惯的依赖而对新的方法与理念持强烈的排斥心理则是更为关键的因素（而这一点往往是被绝大多数零售企业所忽略的）。

由此可见，一个企业仅有培训还是远远不够的，就像只给庄稼浇水是不够的一样，最关键的还是要看庄稼对水分的吸收状况，而在浇灌、喷灌和滴灌这 3 种灌溉技术中，很显然滴灌技术是一种最佳的庄稼灌溉技术。同样的，"滴灌式培训"也必将会成为企业培训中的最佳培训技术。

资料来源　黄山，岩松. 与零售业大学生对话之 2 ［EB/OL］. ［2010-02-07］. http://blog. linkshop. com. cn/u/hcc12811/122039. html.

连锁经营实训　连锁经营实训
连锁经营实训
连锁经营实训
连锁经营实训
连锁经营实训
连锁经营实训
连锁经营实训
连锁经营实训
连锁经营实训
连锁经营实训
连锁经营实训
连锁经营实训
连锁经营实训
连锁经营实训
连锁经营实训
连锁经营实训
连锁经营实训
连锁经营实训
连锁经营实训
连锁经营实训
连锁经营实训
连锁经营实训
连锁经营实训
连锁经营实训
连锁经营实训
连锁经营实训
连锁经营实训
连锁经营实训
连锁经营实训
连锁经营实训
连锁经营实训
连锁经营实训
连锁经营实训
连锁经营实训
连锁经营实训
连锁经营实训
连锁经营实训

第二部分

初级技能阶段

模块二　顾客服务管理

项目3　顾客售卖服务技巧训练

门店要想运营得好，不仅要扩大商圈辐射范围，吸引更多顾客来消费，更重要的是，要让进店的顾客不能空手而归，让随便逛逛的顾客拎着商品走出店门，让只想买少量商品的顾客把商品塞满了汽车后备厢，不断提升客单价，增加其重复购买率和进店的频次，使其每一次的购买行为和购后感受都非常满意，成为门店的忠诚顾客。而这一切均依赖于门店营业员的销售和服务技能的训练与提升。

一、实训目标

1. 能力目标
- 能够识别真正的顾客，了解顾客真实需求；
- 能够精准地向顾客介绍商品；
- 能够和各类顾客展开有效沟通，处理异议；
- 能够成功地向顾客销售商品，达成交易。

2. 知识目标
- 了解面对顾客现场销售的基本流程；
- 了解销售人员应具备的良好心态；
- 掌握顾客异议的常见类型及应对技巧；
- 掌握与顾客成交的技巧。

3. 方法目标
- 掌握接近顾客的方法；
- 掌握商品展示方法；
- 掌握处理顾客异议的方法。

二、场景设计

采用模拟场景法进行训练。场景设计是在卖场门店内，顾客走近货架已经看了一会儿，抬起头来四处张望，寻找促销人员，这时促销人员适时出现，开始与顾客对话。

这个场景设计需要注意以下几点：

（1）顾客的类型可能是多样的，每一小组（或个人）代表不同的角色，可以扮演成夫妻、夫妻带一个上小学的孩子、成年男子、成年女子、单身老人、几个年轻的闺蜜、热恋的情人等，扮演顾客的同学需要注意，一定要给促销人员设置各式的难题，因为将来走上工作岗位，这些问题可能就是摆在自己面前的难题。此时碰到问题，大家可以群策群议，直至问题解决。

（2）可以是任意商品的货架。因为不同的商品顾客关注的核心利益点是不一样的，促销人员的介绍方法和促销策略也是不一样的，促销人员要在促销过程中体现出面对不同商品时，处理顾客异议的差别来。

（3）扮演促销人员的同学更要注意，面对不同的顾客时，你的侧重点也是不一样的。比如面对一个母亲带着一个孩子时，你首先应该关注孩子，冲小朋友打个招呼，发出你由衷的赞美，这会让母亲很高兴，也会让后面的商品介绍和成交变得更容易些。

进行训练时，按照下述训练步骤进行。

三、训练步骤

1. 面对顾客，微笑服务

（1）对镜训练。

训练者面对一面大镜子，想象着镜子里的自己是一位最尊贵的客人，面对镜子里的客人发出真诚的微笑。要体会一下各种微笑的样子，找出自己最美最真诚的微笑，观察并体会一下面部肌肉的动作，特别注意观察自己的眼睛和嘴角的部位，努力笑出最真诚最美的自己。

（2）对人训练。

两位训练者面对面地站着，一个扮演买方，一个扮演卖方，互相向对方微笑。可以由一方先笑，另一方观察，然后更换角色。观察的一方需要向对方阐述对方微笑的样子，并说出面对微笑时自己的感受，最后向微笑者提出改进微笑的建议。

实训指导教师对训练者进行分组，站在一旁观察、指导并点评，维持课堂秩序，使训练顺利进行下去。

通常来说，开始微笑服务训练时，许多学员会不太习惯，笑得不自然，或者捂着嘴笑，实训指导教师应及时纠正大家的错误，并可以在课堂上采用竞赛的办法鼓励大家练习微笑。比如每堂课评比"最佳微笑"、"最美微笑"、"微笑明日新星"、"最真诚微笑"等，让大家进入状态。

2. 观察并初始判断进入视线的顾客情况

学生分成若干小组，每3~4人一组，选择学校附近大卖场为实训场所，现场观察顾客，并在每天写出至少对10名不同类型顾客的观察报告。这一方法不仅可以锻炼观察力，还可以提升其写作报告的能力。

3. 向顾客介绍商品

（1）做好介绍商品的准备工作。

第一步，任意选择一个商品，也可以由实训指导教师指定商品。

第二步，指导学生针对所选择商品尝试写推销词。

第三步，背熟推销词。

（2）做商品介绍演示。

第一步，在课堂上选择同桌或者一个合作伙伴，在讲台位置做一个商品介绍演示。也可以个人面向全班同学做演示。

第二步，同学们对该同学做的商品介绍进行评价，提出建设性的改进建议，实训指导教师也对演示者做出点评。

第三步，演示者改进后再次进行演示。

4. 处理顾客异议

把学生分成两组，一组模拟顾客，另一组模拟卖场营业员或促销人员，开始轮流模拟处理顾客异议。顾客小组可以分别提出价格异议、需求异议、货源异议等多种不同说辞，要求营业员或促销人员小组进行现场应对。

可以组织学生首先做推销词撰写的训练和竞赛，比一比谁的推销词更能打动人。其次可以现场演示，看看进行商品介绍及应对异议时谁表现得更精彩。可以设置奖励，如果没有物质奖励，则以精神激励为主，分别设置"今日金牌推销员"、"明日之星"等，实训指导教师可以根据情况自行设计。

模拟结束后，小组同学互相点评，指出不足；实训指导教师亦对各位同学现场的听、说、问、看及肢体动作、礼仪表现进行点评。

❀ 注意事项

> ★ 微笑服务训练看似简单，其实不简单。我们要求促销人员应有一种发自内心的真诚的微笑，用微笑来打动和感染顾客。
>
> ★ 观察能力的提升不是一蹴而就的，需要在日常生活中有意识的长期训练。
>
> ★ 在进行商品介绍和处理顾客异议模拟时，扮演促销人员的一方需要注意到顾客方的角色，比如面对一个带着孩子的父亲，和面对一个单身来买东西的男士，促销的重点和措辞是不一样的。

四、相关知识

1. 展现富有感染力的微笑

微笑服务是销售人员提供的最起码的标准服务之一，销售人员的微笑，使顾客产生如沐春风般的温暖，从而产生意想不到的销售效果。同学面对顾客，一定要以真诚的微笑来迎接和打动顾客。

微笑的训练方法如下：

（1）初级微笑。

找一支粗细适中的笔，用牙轻轻横咬住它，然后对着镜子，试着摆出普通话"一"音的口型，注意尽力抬高嘴角两端，下唇与上唇迅速并拢，不要露出牙齿。这个口型就是合适的微笑。相同的动作反复练习几次，直到感觉自然为止。

（2）情绪记忆法。

借助"情绪记忆法"帮助你训练微笑，即把生活中最令你高兴、最有趣的事情收集起来。每当需要微笑时，想想那些快乐的事情，脸上自然就会流露出笑容。

（3）理智训练。

微笑是销售人员职业道德的内容和要求，销售人员必须坚信"客户是上帝"、"客户至上"的理念，即使生活中有不愉快的事情，也不能带到客户面前，要学会控制自己的情绪，学会过滤掉烦恼。

（4）高级微笑。

高级微笑应该是发自内心的，不仅要求嘴唇要动，还要求眼神含笑，即口眼结合。训练时，可以用一张厚纸遮住鼻子以下的部位，然后对着镜子练习微笑的眼神，直到看到眼神中含笑为止。

微笑相对容易，但笑出最真诚的微笑难。国际上的一些大企业的员工也大多只能笑出标准化的微笑，比如露出几颗牙齿，面部的肌肉呈现出怎样的状态等。生活中离不开微笑，同样销售也离不开微笑。因为微笑是一种人见人爱的表情，给人留下的是宽厚、谦和、亲切的印象，表达出的是对客户的理解、关怀和尊重。所以，要想做一个好的销售人员要永远谨记：你虽然无法控制你的长相，但你能控制你的笑容！

2. 提升敏锐通透的观察力

观察力属于智商的范畴。观察力的敏锐程度决定了从一个人身上得到的信息的多寡。也就是说，只有敏锐的观察力才能尽可能多地将一个初次见面的客户信息更好地把握住，为以后的销售活动打下良好的基础。

（1）首先，我们要学会如何观察一个普通人的基本方法。

要观察一个人，就要把握住这样一个顺序：从下至上。也就是说，首先，从他的鞋子开始观察。可能有人会问：为什么不先从他的脸开始观察呢？其实，一旦一开始就观察了一个人的脸，我们就会很容易地主观地对这个人进行评价，而因此影响或忽略了很多关于此人的重要信息，而从脚开始观察可以很好地避免这种情况。

首先观察他的鞋子，鞋子如果很脏，并且近来没下雨，那说明这个人对于生活卫生方面并不怎么在意，同时也可以推测这个人对于生活方面并不严谨，甚至还可以进行这样一种假设：可能他性格就是这样的。然后再观察他的裤子，其次是衣服，最后才是脸。如果衣裤上有些褶皱或是污迹，那就可以证明上面的部分论断是正确的。同时，一个人身上的饰物也是辨认此人的主要依据。有时将一个人身上的耳环、项链、戒指之类的比较个人化的东西记住，往往成为辨认此人的关键。

接下来可以观察这个人的体格，如手臂肌肉的粗壮程度、身高、体型等。在种种信息搜寻齐全之后，你就可以对这个人进行一个综合大概的评价了。

要锻炼对客户的观察力，应从身边的事物、所处的环境、人的特点着手。比如：你家里的桌子的位置有轻微变化，你的一个新朋友的眼皮是内双的，今天路上的车辆比以往少了一点（从此你可以去推断为什么少，发生了什么），餐厅见的某个陌生人是个左撇子，你周围的人的表情、穿着等。

（2）培养观察力的基本要求。

人的观察力受先天生理、心理因素的影响与制约，但主要还是可以在后天的实践中形成和发展，所以培养和训练对目标客户的观察力可从以下几个方面入手：

第一，确立观察目标，提高观察责任心。人的行为是有目的的。只有带着目的和任务进行观察，提高责任心，才会对自己的观察力提出较高的要求，从而提高观察力。

第二，明确观察对象，订立观察计划。这样就可以将观察力指向与集中到要观察的事物上，并按部就班，从容观察，从而有助于提高观察力。

第三，观察时要全神贯注，聚精会神。注意力是观察力重要的实现要素。只有提高注意力，对观察事物全神贯注，才能做到观察全面具体，才能收集到事物的细节。

第四，培养浓厚的兴趣和好奇心。兴趣和好奇心是提高观察力的重要条件。一个人具有好奇心，对其观察的事物有浓厚的兴趣，他就会坚持长期持久的观察而不感到厌倦，从而提高观察力。

第五，要有丰富的知识和经验做后盾。只有这样才能在观察中善于捕捉机遇。科学家巴斯德说过，在观察的领域里，机会只偏爱那种有准备的头脑，就是这个道理。

第六，掌握良好的观察方法。如要提高观察的客观性，就要注意被观察对象的典型性。

观察是一种用心的行为，而非随随便便地"看"。

在初练观察力时，最好养成有意识的观察。针对一个平凡无常的事物，你应有意地细微地观察它所具有的特征，注意常人难以发现的地方。再有，通过对比也是训练观察力的好方法。如：今天和昨天的窗户上的灰尘有什么变化、股市的变化并推测其未来趋势。观察，不仅要观察事物内在本质，也要着重于发现事物的变化。

总之，持有一颗观察的心并付诸实践，长此以往，便可以训练出潜意识的观察能力，即对于什么事物，都会习惯性地去观察。这是一种好习惯。

3. 接近顾客

通过正确的打招呼和接近顾客，使顾客愿意停留在柜台或货架旁。

打招呼时应注意微笑的表情、亲切柔和的目光交流、面向顾客或迎向顾客的肢体动作、热情的态度及响亮清晰的语言。

接近顾客的时机：

★当顾客无明确目标、四处张望时；

★当顾客停下脚步、目光长时间注视某件商品时；

★当顾客用手触摸某件商品时；

★当顾客从看商品的地方抬起脸时；

★当顾客与你目光相对时。

4. 提供商品详细介绍

销售人员最重要的基本功就是介绍商品，介绍商品要熟练，有时需要事先写好介绍词并熟练地加以记忆和背诵。除了商品自身，销售人员还要熟悉生产商品的企业信息和相关竞争商品的信息，以备顾客询问时有所答。介绍商品时的步骤和方法如下：

（1）首先判断顾客的购买意向以及关注的价值点。

顾客的购买意向是随时可以变化的：一是进店之前的购买欲望强烈，但进来之后由于各种各样的原因却使购买意愿降低；二是原来的购买意愿较低，但看到商品听到介绍后，购买意愿逐渐提升；三是购买意愿自始至终保持高涨的状态直至成交。

不同顾客关注的价值点是不一样的，有的人最关注价格，比如有人希望能买到物美价廉的商品，有人却对低价格的商品嗤之以鼻，希望能买到符合自己身份和地位的商品；有的人最关注时尚，比如服装款式的新颖性等；有的人最关注质量；还有的人关注实用性和性价比等，不一而足。销售人员应主动探查顾客的兴趣点和价值点，有针对性地向顾客做商品介绍。

（2）向顾客介绍商品。

探查顾客内心真实的想法主要是通过听和看来完成的，向顾客介绍商品则主要就是要说了。但说什么，怎么说，却具有一定的艺术性。向顾客介绍商品一定要做好相应的准备工作，对商品及其生产厂家和竞争品牌要非常熟悉，准备好推销词。

根据经验，将顾客经常问的问题总结下来，形成文字。一般来说，顾客经常问的问题有：

★X 商品和 Y 商品有何不同呀？看起来都差不多，价格差异却那么大！

回答要点：将两种商品的异同点介绍一下，重要的是将商品价格更高的商品之所以更贵的原因介绍得清晰明白，同时别忘记向顾客推荐所推销的商品，说服其购买。

★这个商品质量怎么样？

回答要点：介绍商品质量要如实，要根据顾客的需求推荐相应的商品。

★这个商品价格还可以再便宜一些吗？

回答要点：根据自己的价格权限做策略性的回答。

回答这个问题要注意以下技巧：第一，不要轻易答应降价；第二，如果有降价空间，也要和顾客稍稍周旋一下，因为经过努力得来的成果才会更加珍惜，经过谈判得到的降价会使顾客更有成就感；第三，必要时，可以以请示上级等方式降价。

★商品的售后服务怎么样？

很多商品的售后服务与商品本身是一体的，这类商品的售后服务非常重要。比如空调类商品，卖场里的空调只是一个半成品，要想使用，必须经过安装调试才行。安装质量的好坏直接影响到空调的制冷和制热效果，甚至影响到空调能否正常使用及其使用寿命。一般来说，家用电器和电子类商品的售后服务会更加重要一些。

针对这样的问题，对售后服务不要夸大，做虚假的承诺，也不要缩小，使顾客犹豫不敢购买，而应当尽量如实介绍。同时根据顾客心理和偏好向其介绍更合适的商品。

5. 轻松处理各种顾客异议

"顾客的拒绝是销售的开始。"这句话在销售人员的销售过程中体现得非常明显，因此，学会处理顾客的异议和拒绝是一个优秀销售人员必备的基本素质。通常情况下，顾客经常提出的异议有：

（1）价格异议。

顾客不认可商品的价格，觉得太高期待能降价，也可能嫌价格过低，感觉不够档次，或以为是假的。价格是交易的核心问题，也是一个必须解决的问题。

顾客的价格异议均在两端，要么嫌价格太低，要么嫌价格太高，一般以后者为主。一般情况下，顾客提出价格异议的目的在于砍价。很多顾客习惯讨价还价，他们往往会说"这也太贵了吧"、"我没带这么多钱"、"为什么比别的东西贵这么多"、"打点折吧，我下次还会来"等。下面介绍几种常见的价格异议处理方法：

①价值诱导法。

如果销售人员对商品非常有信心，认为顾客在了解商品之后一定会产生越来越强烈的购买欲望，则不必急着与对方探讨价格的问题，而可以这样对顾客说：

"您先别急，先看看产品再说，好吗……"

这种方法的要点是一边说，一边演示，同时注意观察顾客，看其眼神和表情的变化，通过后续的演示和解说使顾客彻底认同商品的价值，不断激发其欲望，直至同意购买。

②先同后释法。

销售人员面对顾客的价格异议，也可以先表示认同，然后做价格解释，以换取顾客对价格的理解。比如，可以这样说：

"您说的特别对，这个商品的价格与同类商品相比，确实高了些，但是贵出的这一点价格真地是物超所值呀！你看价格低的 X 商品，保修期只有一年，而我们的商品敢于承诺一年包换、5 年保修，如果不是商品过硬的品质，就这一条，也足以令企业垮掉，您说是吗？您看中这款商品，也说明了您是一个有眼光的人，说明您非常注重品质，您不希望在重要的关头，您购买的商品突然罢工吧？"

③现场解剖法。

有许多顾客对某些商品是有一些情感因素在里面的，但他们绝大部分只是在使用商品，而对于商品内在品质，只知道好，却不知为何好。有些时候，适当拆解商品，更能坚定顾客购买的决心。

④转移比较法。

说理比较是用其他的商品来证明不同品牌的价值和价格不同，所以我们的商品值这个价。而转移比较法是在顾客身上找出一件价格很贵的商品，反衬出现在所推荐的商品并不昂贵。举例来说，如果一位顾客嫌你推荐的衣服太贵，如果你有把握他穿的西装是一件名牌商品，你不妨这样说："看您穿的西装就知道您一定是个很有身份的人，如果给您推荐一件很便宜的衣服，您肯定不会要，这件衬衣才与您的身份相符。我说的对吗？"

⑤价格分拆法。

这种方法是将目前所花费的价格按商品的使用时间或是次数进行分摊，这样计算出来的单位价格就会是一个很小的数字，从而使顾客觉得这个价钱更为合理。

请尝试对身边的商品进行价格拆分。

许多情况下，如果销售人员不能有效地处理价格异议，就会使成交化为泡影，即使顾客勉强购买了商品，购后感受也会非常不愉快，最终受损的是企业的利益。下面，请看一个算不上成功的案例，并请同学们根据案例做一个课堂角色扮演，仔细揣摩每一个人物的内心，并将体会说给大家听。

【案例】 被"便宜"累垮的身体

有一对夫妻一天晚上翻阅杂志，看到一个广告的背景图是一座古玩钟。妻子评论道："这是不是你见过的最漂亮的钟？摆在咱们家客厅里是不是显得美极了？"

丈夫答道："确实美极了，我不知道得花多少钱，广告上没有标价。"

他俩决定一起去古董店寻找那座钟。俩人都同意，找到后只要不超过 500 美元就买回来。他俩寻了 3 个月最后终于在一家古董行见到了这座钟。"就是这座！"妻子高兴得叫了起来。

"对了，就是它！"丈夫道，"不过记住，不能超过 500 美元。"他俩走进商店，"哎呀，"妻子低声道，"钟上的标价是 750 美元。""算了，我们还是回去吧。我们说好了不超过 500 美元，还记得吗？"

"我记得，"丈夫道，"不过我们可以试一试看他少一点会不会卖，我们都已经找了这么久了。"他俩商量了一下，决定由丈夫任谈判代表进行谈判，虽然用 500 美元买下这座钟的希望很小，他俩还是想试一下。

他鼓起勇气，对钟表售货员说："我看到你们这里有一座小钟要卖，我看到它的定价，我还看到它上面有许多尘土，给它增添了古董的气氛。"既然勇气已经鼓起了，他接着说："我告诉你我想干什么吧，我想给你的钟出个价，只出一个价。我肯定这会使你吃惊，你准备好了吗？"他停下来看看效果，"哎，我给你 250 美元。"

钟表售货员眼都没有眨一下，"给你，卖了！"

"真的？"妻子有点喜出望外。

"当然是真的。"

就这样，他俩顺利地把这座钟买到了。但在回来的路上，丈夫突然觉得不太对头："我多傻！我应该给这家伙出 150 美元。"

"这座钟不会有什么毛病吧，这座钟拿起来确实很轻，我的力气并不大呀，肯定里面的零件少了。"他的妻子这样说。

尽管如此，他俩还是把它摆到了家里的客厅里，看上去美极了，似乎走得也不错，但是他和他的妻子总觉得不放心。等他俩退休后，俩人每晚都要起来 3 次，为什么要起来？因为他俩断定自己没有听到钟声。这样日日夜夜的不安，他俩的身体很快就垮了，并且患了高血压，其原因就是那个钟表售货员居然以 250 美元把那座钟卖给了他俩。

（2）需求异议。

需求异议有 3 种可能原因：一是对推销产品的需求缺乏认识或认识不足；二是顾客的需求发生了变化；三是顾客以此作为拒绝购买的借口。

处理需求异议，可以采用以下方法：

①针对法。

可以这样说：这种产品是专为您这一类人开发的，最适合您使用。如对方是政府官员，可以说这类产品是专门为办公室工作的人员开发的，最适合您使用。

②举例法。

向对方列举已经购买该产品的其他类似单位，比如市委已经买了，市政府是不是也考虑买一批等；或上级单位已经买了，下级单位也可以购买等。

（3）货源异议。

货源异议是指顾客自认为不应该购买推销人员所推销的或所代表的企业的产品而提出的异议。如"很抱歉，这种产品我们有固定的供货渠道"，"我们常常用某某厂的产品"，"没听说过你们这家公司"，"这种产品的原产地是哪里？"，"你们是××品牌的代理商吗？"，"你们有产品进口报关手续吗？"等问题。

货源异议的产生，大多是由于顾客对推销人员本人或对其所代表的企业与产品的不信任造成的，如怀疑推销人员的信用、怀疑推销企业的信誉与实力、怀疑产品的功能等。再有，由于经济全球化带来的变化，许多跨国公司在全球组织生产与销售，而有些企业为了提高品牌含金量，把公司在国外注册，然后在国内组织生产和销售，给人一种国外进口品牌的印象，而且由于产品型号日益繁多，功能五花八门，顾客很难对同一品牌或者同一型号的产品进行真实性鉴定。这些现象都很容易导致顾客对某些货物来路的真实性产生疑问，或者是不愿意接受信不过或不知名企业、品牌的推销品。当然，有些顾客是利用货源异议来与推销人员讨价还价的，甚至利用货源异议来拒绝推销人员的接近。因此，推销人员应认真分析货源异议的真正原因，利用恰当的方法来处理货源异议。

许多货源异议都是由于顾客的购买经验与购买习惯造成的，推销人员在处理这类异议时可采用以下策略：

①锲而不舍，坦诚相见。

通常顾客在有比较稳定的供货单位，或者有过接受推销服务不如意甚至受骗上当的经历时，对新接触的推销人员怀有较强的戒备心，由此而产生货源异议。推销人员应不怕遭受冷遇，多与顾客接触，联络感情，增进相互了解。在互相了解逐渐加深的情况下，顾客也容易对推销人员敞开心扉，说出自己的顾虑和期望，此时推销人员就可以对顾客进行具有针对性的解释和劝说，最终促成交易。在与顾客的交往中，推销人员应当注意社交礼仪，以诚挚的态度消除顾客对公司或者产品的偏见。

②强调竞争受益。

顾客常常会提出已有稳定的供货单位或者已经习惯某种产品，并对现状表示出满意，从而拒绝接受新产品和服务。此时推销人员应指出，不论是个人或者公司，在购买产品的时候采用单一来源的方法具有很大的风险性，如果供货单位一时失去供货能力或者破产，将会导致顾客因购买不到所需产品而影响生活或者生产，为了抵御风险，顾客应当采取多渠道策略解决其购买需要，这跟我们投资理财时会采取多元投资方式以降低风险是一个道理。采取多渠道进货，会增强顾客采购中的主动性和灵活性，可以对不同货源的产品质量、价格、服务、交货期等进行多方面比较分析，择优选购，并获得引入竞争所带来的利益。

③提供例证。

在解决货源异议时，推销人员为了说明其推销的产品是质量可靠、渠道合法的，可以向顾客提供一些第三方的客观证据来消除顾客疑虑，例如：厂家的代理授权证书、企业营业执照、产品生产与销售许可证、质量管理体系认证证书、产品质量鉴定报告、获奖证书以及知名企业、知名人士的订货合同或者使用记录等资料。由于顾客可以通过其他渠道对这些证据进行求证，有利于顾客消除顾虑，促进购买。

（4）其他购买异议。

一是时间异议，顾客说过一段时间再买；二是支付能力异议，顾客提出资金紧张，购买力不足，或者身上没带钱；三是推销人员异议，顾客不认可推销人员，所以不会买这个推销人员的产品；四是推销产品异议，顾客认为产品本身有瑕疵，购买有顾虑；五是决策权力异议，顾客想买，但认为自己的决策权不够，需要家人的认可，或者需要得到单位更高领导的批准。以上这些顾客异议，不一定都是顾客的真实想法，更可能是一种压价的借口，推销人员应探查顾客内心最真实的想法，然后有针对性地打消顾客的疑虑，促成交易。

6. 抓住成交机会点

不少推销人员可能会有这样的体会，跟顾客聊得很好，但最后要成交时，顾客总是说要"考虑考虑"，最终也没能成交。这是为什么呢？推销人员应当在整个销售的过程中机敏地把握住成交的机会点，顺利处理各式顾客异议，抓住时机，迅速成交。所谓成交机会点，就是顾客明确或者潜在地表达出想要购买的意图，在一个销售过程中，这样的机会点可能有一个，也可能有多个。比如，顾客问：这个产品可以降价吗？其隐藏的含义就是：如果你降价，我就买。这就是一个不太明显的成交意向，而推销人员应当有这种职业敏感性，善于抓住每一个成交机会。

7. 提升销售过程中的听、说、问、看的技巧

（1）听的技巧。

推销人员要学会积极倾听，因为这会让顾客感受到你对他的尊重。积极倾听应当有所表现，比如，可以用不断点头表示你在认真地听对方讲话，也可以不时地说"嗯"、"对"等诸如此类的表达。要让顾客切实地感受到你对他是一种发自内心的尊重，而不是单纯地就是为了做一单生意。比如如果一个母亲总是时不时地说到自己的孩子，并且流露出自豪的表情，推销人员如果对此无所表示，就会被顾客认为不被尊重，从而不愿成交。

（2）说的技巧。

首先是销售的开场白。遇到顾客，推销人员最经常说的一句话就是："请问您需要帮助吗？"也有些例外情况，比如，面对一个带着孩子的母亲，一般来说，推销人员应当去赞扬一下孩子，然后再和母亲交流，这会让母亲更骄傲。

（3）问的技巧。

学会提问，就能让顾客说出自己的真实想法，也就能够了解到顾客的真实意图，从而破解掉顾客不成交的所有因素。

请对比以下的说辞，你认为哪种问法最好？

"请问，您要点什么？"

"请问，这个蓝色的可以吗？"

"请问，您是要蓝色的还是红色的？"

（4）看的技巧。

通过仔细地观察，优秀的推销人员就能够通过细节把握顾客心理，从而促成交易。

并不是每一次服务都会得到顾客的欢迎，这要靠推销人员的眼力。比如，卖场销售服务人员不能到任意一个顾客面前说："请问您需要帮助吗？"因为现代连锁商业企业的经营通常采用的是自助式购物，只有当顾客切实需要的时候，卖场销售服务人员才可以出现并提供服务。因此，这时要求卖场销售服务人员不能紧跟着顾客，要保持一定距离，但又不能离顾客太远；而且卖场销售服务人员的眼睛不能直接看顾客，直接盯着顾客，这会使顾客产生服务人员把自己当贼的感觉。因而卖场销售服务人员自己这时应找点事做，比如擦拭货架、重新整理商品的陈列等，只用眼角的余光扫瞄顾客，凭自己的经验来判断顾客是否确实需要服务。一般来说，当顾客需要的时候，他通常会左右看看，尝试寻找合适的人咨询。也可能他会直接喊卖场销售服务人员前来，这时卖场销售服务人员应立即上前并提供服务。

五、学生天地

表 2-1   顾客观察分析表

班级		姓名		实训时间	
学号		组号		观察地点	
观察对象分析：					
备注					

表 2-2 　　　　　　　　　　　**商品介绍准备表**

班级		姓名		实训时间	
学号		组号		主要任务	
商品		品牌		型号	
商品介绍说明词：					
备注					

表 2-3 　　　　　　　　　　　**顾客异议处理表**

班级		姓名		实训时间	
学号		组号		主要任务	
商品		顾客特征			
顾客异议					
顾客异议处理					
备注					

六、效果评价

表 2-4
顾客售卖服务技能训练评价评分表

考评人			被考评人	
考评地点				
考评内容	顾客售卖服务技能			
考评标准	内　　容	分值（分）	评分（分）	
	微笑对顾客的感染力	10		
	敏锐的观察分析能力	20		
	认真倾听顾客与对顾客真实想法的理解能力	20		
	探测顾客需求与说服顾客购买的能力	30		
	把握成交机会的能力	10		
	销售过程中的行为礼仪表现	10		
	合　　计	100		

注：考评满分为100分，60~70分为及格，71~80分为中等，81~90分为良好，91分以上为优秀。（该表可复印后灵活用于教学）

七、知识拓展

推销之神原一平：微笑是最大的武器

原一平只有不到1.5米的身高，却连续15年荣登寿险业推销业绩全国第一宝座，创下世界寿险业推销最高纪录20年未被打破，是日本历史上最为出色的保险推销员，被誉为"推销之神"；他的微笑亦被评为"价值百万美元的微笑"。

成长记录

也许还有很多人不知道原一平是谁，但在日本寿险业，他却是一个声名显赫的人物。日本有近百万的寿险从业人员，其中很多人不知道全日本20家寿险公司总经理的姓名，却没有一个人不认识原一平。他的一生充满传奇，从被乡里公认为无可救药的小太保，最后成为日本寿险业连续15年全国业绩第一的"推销之神"，最穷的时候，他连坐公车的钱都没有，可是最后，他终于凭借自己的毅力，成就了自己的事业。

历经磨难的小个子

1904年，原一平出生于日本长野县。他家境富裕，父亲德高望重又热心公务，因此在村里担任若干要职，为村民排忧解难，深受敬重。

原一平是家中的老幺，从小长得矮矮胖胖的，很得父母亲的宠爱。可能是被宠坏的缘故，原一平从小就很顽皮，不爱读书，喜爱调皮捣蛋，捉弄别人，甚至常常与村里的小孩吵架、斗殴。甚至老师教育他，他竟然拿小刀刺伤了老师，父母对他实在无可奈何了。

23岁那年，原一平离开家乡，到东京闯天下。第一份工作就是做推销，但是碰上了一个骗子，卷走保证金和会费就跑了。为此，原一平陷入了困境之中。

1930年3月27日，对于还一事无成的原一平是个不平凡的日子。27岁的原一平揣着自己的简历，走入了明治保险公司的招聘现场。一位刚从美国研习推销术归来的资深专家担任主考官。他瞟了一眼面前这个身高只有145厘米、体重50公斤的"家伙"，抛出一句硬邦邦的话："你不能胜任。"

原一平惊呆了，好半天回过神来，结结巴巴地问："何……以见得？"

主考官轻蔑地说："老实对你说吧，推销保险非常困难，你根本不是干这个的料。"

原一平被激怒了，他头一抬："请问进入贵公司，究竟要达到什么样的标准？"

"每人每月10 000日元。"

"每个人都能完成这个数字？"

"当然。"

原一平不服输的劲儿上来了，他一赌气："既然这样，我也能做到10 000日元。"

主考官轻蔑地瞪了原一平一眼，发出一阵冷笑。

原一平"斗胆"许下了每月推销10 000日元的诺言，但并未得到主考官的青睐，勉强当了一名"见习推销员"。没有办公桌，没有薪水，还常被老推销员当"听差"使唤。在最初成为推销员的7个月里，他连一分钱的保险也没拉到，当然也就拿不到分文的薪水。为了省钱，他只好上班不坐电车，中午不吃饭，晚上睡在公园的长凳上。

然而，这一切都没有使原一平退却。

他把应聘那天的屈辱，看做一条鞭子，不断"抽打"自己，整日奔波，拼命工作，为了不使自己有丝毫的松懈，他经常对着镜子，大声对自己喊："全世界独一无二的原一平，有超人的毅力和旺盛的斗志，所有的落魄都是暂时的，我一定要成功，我一定会成功。"他明白，此时的他已不再是单纯地推销保险，他是在推销自己。他要向世人证明："我是干推销的料。"

他依旧精神抖擞，每天清晨5点起床从"家"徒步上班。一路上，他不断微笑着和擦肩而过的行人打招呼。有一位绅士经常看到他这副快乐的样子，很受感染，便邀请他共进早餐。尽管他饿得要死，但还是委婉地拒绝了。当得知他是保险公司的推销员时，绅士便说："既然你不赏脸和我吃顿饭，我就投你的保好啦！"他终于签下了生命中的第一张保单。更令他惊喜的是，那位绅士是一家大酒店的老板，帮他介绍了不少业务。

从这一天开始，否极泰来，原一平的工作业绩开始直线上升。到年底统计，他在9个月内共实现了16.8万日元的业绩，远远超过了当时的许诺。公司同仁顿时对他刮目相看，这时的成功让原一平泪流满面，他对自己说："原一平，你干得好，你这个不吃中午饭、不坐公车、住公园的穷小子，干得好！"

"推销之神"

尽管原一平功成名就，但他根本不愿意停下来，还要继续工作，他的太太埋怨说："以我们现在的储蓄已够终生享用，不愁吃穿，何必每日再这样劳累地工作呢?"

原一平却不以为然地回答:"这不是有没有饭吃的问题,而是我心中有一团火在燃烧着,这一团永不服输的火在身体内作怪的缘故。"

原一平用自己一生的实践书写了作为一个伟大的推销员、一个优秀的推销员应该具有的技巧。他要把这些技巧告诉每一个普通人、每一个即将走向成功的人。为此,他在全世界各地开展了连续不断的演讲,把自己的思想推广开来。

他定期举行"原一平批评会",坚持6年,听取大家的意见,检讨自我,改进自我。

他坚持每星期去日本著名的寺庙听吉田胜逞、伊藤道海法师讲禅,来提高自己的修养。

他对每一个客户都有一个详细清晰的调查表,建立了分类档案。

他把微笑分为38种,对着镜子苦练,曾经在对付一个极其顽固的客人时,用了30种微笑,他的微笑被人们誉为"价值百万美元的微笑"。

他有坚强的毅力和信念,为了赢得一个大客户,他曾经在3年8个月的时间里,登门拜访70次都扑空的情况下,最终锲而不舍获得成功。

在原一平的奋斗史中,最受寿险推销人员推崇的是三恩主义:社恩、佛恩、客恩。

原一平是明治保险公司推销员,今日能成为保险巨人,并被尊称为"推销之神",他并没有傲慢自大,反而谦冲为怀,口口声声感谢公司的栽培,没有公司就没有今日的他,原一平十分尊敬公司,晚上睡觉脚不敢朝向公司之方向。这就是"社恩"。

原一平一生成长的历程,除了自己刻苦奋斗外,还有贵人串田董事长、阿部常董其功不可没。

不过,他内心里最感谢的是启蒙恩师吉田胜逞、伊藤道海法师,因没有他们的一语道破及指点迷津,或许原一平还只是一名推销的小卒呢!这就是"佛恩"。

谈到"客恩",就是对参加的客户心怀感谢之心。对每位客户有感谢的胸怀,才能对客户做无微不至的服务。据原一平自称:他的所得除10%留为己用外,其余皆回馈给公司及客户。

就是在这三恩主义的指导之下,原一平才取得了那么多的成就。推销是一条孤独而寂寞的路,遭到的白眼和冷遇都远远超过其他行业,然而独一无二的原一平用自己的汗水和勤奋、韧力和耐心走过了这条荆棘路,创造了世界奇迹,成为所有人为之敬佩的"推销之神"。这种精神,值得所有后来人学习和敬仰!

成功秘诀:拥有价值千金的38种微笑。恪守客人即是恩人的信条。

资料来源 佚名. 推销之神原一平:微笑是最大的武器 [EB/OL]. [2011-11-19]. http://www.glzy8.com/ceo/3118_3.html.

项目4 顾客投诉处理技能训练

高频率的投诉不但会影响企业的形象,还会导致顾客对企业忠诚度的降低。为了满足顾客的需要和超越顾客的期望,消除因投诉在社会上产生的负面影响,企业应积极培养员工积极的服务意识，使员工掌握出色的沟通技巧，同时建立妥善的投诉处理机制。在实践中，我们应该友好地面对顾客提出的投诉，虚心听取顾客的意见，使我们的工作做得更好，赢得顾客，就是双赢互利。

一、 实训目标

1. 能力目标
- 能够分析顾客投诉内容及原因，明确其投诉类型；
- 能够针对不同类型的投诉采用相应处理方法；
- 能够和投诉顾客开展有效沟通。

2. 知识目标
- 熟悉顾客投诉的类型；
- 掌握顾客投诉处理的原则与程序；
- 熟悉消费者权益保护的相关法律法规；
- 掌握顾客投诉处理的技巧。

3. 方法目标
- 掌握有效倾听的方法；
- 掌握平缓顾客激动情绪的方法；
- 掌握顾客投诉处理的基本方法。

二、 场景设计

　　昨日下午4时20分许，李先生肩挂自己的数码相机前往某某电器连锁店，想看看这里的电器。当他进到一楼的时候，既没有看到不准带相机的告示，也没有人对他说不允许带相机的话。就在李先生看有关促销的宣传内容时，从后面过来两名男子，不等李先生反应过来，那两名男子就厉声质问他是不是在偷拍。李先生明确告诉那两名男子自己没有拍照，孰料那两名男子仍不依不饶，非要让他交出相机，并威胁他"如果不交，今天就不能离开商场"。李先生在两名保安的"护送"下，被"请"到了一间办公室——某某电器客服中心。在办公室里，无论李先生怎么说、怎么解释，两名保安和另外一名员工都一口咬定李先生就是拍照了，而且是在窃取商业机密。李先生说："如果我拍了，可以扣我的相机，也可以送到公安机关。"当面对李先生"没有禁止拍照的告示或说明"的反驳时，该店的员工却口口声声说他们有"禁止拍照"的规定，但当李先生要他们出具这些规定时，他们却支支吾吾拿不出来，还语气生硬地冲着李先生说："凭什么要给你看。""既然你们拿不出，我只好先走了。"李先生说。但是该店的员工说必须查看相机里的照片，否则就不许李先生离开。"他们拿过我的相机，一幅一幅地进行察看。当发现相机里的确没有店里的照片时，他们才罢休，同意我离开连锁店。但'待遇'是后面依然跟着两名保安！"李先生事后回忆到。后来，李先生起诉某某电器连锁店侵犯其权利，如果你是该店店长，你将怎么处理此事？

三、训练步骤

1. 学生熟悉情景内容，随机分成两组，一组模拟李先生，另一组模拟电器连锁店店长。

2. 对设计的场景进行讨论，并谈谈处理意见，实训指导教师点评。

3. 实训指导教师从下面的场景案例中选择出不同的场景案例，然后把学生分成两组，一组模拟顾客，另一组模拟商场工作人员，开始轮流模拟。

场景案例1：某顾客在商场里选购了一个灯泡，不知道是否亮，让服务员帮忙测试一下，服务员不理睬，说所有的灯泡统一在服务台测试，让顾客到服务台测试；

场景案例2：某顾客在商场里选购鞋子，没找到合适的码数，询问一员工，该员工说他不负责这里，随后便走开了；

场景案例3：收银员态度不好，板着脸没有笑容，装商品不细心、摔来摔去，好像顾客欠他几斗米似的；

场景案例4：收银员收银速度太慢，不熟悉刷卡的程序，还让别的收银员帮忙；

场景案例5：收银员多扫了一个商品，多收顾客的钱或找错顾客零钱；

场景案例6：收银员漏消磁，导致商品出门时引起报警；

场景案例7：顾客想让收银员兑换零钱，收银员不同意；

场景案例8：顾客想多要一个购物袋，收银员开始不给，后来才不情愿地塞给顾客一个；

场景案例9：顾客认为一个购物袋不够结实，怕坏掉，要求收银员多套一个购物袋，收银员则解释说袋子很结实，不用多套；

场景案例10：顾客在商场内买了一盒鲜牛奶，小孩喝后拉肚子，查看是鲜牛奶过期了，顾客提出赔偿各种费用；

场景案例11：顾客在商场中购物，由于某饮料堆放得过高，所以商品倒下来将顾客砸伤，顾客提出各种赔偿的要求；

场景案例12：顾客在商场中购物，放在墙边的铝梯突然倒下，顾客用手臂阻挡，结果手腕的玉镯被打碎，顾客提出赔偿4 000元等要求；

场景案例13：顾客在存包处存包，领取时发现自己的包被调换，不见了，要求赔偿；

场景案例14：顾客在商场中购物，将手提包放在购物车中丢失；

场景案例15：顾客在商场中购物，结账时发现钱包被盗；

场景案例16：顾客觉得商场的背景音乐不好听，希望能改换比较流行的歌曲；

场景案例17：老年顾客感觉商场内的温度太低，希望能给予改善。

4. 模拟结束之后互相指出不足，并给出好的处理意见。

🐾 **注意事项**

☆ 学生在模拟训练过程中注意角色的扮演和用词。

☆ 实训指导教师结合本次实训的主要目的有针对性地选择实训案例。

☆ 每一案例实训结束后，实训指导教师要给予点评，以便让学生了解如何处理类似纠纷。

四、相关知识

1. 顾客抱怨投诉的类型

（1）对商品本身的抱怨投诉

★商品价格。

★商品质量。

★商品完好度。

★商品有效期。

★商品标志不符。

★标签。

★缺货。

（2）对服务质量的抱怨投诉

★工作人员服务态度不佳。

★收银作业不当。

★服务项目不足。

★服务作业不当。

★取消原来提供的服务项目。

★其他。

①食品工作人员不遵守卫生规章操作，操作速度太慢或称重计价发生错误。

②促销人员的过激促销行为或误导顾客购买的言语。

③退换货不能满足顾客的要求。

（3）购物环境的抱怨投诉

★安全方面的抱怨。

★清洁卫生的抱怨。

★其他环境的抱怨：如卖场的音响声音太大，播音员吐字不标准，现场促销声音太大等。

2. 顾客投诉处理的原则

★倾听原则。

★满意原则。

★迅速原则。

★公平原则。

★感谢原则。

3. 顾客投诉处理的程序

（1）接待、倾听、记录。

每位市管人员负责接待其管辖范围内的顾客来访，安抚其情绪，认真倾听其投诉，了解具体情况（包括来访投诉及电话投诉），同时根据顾客投诉登记表详细记录顾客投诉的全部内容，如投诉人、投诉时间、投诉对象、投诉要求及联系方式等，并且用自己的语言复述顾客投诉内容，以保证记录的准确性和完整性。

一边倾听顾客抱怨，一边记录顾客投诉要点，要用尽量平和的心态与顾客沟通，并且要传递给顾客将会最大限度地给予顾客解决问题所需要的支持的意思，帮助顾客建立解决问题的信心。

遇到重大问题所引发的投诉须在第一时间直接向分管总经理报告。

如果在工作时间之外（节日放假、下班、周末等）接到顾客投诉，接到投诉的人员应该判定投诉处理时效的紧急性，如果判定为紧急，则应该通过电话联系公司领导，安排相关责任人处理顾客投诉，让顾客投诉得到及时处理。

遇有媒体参与投诉问题的处理，卖场分管总经理必须亲自参与协调并向集团职能部门报告。

（2）判断投诉是否成立。

在了解顾客投诉的内容后，要判断顾客投诉的理由是否充分，投诉要求是否合理。如果投诉并不成立，就可以委婉的方式答复顾客，以取得顾客的谅解，消除误会。

（3）确定责任部门、分析投诉原因。

依据顾客投诉的内容，确定相关的具体受理单位和受理负责人，并将顾客投诉登记表转交于相关人员。如果属于卖场责任，则转交相关部门即时处理，直到顾客满意；如果属于入驻厂商的责任，则由卖场接待人员陪同，直接与入驻厂商现场负责人进行协商；如果不属于卖场及卖场业主的责任，则向顾客进行责任解释。

各相关负责人在接到顾客投诉登记表后，即时着手处理顾客投诉，与顾客进行有效沟通，查明顾客投诉的具体原因及造成顾客投诉的具体责任人，分析造成顾客不满的最主要因素、背景以及顾客期望处理的结果，按相关责任处理，根据法律和合同做出正确的判断。

（4）公平提出处理方案。

处理时，应和顾客进行充分的磋商，以双赢为目标，制订解决问题的方案。如果在沟通过程中没有和顾客达成一致意见，那么相关负责人就需要制定新的解决方案，直到与顾客达成一致。整个沟通的过程要保证符合互动的方式。解决方案的制定要保证符合双赢的原则。依据实际情况，参照顾客的投诉要求，提出解决投诉的具体方案，如退货、换货、维修、折价、赔偿等。如入驻厂商不配合或已退场，可由卖场先行赔付。保证解决方案实行以后，顾客重新建立对我们的企业、产品和服务的信心。

针对顾客投诉问题，主管领导应对投诉的处理方案一一过目，并及时做出批示。根据实际情况，采取一切可能的措施，尽力挽回已经出现的损失。

（5）实施处理方案。

根据协商结果及时处理。主管领导负责对处理的过程进行监控，保证解决方案能够得到有效地执行。

在执行解决方案时，要互动地寻求顾客的认同与承诺，收集顾客的反馈意见，并在顾客投诉登记表上填写签字。如果顾客满意，则将处理结果结案归档；如果需要退换货，则及时办理退换货手续；如果需要赔偿，则办理赔偿；如果顾客不满意，那么就需要再次协调，制定新的解决方案，或进入仲裁程序，坚决防范因投诉未果而产生的诉讼和媒体曝光等后遗症。

同时企业对投诉中明显负有主要责任，且不服从卖场协调管理，对卖场信誉造成严重影响的租赁户，卖场应当按照事件的性质和后果，采取扣罚产品质量保证金或强行清退的处罚。对不及时处理问题而造成延误的责任人也要追究相关责任。

（6）总结评价预防。

每周由市管人员将管辖范围内的投诉案件及处理情况汇总并上报管理处存档。卖场管理部对投诉处理工作和因质量问题进行的赔偿工作必须进行跟踪回访，了解落实结果，对投诉处理过程进行总结与综合评价，吸取经验教训，并提出改善预防对策，从而不断完善企业的经营管理和业务运作，提高服务质量和服务水平，降低投诉率。

4. 顾客投诉处理的基本方法与技巧

（1）处理过程基本方法和技巧。

★聆听顾客倾诉。

①持积极主动的态度。

②面带微笑。

③保持平静的心情和合适的语速音调。

④认真听取顾客投诉，不遗漏细节，确认问题所在。

⑤让顾客先发泄情绪。

⑥不打断顾客的陈述。

★表示同情。

①善用自己的举止、语气去劝慰对方。

②站在顾客的立场为对方设想。

③对顾客的行为表示理解。

④主动做好投诉细节的记录。

★询问顾客。

①重复顾客所说的重点，确认是否理解顾客的意思和目的。

②了解投诉的重点所在，分析投诉事件的严重性。

③告诉顾客已经了解到问题所在，并确认问题是可以解决的。

（2）顾客投诉处理应避免的做法。

★不耐烦的表情或不愿意接待顾客的态度。

①同顾客争执、激烈讨论，情绪激动。

②挑剔顾客的态度不好、说话不客气。

③直接回绝顾客或中途做其他事情、听电话等。

★不做记录，让顾客自己写经过。

①表明不能帮助顾客。

②有不尊重顾客的言语行为。

③激化矛盾。

★重复次数太多。

①处理时间过多。

②犹豫，拿不定主意。

③畏难情绪，中途将问题移交给别人处理。

④听不懂顾客的地方方言。

5. 顾客投诉处理总结

（1）顾客投诉的跟踪。

无论是顾客亲自到商店投诉还是打电话投诉，市管人员处理时都必须做好记录，每一笔记录都必须跟进完毕，这体现出尊重顾客的基本原则。管理层每日必须查看顾客投诉的记录，并对超过一天未能解决的问题予以关注。

（2）顾客投诉周总结。

每周对顾客投诉进行总结，总结各类引起顾客投诉的原因，列出赔款的金额。

（3）顾客投诉日（周）总结。

每日晨会或周会上固定分享顾客服务方面的信息，特别是处理顾客投诉方面的经验和教训，使所有的人员都知道如何对待顾客的抱怨和掌握顾客投诉问题的处理技巧。

五、学生天地

表 2-5　　　　　　　　到企业客服部门实地观察体验实训心得

班级		姓名		实训时间	
学号		组号		主要任务	
备注					

六、效果评价

表2-6　　　　　　　　顾客投诉处理技能训练评价评分表

考评人			被考评人	
考评地点				
考评内容		顾客投诉处理技能		
考评标准	内　容		分值（分）	
	了解可能的顾客投诉类型		25	
	了解国家的相关法律法规		25	
	了解顾客投诉处理的原则		25	
	了解顾客投诉管理的思路		25	
合　计			100	

注：考评满分为100分，60～70分为及格，71～80分为中等，81～90分为良好，91分以上为优秀。（该表可复印后灵活用于教学）

七、知识拓展

从一次顾客投诉谈门店服务意识

在一次巡店过程中，一位腿部残疾的顾客向我投诉员工服务态度不好，经核实事情的经过是这样的：这位顾客是一位为兰州大学学生做饭的师傅，自本店开业以来一直是本店最忠实的顾客，因为比较近，以及身体的原因，她需要的东西几乎都在本店购买，还有更重要的理由是在她排队购买鸡蛋时经常有一位员工会对其他排队的顾客说："她不太方便，请大家先让她购买。"此时，其他顾客会主动让开。由于这种公德行为让她感到在本店购物很有人情味，让她很有自尊感，我们员工的这种做法让她很感动。在她的带动下，她的很多朋友都到本店购物。然而，这次在排队购买散称商品时，却没有受到以前优先购买的待遇，更重要的是，当她要求少称一些时，我们的员工说已经称好不能再倒出来。在与员工交涉过程中，周围好多顾客还有埋怨她胡搅蛮缠的意思，为此，作为一个残疾人她感到很伤自尊。听到这位顾客的诉说，我先对这位员工的行为向她表示道歉，同时带她到售卖点，按照她的要求为其称好所需的商品，并让员工当面向她道歉。到此，一起顾客投诉解决完了。

然而，就这起顾客投诉本身所反映的问题却令人深思。同样都是本店的员工，针对同一名顾客在不同的售卖点却出现两种不同的结果，员工个人的素养是一方面的原因，但是对员工关于顾客服务意识的培训与监督是店务管理的重中之重。

据一项在新加坡商场中所作的调查表明，当顾客对劣质的服务不满意的时候，会有如下反应：70%的购物者将到别处购买，39%的购物者表明投诉太麻烦，24%的购物者会告诉其他人不要到提供恶劣服务的商场购物，17%的购物者将对恶劣服务进行投诉，9%的购物者会责备提供劣质服务的商场人员。以上结果说明：提供劣质服务而使顾客不满意的门店，毫无疑问将失去大部分顾客。为顾客提供一流的服务是门店的立店之本。那么门店服务包括哪些内容？目前在消费者需求多样化的情况下，门店要树立怎样的服务意识呢？

门店提供的服务包括两方面：

一是硬件服务，即门店所能提供的购物环境，包括为顾客购物提供方便、安全的设备、设施。这些硬件目前看来，已经没有大的差距，并且可以用软件服务来弥补硬件的某些不足。

二是软件服务，即人员服务。门店服务人员遇到顾客，只是热情介绍和微笑服务，这种常被称为"温柔杀手"的服务已不再是门店服务人员服务的主要内容，它属于最初级的服务。而针对顾客在浏览、购物过程中的心理特点提供适时、适度的服务，能够充分满足顾客良好服务的要求，这才是门店服务的真正要求。这种服务重在认识顾客的需求和心理特点，根据不同顾客的具体情况，研究和把握服务顾客的最佳的度。这种服务的优越性体现了现代营销观念"以人为本"的核心内容。充分发挥顾客在购买过程中的自主性、主动性，既提高了购物热情，使顾客直接面对商品，又摆脱了对销售人员的依赖，大大减少了相互之间发生矛盾和冲突的机会，而且体现了对顾客的信任和尊重，使整个购物过程更人性化，更有人情味。在这种服务过程中，顾客的心理状况是放松的、自由的，自尊心能最大限度地得到满足。

针对现代商业的销售服务的新需求、新特点，我们门店应该建立起细致的服务方面的培训体制。使我们高兴的是，我们公司正在从员工服务礼仪开始对全体员工进行细致的培训，我们管理人员也在现实工作中摸索、总结、进步。

资料来源 佚名. 从一次顾客投诉谈门店服务意识［EB/OL］.［2010－06－10］. http：//www.lingshou.com/oblog313/user1/sku—store/archives/2006/496.html.

模块三 门店营运管理

项目5 门店收银技能训练

连锁企业收银员的工作不仅仅关系到各个门店营业收入的准确性，还往往是整个连锁企业门店的一项综合性管理工作。大多数连锁超市、便利店把进口处和出口处设计在一起，因此顾客一进门店往往第一个看到的工作人员就是收银员，而当顾客选好商品到出口处结算货款时，接触到的工作人员还是收银员，所以收银员的服务态度和服务质量直接体现了企业的形象和管理水平，关系重大。事实上，越来越多的连锁企业，其收银员的收银作业已经不只是单纯地为顾客提供结账服务。因为收银员在其整个收银作业的过程中，除了结算货款外，还包括：对顾客的礼仪态度，以及向顾客提供各种商品和服务的信息、解答顾客的提问、做好商品耗损的预防，还有现金作业的管理、促销活动的推广、卖场安全管理工作等各项管理工作。

一、实训目标

1. 能力目标
- 能够熟练操作 POS 机；
- 能够通过不同的方法把商品的信息正确录入；
- 能够正确地使用收银员的礼貌用语，和顾客很好的沟通；
- 能够辨别人民币特征。

2. 知识目标
- 了解收银员的主要工作职责；
- 了解收银员的礼仪服务规定；
- 熟悉收银作业流程；
- 掌握 POS 机的操作规程；
- 熟悉金钱管理的注意事项；
- 了解收银领班的工作职责。

3. 方法目标
- 掌握收银员的排班方法；
- 掌握 POS 机使用及简易维修方法。

二、场景设计

在校内门店营运实训室（要求有收银设备与商品），学生自己准备购物现金，根据班级学生情况进行排班，之后一部分做顾客，一部分做收银员，从收银员领取底金开始，依次进行开机、登录、开钱箱、用 POS 机收款（现金、信用卡、支票、礼券、储值卡、赠送、丢弃等多种情况）、装袋、打折（优惠）、手工输入价格、退货的处理、签退、暂停、暂存和恢复、热键功能、校时、明细查询、联机传输、打印签退表、打印流水账、打印汇总报表、POS 机监控、关机、交接班、交款、设备维护等工作，其间注意仪表、行为规范。

备注：没有实训条件的学校，可以主动联系连锁零售企业，由企业收银主管对学生进行简单岗前培训之后，在企业收银台进行全天候顶岗实习，实战锻炼。

三、训练步骤

1. 场地准备

学校出面联系零售企业或者准备好门店营运实训室相关设备，学生经过简单培训之后，开始排班，准备上岗。

2. 上机前的准备

（1）清洁、整理收银作业区，包括：收银台、包装台、收银机、收银柜台四周的地板、垃圾桶、收银台前头柜、购物车、购物篮放置处。

（2）整理、补充必备的物品，包括：验钞机、计算器、海绵缸、必要的各式记录本及表单、干净抹布、笔、便条纸、剪刀、订书机、订书钉、统一发票、空白收银条、铃钟或警铃、装钱布袋、"暂停结账"牌等。

（3）补充收银台前头柜的商品。

（4）准备放在收银机内的定额零用钱，包括：

★50 元　　　　纸币

★10 元　　　　纸币

★5 元　　　　　纸币

★2 元　　　　　纸币

★1 元　　　　　纸币、硬币

★0.5 元　　　　纸币、硬币

★0.2 元　　　　纸币

★0.1 元　　　　纸币、硬币

★0.05 元　　　硬币

（5）检查收银机。

★发票存根联及收款联的装置是否正确，号码是否相同。

★日期是否正确。

★收银机机内的程序设计和各项统计数值是否正确或归零。

（6）收银员服装仪表的检查。

★制服是否整洁，且符合规定。

★是否佩戴工作牌。

★发型、仪表是否清爽、整洁。

3. 收银结账步骤（见表3-1）

4. 收银员 POS 机操作流程

（1）登录：收银员在进入收款界面之前，必须用本人的收银编码以及收银员当日密码在收银机内登录。例：收银员王婷，收银编码：101，当日密码：4321。如果这名收银员要在收银机内登录，需做以下操作：

输入收银员编码：将收银员编码"101"输入后按"回车"确认键。屏幕左下角显示提示"正在处理……"，此时收银员不需要按任何键。如果输入信息正确的话，将在收银员编号后面出现收银员"王婷"的名字。如果收银员将收银

表 3-1　　　　　　　　　　　　　收银结账作业表

步骤	收银标准用语	配合动作
1. 欢迎顾客	欢迎光临	面带笑容，与顾客的目光接触，等待顾客将购物篮或是购物车上的商品放到收银台上，将收银机的活动荧幕面向顾客
2. 商品登录	逐项念出每项商品的金额	以一只手拿取商品，并确定该商品的售价及类别代号是否无误；另一只手持扫描枪或按键，将商品的售价及类别代号正确的登录在收银机上；登录完的商品必须与未登录的商品分开放置，避免混淆；检查购物车底部是否还留有商品尚未登录
3. 结算商品总金额，并告知顾客	总共××元	若无他人协助，收银员可以趁顾客拿钱时，先行将商品放入购物车，但是在顾客拿现金付账时，应立即停止手边的工作
4. 收取顾客支付的金钱	收您××元	确认顾客支付的金额，并检查是否为伪钞；若顾客未付账，应礼貌性地重复一次，不可表现出不耐烦的态度
5. 找钱与顾客	找您××元	找出正确零钱。将大钞放下面，零钱放上面，双手将现金连同收银票交给顾客
6. 诚心的感谢	谢谢！欢迎再度光临！	确定顾客没有遗忘物品；面带笑容，目送顾客离开

编号输错，屏幕会显示出其他收银员的名字或提示"无此收银员编码，叫组长或按取消键"，这种情况收银员需要按"取消"键，将原有的错误输入清除掉，再重新输入收银员编号。

输入收银员密码：收银机处理完收银员编码后，在编码"101"后面显示"王婷"，收银员当确认编码和姓名正确之后输入收银员密码"4321"。如果密码输入错误，收银机提示"密码无效按〈清除〉"，此时收银员需要按"清除"键，并且重新输入当日密码。

（2）收款模式：收款模式分为非收款状态和收款状态两种。当收银员登录或一笔交易进行完毕之后，收款机自动进入非收款状态，在非收款状态下是不能进行收款工作的，收银员必须敲"回车"确认键进入收款状态才能进行收款工作。

（3）数量：收银员直接录入商品条形码时，收款机默认的数量为"1"，当录入的商品数量多于"1"的时候要在录入商品条形码之前敲入商品数量，然后按"数量"键，再录入商品条形码或货号。

（4）重复上次："重复上次"键用来重复上一次的销售。例如，收银员录入5个"可口可乐"，此时按"重复上次"键，收款机将再增加5个可口可乐。（"重复上次"键只能在销售过程中使用，并且重复上一次的操作）

（5）小计：使用"小计"键可以在顾客显示器上显示已经录入收款机的商品价值总计。

（6）取消："取消"键取消一次操作。例如，取消商品、总计等功能键。

取消商品：收款过程中，收银员如果取消某一个已经录入的商品时，按

"取消商品"键（收款机提示："请选择取消的商品或按取消键"），再用"向上一行"、"向下一行"、"向上翻页"、"向下翻页"4个键，选择所要取消的商品，并按"取消商品"键，收款机提示"是否要取消商品（Y/N)?"确定取消此商品时，按"回车"确认键，反之按"取消"键。

（7）清除："清除"键主要清除输入错误，前提是在没有按"回车"确认键之前。如收银员把"39"错输为"29"，在没有按"回车"确认键之前，按"清除"键可以把"29"清除掉。

（8）总计：此键只在结账时使用。

（9）向上翻页/向下翻页/向上一行/向下一行：这4个键用来切换选项。

5. 现金、礼券和支票付款方式

如果用现金方式付款，应先输入顾客所付现金金额，再按"现金"键。用礼券和支票这两种支付方法，均直接按"礼券"或"支票"键，不需要输入应付现金金额。

6. 信用卡支付方式

（1）应为各个银行准备不同的销售单，每套包括3份：给顾客、给银行、给商场。

（2）各个银行的信用卡外观应与其他信用卡有显著不同，每张信用卡应写有年、月，持卡人姓名和有关银行标志。

（3）接受信用卡的步骤：

★查证银行标志和卡号的前几位。

★检查信用卡是否完整无损。

★检查发行和到期年月。

★把信用卡放在刷卡机的适当槽口里。

★检查打印机上的信用卡销售单。

★把信用卡沿槽口滑下。

★核对信用卡的号码。

★请顾客输入密码。

★输入金额，打印出信用卡的详细内容，并检查销售单上打印的内容是否完整、清楚。

★请顾客在销售单上相应位置签名。

★把销售单上的签名与信用卡的签名相比较，确保其真实性。

★把信用卡和销售单的持卡人联交还给顾客，商店保留第二联。

★如果金额没有超出有关银行现金的信用额度，在接受任何信用卡之前应根据有关银行透支信用卡收回报告对照并检查信用卡号。

★已被宣布失窃或作废的信用卡，为检查方便起见，应按数字顺序列出清单。

★如果金额超过信用限度，要打电话给银行要求加大信用权限的特许代号，并将此号码记录在销售单上。

（4）遇到以下情况时，商场应立即打电话与银行联系：

★出售的商品或提供的服务的价格超出银行规定的信用额度。

★信用卡号码包括在透支信用卡收回报告中。

★顾客态度令人感到奇怪或有令人生疑的举动。

★信用卡背面没有签名。

★商场对信用卡或持卡人有任何疑问。

★被使用的信用卡已失效。

★销售单上的签名与信用卡上签名不一致。

（5）如何使用销售单：

信用卡被验证为正确和有效之后，把详细内容填写在销售单上。

（6）如果信用卡有矛盾之处，收银员应使用的标准用语：

★请等一会儿，先生/女士。

★您的事情正在处理中，先生/女士。

★这条线路很忙，因为许多顾客都在使用信用卡。

★我们正设法帮您接通，先生/女士。

★您有其他信用卡吗？先生/女士。可能会更方便一些。

★对不起，我们不能接受，我们已做了很大的努力。

★我们非常抱歉，先生/女士。

7. 商品查询程序

（1）收银员如与顾客在商品价格或无条形码的商品方面发生分歧，应首先与收银领班联系，做出初步处理。

（2）收银领班应首先为顾客服务，然后收银员应将出现的问题填写一张收银差异登记表，并提交给楼面管理人员来解决。

（3）如果楼面管理人员不在前端工作台，收银员也应填写收银差异登记表，并汇总，集中交给楼面管理人员采取更正措施。

（4）如果事情紧急或者楼面管理人员不在，收银员应打内线电话汇报问题，由楼面经理解决。楼面管理人员立即采取措施解决前端发生的问题，并保证问题圆满解决，防止再次发生。

（5）如果条形码上的价格与收银机上的不同，楼面管理人员必须查询"库存查询"菜单，并检查商场里的同类商品，做出更正。例如：如果条形码的价格不正确，应打印出新的条形码取代不正确的条形码，并立即撤下贴有不正确条形码的商品。如果发现收银机上的价格不正确，必须立即报告相关主管、经理做价格更正，并通知采购部寄送一张价格更正单。

（6）如果在同一种商品上发现双重条形码，库存管理人员必须请采购部决定使用哪一个条形码。一旦接到通知，楼面管理人员应统一商品的条形码。

（7）如果商品没有条形码，收银领班应立即给顾客采取补救措施。然后，楼面管理人员应检查商场中是否还有无条形码的商品。如果发现，应将打印的条形码粘在上面，并把补贴条形码数量写在收银差异登记表中。

（8）如果条形码扫描不出，收银员应键入商品代码继续交易。楼面管理人员应找出扫描不出的原因。例如，商品条形码太油腻。这种情况下，应打印出新的条形码。

（9）可能扫描时，商品上没有任何信息。如果该条形码在系统内被取消后仍附在商品上，这种情况就有可能发生。楼面管理人员必须找出正确的条形码，或把商品名输入"库存查询"菜单，并打印出新的条形码代替旧的条形码。

（10）如果国际通用条形码扫描不出，楼面管理人员必须检查商品上的国际条形码是否正确，并验证该条形码信息是否已正确输入计算机，输入更正后再一次扫描商品条形码。

（11）商品品名与系统内的品名不同。在两种不同商品之间换错条形码时，这种情况有可能发生。楼面管理员必须把商品品名输入"库存查询"菜单，找出正确的商品条形码，并检查附在其他商品上的条形码是否正确。

（12）如果价格不属实，楼面管理人员应通知采购员调查并采取更正措施。

备注：每天从收银员处收到的收银差异登记表，必须收齐后在第二天早晨交给各部门楼面经理，供他们参考。

8. 营业期间兑换零用钱作业流程

（1）每天开始营业前，必须将各收银机开机前的零用钱准备妥当，并放在收银机的现金盘内。零用钱应包括除 100 元以外各种面值的纸钞和硬币，找零备用金数额根据公司营运部的规定执行，每台收银机每日的零用钱应相同。

（2）除每日开机前的零用钱外，各超市亦须备有足够数额的零钱存量，以便在营业时间内，随时提供各收银机兑换零钱的额外需要。收银员应随时检查零用钱是否够用，以便提早兑换。

（3）零用钱不足时，不可与其他的收银台互换，以免账目混淆；欲补充零用钱时，切勿大声喊叫，可利用铃钟或广播的方式请相关主管进行兑换。零用钱运送途中，应以布袋装妥后，再分送各收银台，并随时保持警觉性，注意周围的安全；超市应设定一定期间的零用钱数额，定期前往银行兑换。遇节假日时，则应适量增加零用钱数额。

（4）执行上述各项零用钱兑换作业时，应填写兑零单，并由指定人员进行，兑换时必须经过收银员与兑换人员双方对点清楚。完成兑换之后，应将兑零单保存在指定位置，以便日后查核。

9. 在收银机关闭之前的工作

（1）在快打烊时，如果还有顾客在收银机前，应该继续为其服务。

（2）放置"暂停结账"的告示，向附近的顾客说"对不起，先生/女士，这个收银机已关上了"。并带顾客到另一个收银机去。

（3）检查保证所有的设备都完好无损，放回原来的存放位置，并取得证明人签名。

（4）清理收银台及周围区域。

（5）退出、关闭收银机系统。

（6）切断收银机电源。

10. 在每日销售结束之后的工作

（1）与收银领班一起关闭机器并清理收银机。

（2）收集单据并将它们与现金袋一齐交到现金办公室。

（3）应提交给现金办公室的单据有所有现金存放器具（现金袋）、信用卡单、友情卡、日记账卡、结算单、收银机打开关闭记录单。

（4）收银人员应与收银领班和出纳人员一起清点现金数。

🐾 **注意事项**

> ⭐ 每个行业、每个岗位都有它的规则，收银工作也不例外，出不得任何差错。一旦出错，就要自己出钱来补偿，所以一定要有这样的思想认识，宁可慢一点也不要出错，一旦多收或少收了，自己出钱也是正常的，在心理上要有所准备。

四、相关知识

1. 收银员排班需考虑的因素

卖场的营业时间一般从早上9：00到晚上22：00，甚至有提前至早上7：30，而晚上延伸至午夜24：00才打烊者，中间没有任何休息。平均而言，1天大约在11~15个小时，已超过1位员工的正常上班时数（8小时）。因此，为了配合作息时间，必须将店内现有的收银员，依据店内的营业情况科学地予以轮班及轮休安排，以为顾客提供最佳的服务。安排收银员轮班作业时，必须考虑下列几项因素：

（1）卖场的营业时间。

营业时间的长短，是考虑班次的主要因素之一。若营业时间为11个小时左右者，可安排两个班次；超过者，则可安排三班制。例如：营业时间为9：00—22：00，可安排早班（8：30—17：30）及晚班（13：30—22：30）；若营业时间为7：30—22：00，可安排早班（7：00—16：00）、中班（10：00—19：00）及晚班（13：30—22：30）三班制。

（2）各时段的来客数。

尽管在十几个小时的营业时间内，随时都有顾客光临，但是仔细观察，可以发现顾客通常集中在某几个时段，这些时段也就是高峰营业时间。例如：在办公区密集的超市，中午的午餐时段和16：00—19：00的下班时段人流较多；而一般位于郊区的超市，在早上以及晚上20：00或21：00以前会出现营业高峰。因此，在高峰时段必须安排较多的人手，以舒缓顾客等待收银结账的压力。

（3）假期、节令和促销期。

每到节假日或者卖场实施促销计划的期间，其营业状况往往会比平日好，不仅顾客人数较多，而且每个顾客的平均购买金额也会比较高。尤其在促销期间，由于必须配合赠送点券、印花或摸彩等活动，因此在特殊的节令或假期，必须在排班上做一些变更，或设法将收银员的休假调开。

（4）正式及兼职收银员的人数。

在安排班次及各班次的值班人数时，除了必须考虑上述3项因素之外，还受限于现有的正式和兼职收银员的人数。这不仅是编制的问题，还涉及对人事成本的考虑，以符合卖场经营成本。

一般而言，正式收银员都经过专门的训练，熟悉整体收银流程，而兼职人员只担负了部分的工作（如结账及入袋服务），时数也只有4个小时，大部分是由现场人员随机指导。因此，在排班时，每一班次都必须有正式收银员值班，负责执行其他收银作业、现金管理和特殊情况的处理等。在高峰时段或节假日，则可弹性安排兼职人员，以配合营业需要。

在考虑上述 4 项因素之后，收银主管人员即可以 1 周或 1 个月为基准，排定"收银人员排班表"，并张贴在公布栏或打卡（签到）处，以便收银人员查阅。

2. 收银员的注意事项

收银员应坚持以下作业守则：收银员身上不可带现金；收银台不可放置任何私人物品；收银员在收银台执行任务时，不可擅自离位；收银员要负责票据打印机的走纸调换，并将打印发票及时扯给顾客；不可为自己的亲朋好友结账；任何商品通过收银台都要做结账处理；不可随意打开收银机的抽屉查看、点算钱；严禁非正常关机、超越权限操作 POS 机和在练习状态销售；不准"打空门（空票）、大打小、多打少"，要"打负票"须经店长或领班签字；不可嬉笑聊天，应随时注意收银台前的动态，如发生异常情况，应通知主管处理；收银员应使用规范的服务用语；无顾客结账时，应做到台前站立、两手放在背后、目视前方、注意进出人员；应熟识店铺的营业活动，以便于回答顾客的询问或主动介绍。

3. 收银员的作业流程

收银员的作业流程可分为营业前、营业中、营业后 3 个阶段。每一阶段的工作内容参照表 3-2 执行。

表 3-2   收银员的作业内容

时段	工作内容
营业前	（1）清洁、整理收银作业区 （2）整理补充必备的物品及面售商品 （3）准备好找零用钱 （4）检验收银机 （5）收银员仪表检查 （6）了解当日促销商品及促销活动注意事项 （7）礼仪训练
营业中	（1）招呼顾客 （2）为顾客结账及商品装袋服务 （3）向顾客面售商品 （4）配合促销活动做相应的收银处理 （5）等待顾客时可进行营业前各项工作的准备 （6）顾客抱怨处理 （7）交接班作业 （8）营业款解缴作业 （9）适时对顾客予以引导和提醒 （10）及时纠正理货员及其他作业人员的错误作业
营业后	（1）整理各类发票及促销券 （2）结算营业总额 （3）整理收银作业区的环境卫生 （4）关闭收银机电源并盖上防尘套 （5）清洁、整理各类备用品 （6）协助现场人员做好营业结束后的其他工作

4. 条形码和商品编码

通常在商品上可以看到由黑白颜色竖条相间的一块标记，这些记号就是条形码。它们是把所有信息数码化后，用于识别不同商品的代码。这些代码能被连在计算机上的扫描器阅读，计算机进而处理条形码。条形码使用始于需要快速结账的零售业，在国际上已被使用了很长时间。当前使用的 3 种条形码系统如下：

（1）美国商品代码系统（UPC），在美国、加拿大被广泛使用。

（2）国际通用商品代码系统（EAN），比 UPC 更广泛地被大多数国家使用。我国目前在国内推行使用的也是这种商品代码。

（3）店内码在商品销售中，有些商品（如烤鸭、水果、蔬菜、熟肉制品、乳酪、鲜鱼等）是以随机重量来销售的，这些商品的编码不宜由生产企业承担，而宜由零售商承担。零售商进货后，对商品进行整装，用专用设备进行称重，并自动编制成条形码，然后将条形码粘贴或悬挂在商品上。这种由零售商编制的商品条形码，只能应用于商品内部的自动化管理，因此称为店内码。

5. 装袋原则

收银员（或收银辅助人员）应该向顾客提供装袋服务，并执行如下操作规范：根据顾客的购买量来选择袋子的大小；不同性质的商品必须分开装袋；掌握正确的装袋顺序——重、大、底部平稳的东西先放置袋底，正方形或长方形的商品放入袋子的两侧，瓶装及罐装的商品放在中间，容易破损、破碎、较轻、较小的商品置于上方；容易出水或味道较强烈的商品，应先用其他购物袋包装好，再放入大的购物袋内；商品不能高过袋口，以免顾客提拿不方便；装袋前应将不同客人的商品分别清楚；提醒顾客带走所有包装好的购物袋以免遗忘在收银台。

6. 收银员每日收银作业评核

收银员绝大部分的工作是提供顾客结账服务，其正确性不仅关系到顾客的利益，还会影响到商场的收益。为了评核收银员在执行结账作业的准确程度及工作表现，可设计"收银员结账作业评核表"，在每日下班做完收银总结算之后，将误差如实填妥，定期存档，作为日后考核的依据。

五、学生天地

表 3-3 组织进行收银技能大比拼，学生写出收银实训心得

班级		姓名		实训时间	
学号		组号		主要任务	
备注					

六、效果评价

表3-4   门店收银作业技能训练评价评分表

考评人			被考评人	
考评地点				
考评内容	收银作业技能训练			
考评内容	内　　容		分值（分）	评分（分）
	收银员的素质要求		25	
	收银员的工作职责		25	
	收银作业流程		20	
	收银员检查项目		20	
	收银员注意事项		10	
合　　计			100	

注：考评满分为100分，60~70分为及格，71~80分为中等，81~90分为良好，91分以上为优秀。（该表可复印后灵活用于教学）

七、知识拓展

52

高兴：过节逛超市用半小时，扫兴：结账时用2小时

正值中秋节来临的好日子，逛逛超市，买点称心的食品过节是每个人最起码的愿望，但要是连这点要求都不能实现，人生岂不悲哉！昨日下午14时许，一位消费者前往沈阳新玛特（中街店）超市（店铺代号：6009）购物，当时选购了价值62.10元的食品，结账时在收银机号0030、收银员刘洋（化名）处交款，当时出示的是职工团购福利卡（余额：52.50元；卡号：9009889488），想不到划完卡后屏幕上显示"未能查到此卡"。过了很久机器未能工作，直到后面排队的消费者等不耐烦，此收银员才想起让同伴去找"班长"。过了许久不见人来，此收银员对该消费者说："你去前面找一下班长。"但遭到该消费者愤怒拒绝。此时此收银员再次找同伴去"请"班长。过了大约20分钟，班长姗姗来迟，了解情况问完事情后说："系统出现问题，不能刷卡，必须在这里等系统恢复。"对于系统何时恢复没有具体时间，此时已经过去一小时。由于划卡完毕，东西又不能退，该消费者希望留下10.50元和卡离去，被此收银员以系统故障为由拒绝，只能等。但令该消费者奇怪的是，后面的消费者出示的卡都还能用，究竟是系统的故障，还是此收银员的操作失误就不得而知了。

此时，由于浪费了大量时间，后面排队的消费者纷纷表示出对此收银员的不满，有的甚至换地方交款。后面有一对情侣交款时使用会员卡也出现上面的情况，直到消费者无法忍受放弃用会员卡才算作罢。当得知系统已经恢复的时候，此收银员再次让该消费者刷卡，发现卡上面的钱已经为零，说明最开始刷卡成功，但是此收银员以要过系统为由，让同伴找来班长去楼上查询卡上的余额是否

已经过账。明明已经显示刷卡成功，为什么还要该消费者无止境地等下去，是商场一贯的宗旨，还是此收银员怕担责任？该消费者气愤难平，感觉自身受辱，等同被"拘"。

在漫长的等待过程中，还有一个花絮，也是一对情侣结完账之后，此收银员竟少找一角钱，当被询问时，此收银员镇定地回答："等他结完账再给你。"气愤的男青年回了一句："为了一毛钱，我还得等你啊？"话音刚落，两位扫兴地离开了超市。由此，我们更要问：这是潜规则还是此收银员的操作失误？总是失误也难免让人起疑心。

过了许久，班长回来说钱已到账，此收银员才继续为该消费者结账，此时距离系统出故障时间已经过去 2 小时。结账后该消费者要求给予说法时遭到此收银员冷脸："这事你找我们班长吧，我不清楚。"当该忍受到极限的消费者询问此收银员姓名时，此收银员夸张地亮出左胸前的小牌，无畏地说："我叫刘洋。"

该消费者在此等候很久，代表超市出面的是一位自称是"班长"、叫张灵（化名）的女士，对于此事给出的解释是：超市的结账系统出现故障，对此给消费者带来的不便给予道歉！随后也没有打招呼，就消失在超市中……

事件分析：消费者还是"上帝"吗？

资料来源　佚名. 新玛特超市结账出问题，消费者被"拘"2 小时！［EB/OL］.［2007-09-30］. http：//sp2x. foodsl. com/show_ 294795. htm. 有改动.

项目6　门店理货技能训练

理货员是不与顾客进行直接交易的销售人员，理货员主要的服务方式是间接服务，但是仍有很多机会与顾客接触，可以说理货员工作的好坏，也是影响销售额的重要因素。

一、实训目标

1. 能力目标
- 能够根据卖场内的商品销售情况去后仓领货以补充货架；
- 能够正确进行商品代码和价格的标示；
- 能够根据商品配置表的具体要求，进行商品的陈列。

2. 知识目标
- 了解理货员的职业道德及理货员的工作职责；
- 掌握理货员的作业流程；
- 了解卖场主要设备的使用与简易保养知识；
- 掌握应具备的商品知识；
- 了解购物者购物动机和购物行为。

3. 方法目标
- 掌握商品陈列的方法；
- 掌握卖场主要设备的使用与简易保养方法。

二、场景设计

企业的频繁促销直接带来的工作就是频繁补货和陈列调整，尤其是大型促销时，工作量更是巨大，理货员总是忙不过来。在得知这一信息之后，学校可主动联系连锁零售企业，由企业对学生进行简单岗前培训，熟悉商品结构之后，在企业进行理货顶岗实习的实战锻炼。

三、训练步骤

1. 场地准备

学校出面联系零售企业，学生经过简单培训之后，开始排班，准备上岗。

2. 理货员作业流程训练

（1）领货作业流程管理。

①理货员领货必须凭领货单。

②理货员要在领货单上写明商品的大类、品种、货名、数量及单价。

③理货员对卖场仓库管理员所发出的商品，必须按领货单上的事项逐一核对验收，以免商品串号和提错货物。对大型综合超市、仓储式商场和便利店来说，其领货作业的程序可能不反映在对仓库人员方面，而是直接反映在对收货部门和配送中心的送货人员方面。一旦完成交接程序，责任就完全转移到商品部门的负责人和理货员的身上。

（2）标价作业流程管理。

目前商店的价格标签分为四种类型：商品部门别标签，表示商品部门的代号及价格；单品别标签，表示单一商品的货号及价格；店内码标签，表示每一单品的店内码和价格；纯单品价格标签，只表示每一个商品的单价，无其他号码。

①标签打贴的位置。标签的位置一般最好打贴在商品正面的右上角（因为一般商品包装其右上角无文字信息），如右上角有商品说明文字，则可贴在右下角。

②几种特殊商品标签的打贴位置：a. 罐装商品标签打贴在罐盖上方；b. 瓶装商品标签打贴在瓶肚与瓶颈的连接处；c. 礼品则尽量使用特殊标价卡，最好不要直接打贴在包装盒上。

③打价前要核对商品的代码和售价，核对进货单和陈列架上的价格卡，调整好打价机上的数码。

④价格标签纸要妥善保管，为防止个别顾客偷换标签，即以低价格标签贴在高价格商品上，通常可选用仅能一次使用的折线标签纸。

⑤商品价格调整时，如价格调高，则要将原价格标签纸去掉，重新打贴，以免顾客产生抗衡心理。如价格调低，可将新标价打在原标价之上。每一个商品上不可有不同的两个价格标签。

（3）商品陈列的作业流程。

理货员根据商品陈列配置表的具体要求，将一定数量的标好价格的商品，摆设在规定货架的相应位置。

（4）补货作业流程管理。

补货作业流程如下：卖场巡视→商品补充、整理→仓库取货（或货架上端取货）→标价→补货陈列。

①理货员在进行卖场巡视时，如不需补货可进行商品的整理作业：

a. 清洁商品。理货员在巡视时手中的抹布是不能离手的，抹布就像士兵手中的枪一样重要。

b. 做好商品的前进陈列。当前面一堆的商品出现空缺时，要将后面的商品移到空缺处去，商品朝前陈列，这样既能体现商品陈列的丰富感，又符合了商品陈列先进先出的原则。

c. 检查商品的质量。如发现商品变质、破损或超过保质期应立即从货架上撤下。

②理货员在补货上架时的作业流程如下：

a. 先检查核对一下欲补货陈列架前的价格卡是否和要补上去的商品售价一致。

b. 补货时先将原有的商品取下，然后打扫陈列架（这是彻底清洁货架里面的最好时机），将补充的新货放在里面，最后将原有的商品放在前面，做到商品陈列也先进先出。

c. 对冷冻食品和生鲜食品的补充要注意时段投放量的控制。一般补充的时段控制数量是，在早晨营业前将所有品种全部补充到位，但数量控制在预定销售额的40%，中午再补充30%，下午营业高峰到来之前再补充30%。

3. 理货组长工作训练

理货组长应负责管理卖场商品的整理工作，负责培训、指导及监督各理货员的工作，领导下属保持卖场的商品齐备、陈列整齐丰满，做好商品促销工作，营造一个整洁良好的购物环境。

（1）营业前工作内容。

★配合店长召开早会，做好当日具体工作内容的布置、重要通知的传达并检查各理货员的仪表是否符合要求。

★查阅有关特价、改价资料以及有关促销活动资料，提示各理货员按照有关资料的要求做好特价转换、价牌更改，以及促销陈列海报张贴等工作。

★督促各理货员收拾好顾客摆乱的商品及整理好货架上的商品。

★检查冷冻柜、商场的灯光照明、冷气等是否正常运作。

★根据当天的出勤情况，做好理货工作的分工安排。

（2）营业中工作内容。

★督促各理货员做好仓库收货的准备工作，包括：调整预留后备仓位、货架位、堆头位；准备好要退回仓库的商品，以及交换的文件袋；准备好卡板、叉车、手推车等卸货工具；预留好货仓车的停车位置。

★集中人手尽快卸货及点收。当接到货仓车到场通知，应提前集中人手卸货，如碰到午餐时间亦应安排先卸货后午餐；卸货后及时组织点收，如有错漏，应马上填表通知货仓复核补货。

★检查货架商品的摆放陈列情况；督促理货员尽快补货上架。

★检查各理货员所负责商品的特价转换、价牌更改、专架陈列、堆头陈列是否按要求做好。

★检阅近期商品检查表，了解各理货员对近期商品的跟进情况。

★分早、午、晚三段检查冷冻柜的温度，确保冻品能妥善保存。

★组织理货员做好商品的跟进整理，包括：清理后备仓，处理坏货、近期货、滞销积压货。

★检阅清洁检查表，督促理货员做好各项清洁工作。

★经常留意卖场情况，做好卖场内的防盗工作。

★进行工作交接。

（3）营业结束工作内容。

★督促理货员做好下班前的"货架整理"工作。

★安排员工做好晚间清洁工作。

★全面捡拾顾客遗弃不买的商品并还原陈列好，特别对鲜活商品及冻品应立即处理好。

★全面检查卖场，看是否仍有顾客留下。

★检查冷冻柜是否已上夜间盖。

★安排员工关闭好店门窗及橱窗铁闸。

★协助门店店长在离场前清点员工人数，确保全部离场。

★协助门店店长关闭电源（冷冻柜除外）、关锁大门以及开启防盗系统工作。

🐾 **注意事项**

> ★每个行业、每个岗位都有它的规则，一定要遵守企业的规章制度，服从管理。

四、相关知识

1．理货员主要工作

（1）补货。

★补货时必须检查商品有无条形码。

★检查价格卡是否正确，包括 DM 促销商品的价格检查。

★商品与价格卡要一一对应。

★补完货要把卡板送回，空纸皮送到指定的清理点。

★新商品须在到货当日上架，所有库存商品必须标明货号、商品名及收货日期。

★必须做到及时补货，不得在有库存的情况下出现空货架的现象。

★补货要做到先进先出。

★检查库存商品的包装是否正确。

★补货作业期间，不能影响通道顺畅。

★有时候，参与收货工作。

（2）理货。

★检查商品有无条形码。

★商品正面面向顾客，整齐靠外边线码放。

★商品与价格卡一一对应。

★不补货时，通道上不能堆放库存。

★不允许随意更改排面。

★破损/拆包商品及时处理。

（3）促进销售，控制损耗。

★每日定期准确计算库存量、销售量、进货量。

★及时回收零星商品。

★落实岗位责任，减少损耗。

（4）价签/条形码。

★按照规范要求打印价格卡和条形码。

★价格卡必须放在排面的最左端，缺损的价格卡须及时补上。

★剩余的条形码及价格卡要收集并统一销毁。

★条形码应贴在适当的位置。

（5）清洁。

★通道要无空卡板、无废纸皮及打碎的物品残留。

★货架上无灰尘、无油污。

★样品干净，货品无灰尘。

（6）整库/库存/盘点。

★库房保持清洁，库存商品必须有库存单。

★所有库存要封箱。

★库存商品码放有规律、清楚、安全。

★盘点时保证盘点的结果正确。

2. 理货员辅助工作

（1）服务。

★耐心礼貌解答顾客询问。

★补货理货时不可打扰顾客挑选商品。

★制止顾客各种违反店规的行为，如拆包、进入仓库等。

★对不能解决的问题，及时请求帮助或向主管汇报。

（2）器材管理。

★卖场铝梯不用时要放在指定位置。

★封箱胶、打包带等物品要放在指定位置。

★理货员随身携带：笔1支、壁纸刀1把、手套1副、封箱胶、便签若干。

★各种货架的配件要及时收回材料库，不能放在货架的底下或其他地方。

（3）市调。

★按公司要求、主管安排的时间和内容做市调。

★市调资料要真实、准确、及时、有针对性。

（4）工作日志。

★条理清楚，字迹工整。

★每日晚班结束时写。

★交待未完成的工作内容，早班员工须落实工作日志所列事项。

3. 补货的基本原则

（1）货物数量不足或缺货时补货。

（2）补货以补满货架或端架、促销区为原则。

（3）补货的区域先后次序：端架→堆头→货架。

（4）补货的品项先后次序：促销品项→主力品项→一般品项。

（5）必须遵循先进先出的原则。

（6）补货以不堵塞通道，不影响卖场清洁，不妨碍顾客自由购物为原则。

（7）补货时不能随意变动陈列排面，依据价格卡所示陈列范围补货，否则会影响商品陈列，违反者将按规则处罚。

（8）补货时，同一通道的放货卡板，同一时间内不能超过3块。

（9）补货时，所有放货卡板均应在通道的同一侧放置。

（10）货架上的货物补齐后，第一时间处理通道的存货和垃圾，存货归回库存区，垃圾送到指定点。

（11）补货时，有放货卡板的地方，必须同时有员工作业，不允许有通道堆放放货卡板但无人或来不及安排人员作业的情况。

4. 理货的基本原则

（1）货物凌乱时，需理货。

（2）零星物品的收回与归位是理货的一项重要工作。

（3）理货的区域先后次序是：端架→堆头→货架。

（4）理货的商品先后次序是：快讯商品→主力商品→易混乱商品→一般商品。

（5）理货时，必须将不同货号的货物分开，并与其价格卡的位置一一对应。

（6）理货时，须检查商品包装（尤其是复合包装）、条形码是否完好，缺条形码迅速补贴，破包装要及时修复。

（7）理货时，每一个商品有其固定的位置，不能随意更动排面。

（8）一般理货时遵循从左到右、从上到下的顺序。

（9）补货的同时，进行理货工作。

（10）每日销售高峰期之前和之后，须有一次比较全面的理货。

（11）每日营业前理货时，做商品清洁工作。

5. 理货员的检查项目

理货员检查是第三层次的门店自查，检查项目可参照工作职责、作业流程及店长检查、领班检查中的相关内容。理货员自检重点是仪表、商品陈列、商品价格、商品质量与服务环境。其中商品质量自检每天至少一次，每次抽查五件商品，并记录在商品质量自检报表上。

6. 理货工作注意事项

（1）理货员根据卖场内的商品销售情况向仓库领取商品时应注意：领货必须凭领货单或在领货簿上记录商品信息；对仓库管理员提供的商品，必须逐一进行核对。

（2）理货员执行标价作业时应注意：标价位置要一致，且不可压住商品说明文字；打标价时要确实核对进货传票及陈列处的价格卡，同样商品不可有两种价格；标价纸要妥善保管；变价时，调高价格应去除原标签，调低价格则可将新标签压在原标签上；同种商品不可同时有两个不同的价格标签。

（3）理货员执行补货上架作业时应注意：随销随补，消灭货架空档，确保满陈列；补货后的废弃物应及时清理，确保地面、通道、货架、商品的整洁；顾客移位的商品应及时复位，由该区域责任人负责；要轻拿轻放，爱护商品，注意商品安全；及时整理价格卡，确保一货一卡，商标齐全，标价正确；要检查上架商品及架上商品的保质期及其他质量状况，确保上架销售商品的质量可靠。

（4）理货员应热情回答顾客询问，引导顾客到所需购买的商品陈列处。

（5）理货员发现顾客有不文明行为（如拆包、饮食、吸烟等）应和善提醒、劝阻、说明，并致谢。

（6）理货员应有防损、防盗意识，但不要轻易判定偷窃行为，必要时可与现场保安人员及时联系。

7. 补货/理货时缺货处理

（1）若该品项货物不足时，采取拉排面的方法，即将商品拿到货架前方摆放，使商品看起来充实。

（2）若该产品缺货导致空位，应插上该商品"暂时缺货"卡，同时维持其原有排面，直到该商品恢复供应或采购部有新商品替代。

（3）决不允许随意挪动价格卡位置或拉大相邻商品的排面以遮盖缺货。

（4）若某项产品补货次数频繁，要注意其陈列面大小是否合理，必要时提出申请，按程序由相关人员书面批准后，再按新的陈列图更正陈列。

8. 补货/理货时安全注意事项

（1）安全使用叉车和工具，不要伤及自己、同事、顾客。

（2）安全使用铝梯，随时检查其稳固性。

（3）在铝梯或货架上作业时，注意货物安全取、放、递，切不可从货架上往下扔货，以免造成意外伤害。

（4）高叉车作业，必要时用围栏挡住作业通道以保证安全操作。

（5）货物在卡板上码放，从收货部到楼面，均遵循安全、稳固、交叉码放原则，以免货物倒下伤人。

59

五、学生天地

表 3-5　　　　　　　　　　理货实训心得

班级		姓名		实训时间	
学号		组号		主要任务	
备注					

六、效果评价

表3-6 　　　　　　　　门店理货作业技能评价评分表

考评人		被考评人		
考评地点				
考评内容	门店理货作业技能训练			
考评内容	内　容	分值（分）		评分（分）
	理货员的工作职责	25		
	理货员的作业流程	25		
	理货员补货作业程序	20		
	理货员补货/理货的基本原则	20		
	理货的工作注意事项	10		
合　计		100		

注：考评满分为100分，60～70分为及格，71～80分为中等，81～90分为良好，91分以上为优秀。（该表可复印后灵活用于教学）

七、知识拓展

从理货员一天的工作流程看员工管理

在零售店铺中有这样一类人，他们掌握所属商品部门中商品的品名、属性、规格、价格水平以及保质期，哪里缺货哪里就能看到他们的身影，这就是理货员。在卖场中，他们与收银员一样都是最基层的工作人员。所以在一定意义上，他们代表着超市的形象，也是影响超市商品销售额的重要因素。

2012年2月3日早上7点，北京超市发双榆树店理货员小韩，推上自行车从家里出来，到路边小摊买的煎饼果子也来不及吃，一路猛蹬，径直奔往单位。7点30分，小韩就到单位了，这离上班时间整整提前了20分钟。由于离家远、害怕迟到（迟到3次这个月奖金就没了），小韩已经养成了早起、早到的习惯。20分钟后，超市开门（超市8点正式对外营业）了，打卡签到，更换工作服、佩戴上工作牌后就开始打扫卫生，迎接顾客。

接下来他的工作要按检查记录进行大量的补货和理货，补货和理货按照有关作业的流程及规章进行。如保持排面整齐，依次向前递补，把新补充的商品放在后面，做到商品正面面向顾客。检查价格卡是否对位，有变价的商品与价格是否相符，所贴条形码是否正确，摆放位置是否正确，货架上商品有无缺货状况，有无破损品或过期变质品，这些都做详细检查并记录下来。作为一名老员工，这些小韩已驾轻就熟了。

怎样做好一名超市理货员，工作看似简单。掌握商品陈列方法和技巧，正确对商品进行陈列摆放，其中的学问可不小。例如：商品陈列必须根据季节性商品、促销类商品、畅销商品、毛利率高低等特点，依据多种商品陈列的原则而采取合理有效的陈列方法进行陈列；遵照零售店铺仓库管理和商品发货的有关程序，有秩序地进行领货工作。作为理货员还要对新商品的扩销问题有敏感的认识，尤其是市场流行商品和时令商品。折扣折让销售量大商品和团购量大商品需要建议采购大批量商品、搞好市场调查、掌握消费者需求等，并要及时上报主管，制订新产品购销计划。

11 点 40 分，两位先去吃饭的同事回来了，超市用餐时间是在 11 点到 13 点，由于超市要保证不空岗，5 位上班的同事分开轮流用餐，每个人有 45 分钟的吃饭时间。由于集团里有自助食堂，想吃多少就吃多少，小韩一般都去那里，四菜一汤，这对干体力活饭量大的小韩可谓莫大的补助。

该补齐的货完成了，小韩开始围着自己的辖区到处转转，看到有碎纸屑及空箱子等都把它们收起来，以使通道地面保持清洁。同时他还担当了保安的角色。当发现有可疑人员，要及时报告保安人员并做好跟踪工作，发现偷窃人员时要交保安处理。另外就是收拾被顾客遗弃的商品，顾客选好了某样商品、中途又改变主意的情况很多，能把商品放回原处的固然很好，但没有放回原处的，理货员只好去归位，有的顾客甚至将楼上和楼下的商品对调。对于这些被顾客遗弃的商品，理货员要随见随收，不分辖区，像这样的劳动小韩每天都要重复数百次。

临近下班时间，小韩到收银处收起当天顾客未结算的商品并办好有效手续，把未完成的事情和白天遇到的问题向上级领导汇报。

14 点 30 分，小韩结束了白天的工作，晚班人员开始上班。

资料来源 佚名. 案例探讨：从理货员一天的工作流程看员工管理［EB/OL］［2007-06-02］. http：//www.examda.com/hr/anli/20070602/104912297.html.

项目7 门店进货作业训练

门店的进货作业管理主要包括订货、进货、收货、退换货和调拨等作业。要使门店的进货作业完善和效率化，门店必须与总部密切配合，采用现代化的管理方式（如自动化订货系统，即 EOS），严格按照总部设计的作业程序操作，最终达到降低门店的管理成本、提高经营绩效的目的。

一、实训目标

1. 能力目标
- 能够操作门店订货系统；
- 能够对系统订货单进行修正；
- 能够对商品进行验收；
- 能够根据验收情况填写进货接受记录表、供货商差错记录表。

2. 知识目标
- 掌握订货的作业流程；
- 掌握进货的作业流程；

- 掌握收货作业的工作职责;
- 掌握由供应商直接配送到门店的商品收货作业注意事项;
- 掌握大型综合超市和仓储会员超市的收货方式和流程。

3. 方法目标
- 掌握适时订货的方法;
- 掌握适量订货的方法;
- 掌握验收商品的方法。

二、场景设计

以小组为单位在连锁企业门店的管理人员办公室或后仓,在订货人员指导下,熟悉门店商品订货的流程及注意事项,门店提供打印好的系统订货单、商品存货情况和销售现状,由学生按组对系统订货单进行修正;到货后,在后仓现场观摩收货的作业流程,并模拟填写门店提供的进货接受记录表、供货商差错记录表。

注:各位实训指导教师可以从自己学校周边或者是和学校有合作关系的企业中寻找几家门店进行该项目训练。

三、训练步骤

1. 联系被调研的门店

进货实训场所一般是在门店的管理人员办公室或后仓,空间有限,全部班级学生到场实训会造成现场拥挤,给门店正常工作造成影响。可以由实训指导教师选择和学校有合作关系的零售企业,由实训指导教师联系企业,根据企业经营安排的需要将实训学生按组分到不同门店。企业提供门店订货系统软件,实训指导教师带领学生团队在企业订货人员操作和指导下进行观摩,以期帮助学生掌握企业具体的订货流程和订货中的注意事项,增加学生感性认识。最好选择大型综合超市或仓储会员店为主要调研对象。

2. 成立考察小组

(1)各门店负责商品管理的副店长和实训指导教师担任此项活动的总指导和总指挥。

(2)将学生分成若干组,每组4~5人,设组长一名。

(3)各组根据实训情况撰写调研报告,实训中完成的各种手工订货单和其他记录登记表作为附件附在调研报告后。

(3)组长负责汇报本组的调研情况。

3. 确定调研时间

实训指导教师根据各家门店的距离决定考察时间的长短。

4. 培训学生

首先,让学生明白进货作业对门店提高管理效率和经营绩效的意义。让学生从思想上认识到这次调研的重要性和从中能学习到什么,端正实训态度,否则后续的实训会流于形势,学生无法掌握企业订货、进货、收货等的流程、注意点。其次,对于进货工作一方面企业都有严格细致的程序和规范,另一方面订货和収货工作非常繁琐，需要工作人员认真、细心。所以在实训前除了要端正学生的态度，也有必要复习订货、进货、收货等的流程和注意事项，做到理论联系实际。

5. 开始调研

（1）门店进货分系统及手工两类，其作业流程详见图 3-1。手工补货的范围包括：低库存量、低销售量类（如大小家电）；销售随季节变动明显类（如服装）；要货周期短类（如生鲜商品）。系统补货的范围是非手工补货类。系统补货以"系统补货建议"为主，手工修正为辅。手工补货则由营业员凭经验纯手工补货。紧急补货的使用范围：畅销商品（不可缺断货商品）在确认没有在途订单的情况下可实施紧急补货。紧急补货的方法："直送"的商品直接向供应商要货，到货后走紧急验收流程，其他物流模式向配送中心以传真件形式进行紧急补货。

门店订货人员详细介绍系统订货软件的操作，使学生初步掌握软件的操作方法。门店订货人员打印出不同商品的系统订货单，对这些商品的特点、门店的库存和销售情况进行简单说明，实训学生根据门店提供的信息，对系统订货单进行修正。门店订货人员根据各组修正的系统订货单进行点评。

（2）在门店的后仓现场调研收货的作业管理流程，区分由总部配送中心配送的商品和由供应商直接配送到门店的商品的收货作业程序。由验收组组长介绍验收组组长工作职责、组员工作职责及收货流程和注意事项。验收组组长现场提供配送的商品，由实训学生模拟验收，学生根据验收结果填写门店提供的进货接受记录表。表 3-7 为每日进货接受记录样表，作为参考。

各小组填写好进货接受记录表后，统一交给验收组组长，验收组组长针对学生填写的记录表进行书面修改。

6. 结果整理

调研结束后各小组撰写调研报告，报告包含的主要内容如下：

（1）门店订货系统操作程序说明。

（2）如何对系统订货单进行手工修正，修正过程中出现的问题，以及在门店订货人员指导下改进的过程。

（3）门店收货流程和注意事项。

（4）实训小组验收和制表过程中出现的问题，以及如何改进。

（5）要收集打印的系统进货单据、手工修正的单据、进货接受记录表，统计内容，并作为附件附在调研报告后。

7. 调查结果分析

（1）分组讨论分析被门店订货人员修改的订货单。

（2）实训指导教师总结，并指导学生修改调研分析报告。

（3）实训指导教师将此报告提交给该超市相关人员，并请他们批评指正。

（4）实训指导教师将该超市相关人员的意见反馈给学生。

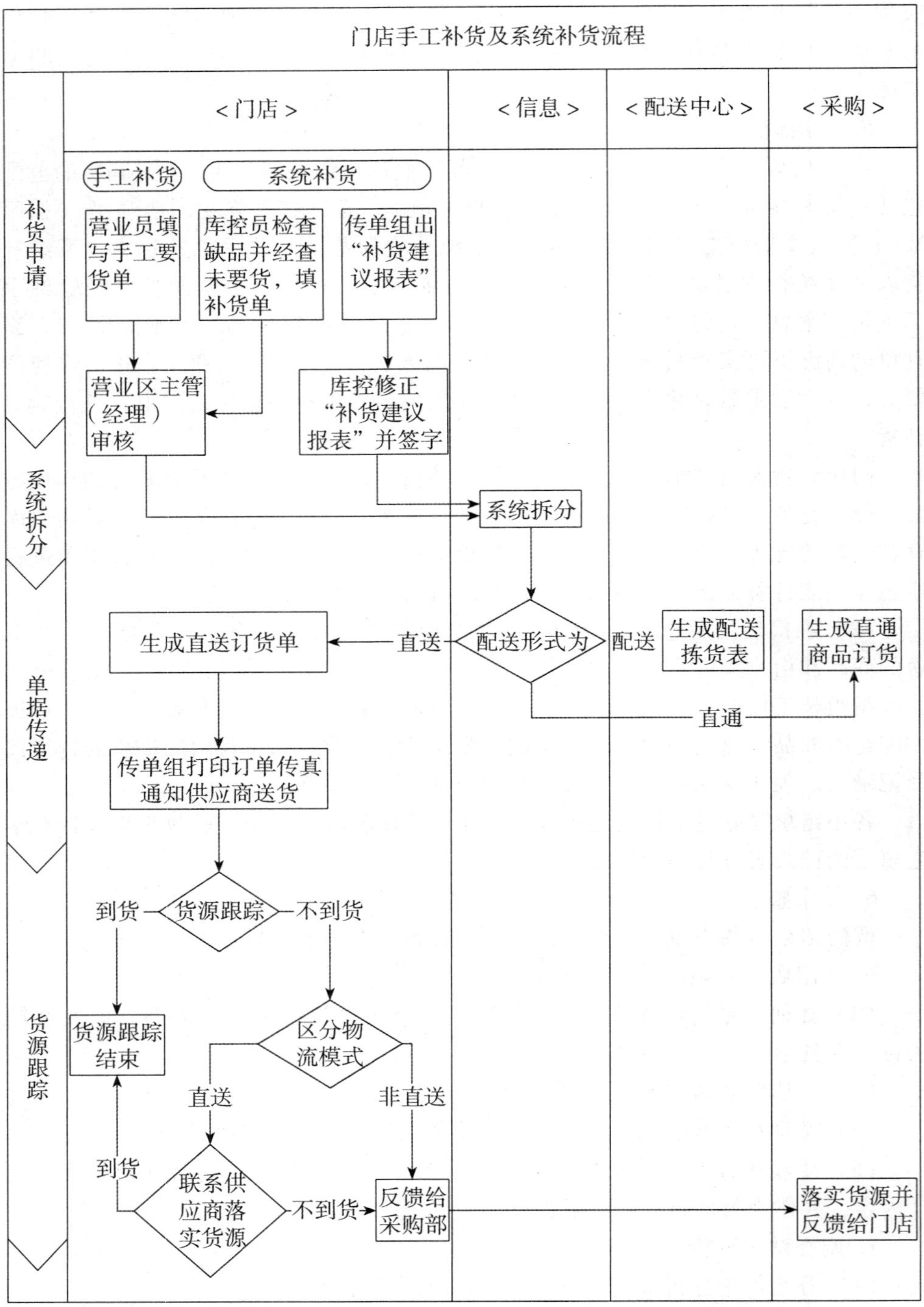

图 3-1　门店手工补货及系统补货流程图

表 3-7　　　　　　　　　　　每日进货接受记录样表

企业名称：

门店编号：

（列出所有发票和退还记录）　　　　　　　　　　　　　　　日期：

供应商	时间		供应商 名称缩写	发票和退还 记录的编号	收货员 名称缩写	在发票和退还记录上的 商品总金额
	进入	离开				

收货员签名：

附注：在每天下班前将该表连同发票及退还记录的复印件一起送到门店店长办公室。

注意事项

☆ 学生外出调研，必须听从指挥，遵守纪律，注意交通安全，并须表现出良好的礼貌、礼节，维护学校形象。

☆ 调研订货系统、在后仓验收货，必须与前去考察的门店提前联系，并获得企业配合、支持。

☆ 发挥团队精神，紧密配合、协同作战。

☆ 进货作业实操性强，企业的进货流程非常严谨细致，实训中学生必须严格按照门店的流程操作。

☆ 进货实训场所都在门店的管理人员办公室或后仓，是门店重点管理场所，必须服从门店的相关管理规定。

四、相关知识

1. 订货的作业流程

订货作业流程如图 3-2 所示。

订货中应注意：

（1）存货检查。

店长应随时注意检查卖场和门店仓库的库存，若存货低于安全库存量、或遇到门店进行促销活动、或节假日之前，都应考虑订货。同时，在进行存货检查时，还可顺便检查该商品的库存量是否过多，这样可以早做应对处理（如门店之间的调拨、降低订货量等）。除此之外，在检查存货时应注意检查现有存货的有效期限和商品质量。

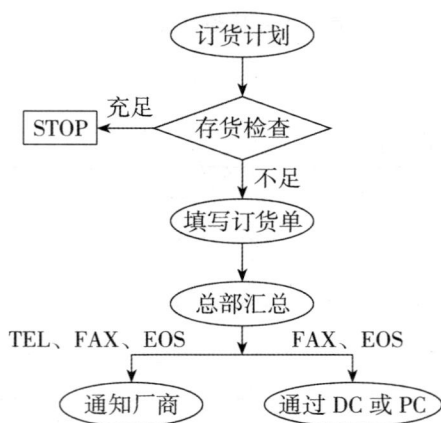

图 3-2　订货作业流程图

（2）适时订货。

因为在每天营业销售时不可能随时进行订货，而供应商也不可能随时接受订单，随时发货。一般连锁企业总部都规定了门店每天的订货时间范围，只要过了这一时间范围，就视为逾期，将作为次日订单。因而门店订货人员应适时订货，不能因为操作失误使货源无法正常供应而造成门店的缺货，白白放弃了应有的营业额。

（3）适量订货。

订货量的决定非常复杂，须考虑的因素主要包括商品每日的销售量、订货至送达门店的前置时间、商品的最低安全库存量、商品的规定订货单位等。而在实际操作时，订货人员还要依靠自己的经验，根据门店的实际情况来订货。

2. 进货的作业流程

进货作业流程如图 3-3 所示：

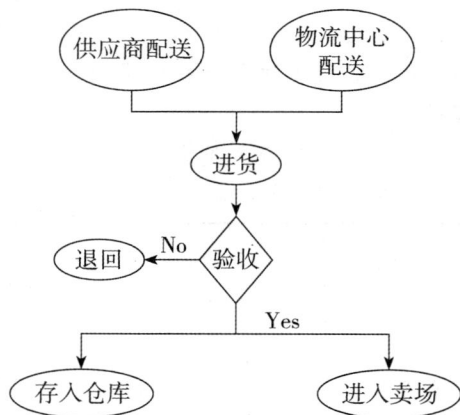

图 3-3　进货作业流程图

进货作业流程中应注意的事项：

（1）进货要严格遵守连锁企业总部规定的时间。

（2）先办退货再办进货，以免退换商品占用门店的仓位。

（3）验收单、发票要齐备。

（4）商品整理分类要清楚，并在指定区域进行验收。

（5）验收后有些商品可根据需要直接进入卖场，有些商品则存入内仓或进行再加工后，再送入卖场。

3. 收货的作业管理

收货作业按进货的来源，分为由连锁企业总部配送中心配送到门店的商品收货作业和由供应商直接配送到门店的商品收货作业。为了规范门店收货部的商品收货操作，提高收货工作效率，降低收货差错，门店商品都有标准的收货流程。

（1）总部配送中心配送到门店的商品收货作业。

由于公司总部已对货物进行过验收，所以可由业务人员把商品送到门店，无须当场验收清点，仅由门店验收人员加盖店章及签收即可，以提高配送效率。事后店内自行点收发现数量、品项、品质、规格与订货不一致时，可通知总部再补送。

（2）供应商直接配送到门店的商品收货作业。

①建立并公布一个既方便供应商也方便门店的收货进程表（按天和小时编制），同时规定所有供应商直送商品必须由门店指定的出入口进出。

②在验收时，不要一次同时验收几家供应商的进货，送货单位和货物必须有规律地排列，以便验收人员系统有序地核查所有订购的货物。

③要核对发票与送货单的商品品名、规格、数量、金额是否相符。

④认真核对发票与实物是否相符，具体的检查内容包括商品数量、商品重量及规格、商品成分、制造商情况及标签、制造日期及有效日期、商品品质、送货车辆的温度及卫生状况、送货人员等。

⑤清点每一件商品，即使商品已经装箱密封；如订货数量较大，可按商品的一定比例抽查；对于散箱、破箱商品，必须进行拆包、开箱查验，核点实数。

⑥对于贵重商品，必须拆箱、拆包逐一验收；对于无生产日期、无生产厂家、无地址、无保质期、商品标签不符合国家有关法规的商品，一律拒收。

⑦对于变质、过保质期或已接近保质期的商品拒收。

⑧如果供应商的实际供货量少于进货单据上注明的数量，应要求供应商就这些短缺的货物给门店出具一个有供应商签名的补偿担保，进货验收人员要及时填写相应的记录表。

⑨验收合格后，验收人员方可在进货单据上签字、盖章。同时，验收人员也应该及时把接受的货物按门店要求记录在册。

五、学生天地

表 3-8　　　　　　　　　某门店订货、收货作业实训心得

班级		姓名		调查时间	
学号		组号		主要任务	
备注					

67

六、效果评价

表3-9　　　　　　　　　门店进货作业操作技能评价评分表

考评人			被考评人	
考评地点				
考评内容	门店订货、收货作业实训			
考评标准	内　　容		分值（分）	评分（分）
	了解进货对门店经营的重要性		10	
	了解门店订货作业的流程		20	
	掌握门店订货的操作程序		20	
	了解门店进货作业的流程		20	
	掌握门店收货作业的流程及注意事项		20	
	各单据填写的准确性及能否根据门店反馈进行修改		10	
合　　计			100	

注：考评满分为100分，60~70分为及格，71~80分为中等，81~90分为良好，91分以上为优秀。（该表可复印后灵活用于教学）

七、知识拓展

金龙鱼5升装食用油补货计算的启示

　　我们都知道库存对零售企业的重要性，而且采购干部和营运干部对库存的看法不同。营运干部的概念是库存越多越好，尤其是一旦促销品缺货顾客容易闹翻天。采购干部的概念是一定要提高库存周转率，库存越少越好，促销结束后大量促销品需要退货，太麻烦了，下次再搞促销怎么要求供应商支持呀。两者之间的度需要好好平衡，所以库存总是搞不好。假设金龙鱼5升装食用油计划做一档为期14天的降价促销活动，促销时段从12月8日开始至12月21日止，门店做好商品的订货工作。在与供应商的促销协议中订了一个促销目标，即在促销档期内，该SKU的销量比平常增加300%，为了弥补门店在促销中的毛利损失和促销后商品的处理，经过与供应商谈判，供应商同意供货特价的日期是从12月4日至12月24日。报表数据显示，截止到12月3日晚上，门店的库存是200桶，日均销量是20桶，问门店需要订货多少桶，才能顺利满足商店的经营目标？可能有人说这个太简单了，我家里上三年级的小女儿都能算出应该续订1 060桶，如果你的续订工作是这样做的话，那就太初级了。作为一个合格的续订员不能是只考虑8—21日之间的问题，我们会有很多的疑问，疑问解决了才能决定下单量。摆在我们面前的主要有如下几个问题：

　　第一，我们要了解金龙鱼的账期对订货量的影响；

　　第二，就是我们的库存目标对订货量的影响；

　　第三，供应商给的特价是不是很优惠；

第四，竞争对手的促销档期是哪一天；

第五，公司安全库存的问题；

第六，如果春节期间囤积年货对订货量的影响；

……

请大家对上述问题一一进行分析并最终给出补货量的建议。

资料来源　李卫华，彭建真．连锁企业品类管理［M］．北京：高等教育出版社，2012.

项目8　门店盘点技能训练

盘点是衡量门店营运业绩的重要指标，也是对一段时间内的营运管理的综合考核和回顾。盘点的数据直接反映的是损耗，这些损耗同样可以反映门店在营运上的失误和管理上的漏洞，所以发现问题、改善管理、降低损耗是盘点的工作目标。

一、实训目标

1. 能力目标

- 能够使用盘点机进行商品盘点；
- 能够进行盘点差异分析；
- 能够对盘点结果进行处理。

2. 知识目标

- 了解盘点的内容与目的；
- 了解盘点的类型和方法；
- 熟悉盘点作业的流程。

3. 方法目标

- 掌握盘点作业操作方法；
- 掌握盘点差异处理的方法。

二、场景设计

考虑到盘点工作所需的环境比较严格，不方便校内模拟，所以学校可与关系较好的连锁零售企业（最好还是在学生收银、理货训练的卖场）联系相关事宜。学生经过在企业的收银技能训练与理货技能训练之后，对企业的商品结构、业务流程有了一定的了解，而且企业也对学生相对了解，所以企业可能会接受学生参与企业更为重要的工作——盘点工作，在学校联系好之后，学生提前进入企业内部参加简单培训，等待盘点工作的开始。

三、训练步骤

1. 场地准备

学校出面联系零售企业的门店，学生经过简单培训之后，准备上岗。

2. 盘点前的准备

（1）盘点工作的组织准备。

★总负责人为店长，并设立盘点领导小组，成员由店长、主管及各盘点小组组长组成。

　　★盘点具体时间安排见表3-10。

表3-10　　　　　　　　　　　　　盘点时间安排

盘点时间	盘点类别	盘点门店
月　　日	10类、50类	
月　　日	20类、60类	
月　　日	30类、80类	

　　★盘点具体分组及职能分工：

　　——分组原则：以门店现有POS机的数量决定分组数量。若门店有2台POS机，则相应分成2组；若门店有4台POS机，则相应分成4组，以此类推。

　　——每组具体人数及分工：见表3-11，注意，以下分工是按照流水操作的形式来分工的。

表3-11　　　　　　　　　　　　　学生分组情况表

岗位	人数	谁担任	工作要求
货品整理人	4人	导购，分成2队，每队2人	整理所负责货柜的货品并手工点数 填写盘点过程记录表 将货运往POS机盘点 协助扫描人扫描 扫描完后负责将货品返回柜台并上架整理
扫描人	1人	收银员	负责将货品扫描
监督扫描人	1人	电脑管理员培训过的收银员	负责帮扫描员看屏幕，看是否有异常情况 电脑屏幕是否在盘点状态 扫描入机时数量跳动是否按1顺加 收银员扫描是否规范 填写盘点过程记录表，包括对异常情况的填写，如无法扫描入机的商品等
监盘人	1人	会计或防损员	监督整体扫描过程，确定是否有效 对扫描后的盘点商品进行手工点数，进行复核，填写盘点过程记录表 收齐每组盘点过程记录表
盘点小组组长	1人	骨干人员	全程监控盘点是否按公司要求进行，对盘点过程中出现的问题及时协调、组织和安排，以保证盘点顺利进行

　　（2）盘点用品的准备。

　　盘点前一天准备好以下盘点用品：

　　★盘点用纸箱，装运每一个货柜的商品并进行盘点。

　　★盘点用笔及相应办公用品。

　　★盘点过程记录表，格式见表3-12：

表 3-12 　　　　　　　　　　　　　　　　盘点过程记录

盘点纸号：如 10001（此编号指 10 类的第一个货柜编号，电脑盘点纸号即货柜标号牌）		
扫描前手工点数	数量：	货品整理人签字：（双人签字）
扫描数	数量：	监督扫描人签字：
货品盘点完上柜复核手工点数	数量：	监盘人签字：
		店长签字确认：
扫描差异记录		
商品条形码（或品牌及商品大类）	数量	异常情况描述

备注：①异常情况描述包括无法扫描入机的商品、无吊牌的商品等现象。

②对于无吊牌的商品在填写时有两种处理：通过和卖场其他相同货品的对比，得知该无吊牌货品的条形码；若实在无法得知条形码情况，则在该表商品条形码栏内填写"品牌及商品大类"，如金盾西装、或某某品牌衬衣等。

③上述异常情况在目前的卖场货品中存在的数量应该很少，甚至没有，但为了盘点的准确性，还需关注这一点。

★货柜标号牌：即时贴，将货柜编好号后贴在每一个货柜左上角。

（3）盘点的其他准备工作。

★货品整理：盘点前两天将货柜及仓库的货品按大类归类整理好，保证每天所盘的货品是同一大类的，而且不得有遗漏，尤其是仓库的货品。

★货柜编号及粘贴：编号规则详见盘点注意事项中对货柜进行编号的原则；盘点前一天将货柜标号牌贴在相应的货柜上。

★盘点状态调整：盘点前由门店会计将电脑调整为盘点状态。

（4）需重点培训的盘点注意事项。

★填写任何表格均要求数字填写规范，不允许出现数字笔迹潦草、难以辨认的情况。

★对货柜进行编号的原则：从左至右，一个货柜一个编号，不允许出现重号、断号。编号规则为 5 位数，前 2 位是大类代号；后 3 位是序列号，如 10001 表示 10 大类的第一个货柜，10002 则表示 10 大类的第二个货柜编号，依此类推。对于仓库内的货品也按仓库货架编号，且和卖场货柜编号是连续的，如 60 类鞋，卖场最后一个货柜编号为 60099，则仓库的编号应该从 60100 开始往下编。

★商品大类划分要透彻掌握。10 大类盘点盘哪些货品？20 大类包含哪些品牌？所有盘点人员都要非常清楚。

★每个参与盘点的员工都要清楚此次盘点的流程，保证每个人100%清楚，并且各岗位人员知道自己的岗位职责，各司其职。（由盘点小组组长负责，并负责抽查员工掌握情况）

★电脑管理员对店长、盘点小组组长、监盘人、扫描人、监督扫描人培训盘点的电脑操作要求，务必保证每个人都非常清楚。特别让监督扫描人清楚，需要监督：电脑是否在盘点状态；在盘点表输入界面，"本单数量"是否按1正常顺加，盘点录入数量是否有重大异常情况等。

★因为盘点的开始和盘点结束时的库存更新这两个指令均由门店会计操作，所以请各门店会计对整个系统的操作一定要了如指掌。

★开始盘点前，应该完结所有与库存有关的单据（如进出货单等单据）。

3. 正式盘点

（1）每一盘点小组的货品整理人员分成2队，每队2人。第一队将货柜编号为10001的商品进行归类整理，并手工点数，记录在"盘点过程记录表"上，双人签字。随后装入备用纸箱运往POS机处进行扫描作业。此时需将"盘点过程记录表"传给监督扫描人。进行扫描作业时，第一队货品整理人员进行分工，第一人整理好货品和货品条形码，将条形码调整到能够扫描，传给第二人，由第二人在收银台协助扫描人进行扫描并装入备用纸箱（第二人协助扫描主要是提高扫描速度）。对不能扫描的商品单独放入一个备用纸箱，单独存放。通知监督扫描人在"盘点过程记录表"上进行记录，记录内容有条形码、数量、异常情况等。该组第二队人员重复上述工作。

（2）第一队的商品扫描完毕后，监督扫描人根据电脑显示的实际扫描数量在"盘点过程记录表"上记录并签字，传给监盘人。第一队货品整理人员将扫描完的货品拉回原位上好货后适当整理货品。随之对货柜编号为10003的货品进行上述操作（此时10002的货品正在扫描）。

（3）监盘人对扫描上柜后的商品进行手工点数、复核、检查"盘点过程记录表"是否填写规范、内容填写是否完整，然后在"盘点过程记录表"上记录并签字。

（4）货柜编号10004，10005……操作同上。

4. 盘点数据更新

（1）监盘人收齐所有的"盘点过程记录表"，传店长审核签字。店长检查表的填写是否规范，有无未填写项目，若检查全部合格，在每张盘点过程记录表上签字，并传给会计，由会计保管。

（2）店长审核完毕后，会计进行"更新库存"的操作。

5. 店长宣布盘点结束

为保证第二天卖场的货品陈列能达到正常营运的标准，对货品进行适当整理。

6. 店长召开当天盘点小结

店长对当天盘点发现的问题进行统计总结。

注意事项

> ★ 全体盘点参与人员务必从思想上和行动上予以充分重视。
> ★ 全体盘点参与人员必须服从盘点控制小组的统一调配。
> ★ 盘点中发现问题，应及时报告盘点控制小组。
> ★ 盘点工作必须认真负责，确保盘点数据的准确性。
> ★ 复盘人员如对盘点卡记载的数量单位有疑问，应质疑初盘人员，必要时重新盘点，取得准确数量单位后，签名确认。
> ★ 填写盘点卡时，应写明商品计量单位（克、千克、盒、毫升、升、个、包、箱、罐、桶），盘点数据的计量单位为单品销售单位（最小单位）。特别注意：重量单位统一使用克、千克，不得使用"斤"作为计量单位。香烟计量单位为"包"，不得使用"条"作为计量单位。
> ★ 注意核对商品的规格型号与盘点卡是否一致。
> ★ 注意单品堆放陈列，杜绝因单品摆放混乱导致盘点数据失准、延误盘点进度的问题出现。
> ★ 盘点前准备好盘点用餐、矿泉水，解决参与人员的后顾之忧。
> ★ 盘点结束后在时间已经很晚的情况下，门店可组织车辆送参与人员回家，保证参与人员的人身安全。

四、相关知识

1. 盘点的概念

所谓盘点，就是定期或不定期地对店内的商品进行全部或部分的清点，以确实掌握该期间内的实际损耗。对部分商品进行盘点，称为周期盘点；每年一次对整个超市的商品进行盘点（生鲜除外），称为年度盘点。

2. 盘点的目的

（1）掌握商店在本盘点周期内的亏盈状况。

（2）商店最准确的目前的库存金额，将所有商品的电脑库存数据修改正确。

（3）得知损耗较大的营运部门、商品大组以及个别单品，以便在下一个营运期加强管理，控制损耗。

（4）发掘并清除滞销商品、临近过期商品，整理环境，清除死角。

3. 盘点的原则

（1）真实：要求盘点所有的点数、资料必须是真实的，不允许作弊或弄虚作假，掩盖漏洞和失误。

（2）准确：盘点的过程要求是准确无误，无论是资料的输入、陈列的核查、盘点的点数，都必须准确。

（3）完整：所有盘点过程的流程，包括区域的规划、盘点的原始资料、盘点点数等，都必须完整，不要遗漏区域、遗漏商品。

（4）清楚：盘点过程属于流水作业，不同的人员负责不同的工作，所以所有资料必须清楚，尤其是人员的书写和货物的整理必须清楚，这样才能使盘点顺利进行。

（5）团队精神：盘点是全店人员都参加的运营过程。为减少停业的损失，加快盘点的时间，商店各个部门必须有良好的配合协调意识，以大局为重，使整个盘点按计划进行。

4. 盘点的计算公式

盘损率（％）＝（账面库存－盘点实际库存）÷盘点周期的总销售金额×100%

账面库存＝上一年盘点库存＋盘点周期的采购成本±分店转货成本－盘点周期的销售成本

说明：①盘点的金额是按成本的价格为基础进行计算的。②转出本店的，成本为"减"，转入本店的，成本为"加"。③盘点周期的总销售金额与库存成本必须同时是不含税或同时含税的金额。

5. 盘点相关的基本概念

（1）HHT：电脑设备的一种，可以存储商品的资料和数据，相当于输入终端记忆器。它与主机联网后，可以将数据传输给主机进行处理。

（2）初点：第一次进行的商品点数。

（3）复点：第二次进行的商品点数。

（4）抽点：对已经经过复点的商品点数进行抽查。

（5）三点：在第二次盘点计数后，对点数不能一致的商品，第三次或多于第三次进行的商品点数。

（6）点数单位：商品在点数时的计数单位。

（7）正常陈列区：指商品正常陈列销售的货架的区域总称。

（8）货架库存区：指商品正常陈列销售的货架上方用来存放商品库存区域的总称。

（9）后仓：指非销售区域的仓库。

（10）周转仓：指收货部临时用于存放商品库存的区域。

（11）控制台：在盘点进行中，设置的盘点控制中心。

（12）锁库：电脑中心对系统的数据库进行"锁住"的动作。锁库后系统不能收货和销售，不接受任何数据的更改。

（13）系统陈列图：将楼面的陈列图按盘点程序输入电脑系统中。

6. 公司盘点操作流程

盘点操作的具体流程如图3-4所示（以连锁店为例）。

流程解释：

（1）总部通知盘点：总公司营运部下达所有下属门店本营运年度的盘点安排，确定具体的盘点时间，组织财务、审计、监盘小组到门店参与、监督门店的年度盘点。

（2）门店盘点小组成立：门店在接到总部的通知后，提前于盘点日一个月成立门店的盘点小组，全面进行年度盘点的准备工作。

（3）盘点准备工作计划：用倒计时的方式将盘点所需要进行的工作以清单的形式列印出来。

（4）盘点区域规划：将所有需要盘点的区域进行编号规划，将不需要盘点的区域划分出去。

（5）准备文具：准备所有盘点需要的文具、用具等。

```
                    ┌──────────────┐
                    │  总部通知盘点  │
                    └──────┬───────┘
                    ┌──────┴───────┐
                    │ 门店盘点小组成立 │
                    └──────┬───────┘
                    ┌──────┴───────┐
                    │ 盘点准备工作计划 │
                    └──────┬───────┘
                    ┌──────┴───────┐
                    │  盘点区域规划  │
                    └──────┬───────┘
```

┌──────┐ ┌────────┐ ┌────────┐ ┌────────┐ ┌────────┐ ┌────────┐ ┌────────┐
│准备文具│ │陈列图的确认│ │准备盘点表│ │设置盘点图│ │ 人员安排 │ │ 商品整理 │ │ 盘点培训 │
└──────┘ └────────┘ └────────┘ └────────┘ └────────┘ └────────┘ └────────┘

```
                    ┌──────────────┐
                    │  库存区预盘点  │
                    └──────┬───────┘
                    ┌──────┴───────┐
                    │   停止营业    │
                    └──────┬───────┘
                    ┌──────┴───────┐
                    │   陈列区盘点   │
                    └──────┬───────┘
                    ┌──────┴───────┐
                    │  盘点结果的确认 │
                    └──────┬───────┘
                    ┌──────┴───────┐
                    │   盘点结束    │
                    └──────────────┘
```

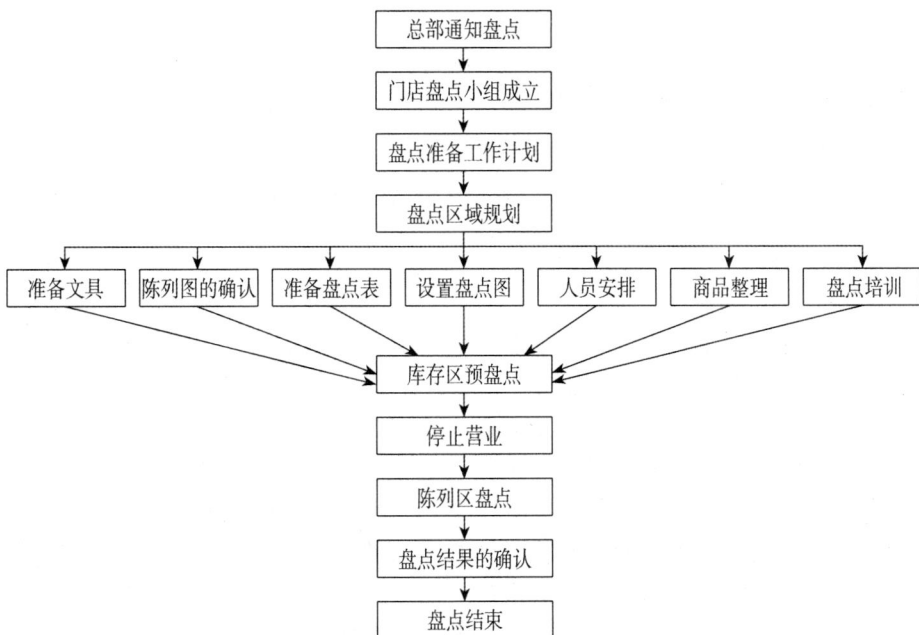

图 3-4 盘点操作的具体流程

（6）陈列图的确认：对整个门店所有需要盘点的区域的陈列图进行确认，并输入电脑系统。

（7）准备盘点表：在库存区预盘点之前，将所有的盘点表审核、准备完毕。

（8）设置盘点图：将门店所有陈列区域的商品陈列图设置到电脑系统中。

（9）人员安排：安排所有参加库存区盘点、陈列区盘点的人员，以及盘点指挥中心和盘点资料处理中心的人员，详细到如工作时间、就餐时间、报道地点等。

（10）商品整理：在盘点进行前，对销售区域、库存区域的所有属于盘点的商品进行整理，使其符合盘点的要求。

（11）盘点培训：组织对盘点小组人员的培训、管理层的培训、参加盘点人员的培训。

（12）库存区预盘点：盘点日前一天对整个门店的库存区域进行提前盘点，但资料与陈列区的盘点资料一起输入。

（13）停止营业：盘点前两小时门店停止营业，盘点公告则在一周前以广播、告示等方式通知顾客。

（14）陈列区盘点：关店后进行陈列区的盘点。

（15）盘点结果的确认：将陈列区、库存区的所有盘点数据输入电脑中心进行处理，并对差异报告进行分析、重盘等，最终确定本次的盘点库存金额，由财务部计算本营运年度的盘损率。

（16）盘点结束：盘点结束后，立即进行开店营业的恢复工作，包括系统恢复、收货恢复、楼面恢复以及盘点小组的收尾工作等。

75

7. 盘点差异的原因及处理方法

盘点可能出现重大差异。所谓重大差异，是指盘损率大幅超过同行业标准或公司目标，以及毛利率远低于同行业标准或公司目标。

（1）盘损率是实际盘点库存与电脑理论库存的差异。一般而言，盘损的原因有下列几种：

★错盘、漏盘。

★计算错误。

★偷窃。

★收货错误，或空收货，结果账多物少。

★报废商品未进行库存更正。

★对一些清货商品，未计算降价损失。

★生鲜品失重等处理不当。

★商品变价未登记和任意变价。

（2）若发生重大差异时，应立即采取下列措施：

★重新确认盘点区域，看是否错盘、漏盘。

★检查收货，有无异常进货，并且未录入电脑。

★检查有无退货，并且未录入电脑。

★检查库存更正及清货变价表。

★检查是否有新来的生鲜处理员工，失重处理技术不熟练。

★重新计算。

（3）商品盘损的多少，代表着管理人员的管理水平的好坏及责任感的强弱。

只要结果在合理的范围内，均视为正常。人为造成的盘点错误均应受到相应处罚。参照行业标准及超市的低成本损耗及责任落实到人的经营理念，超市目前规定的盘点损耗标准为：门店盘损率应控制在销售总金额的4‰~6‰；在6‰~8‰之间应视为低于标准水平，必须由店长负责寻找原因，提出整改措施；在8‰以上为不正常，须追寻有关员工的责任，并给予处罚；开店初期的第一次盘点，允许有较高的损耗率。

五、学生天地

表3-13   盘点实训心得

班级		姓名		实训时间	
学号		组号		主要任务	
备注					

六、效果评价

表 3-14　　　　　　　**商品盘点训练评价评分表**

考评人		被考评人	
考评地点			
考评内容	商品盘点训练		
	内　　容	分值（分）	评分（分）
考评标准	熟悉盘点的作业流程	25	
	熟悉盘点前的准备工作	25	
	掌握企业的各种盘点方法	25	
	了解盘点之后问题的处理方法	25	
合　　计		100	

注：考评满分为 100 分，60～70 分为及格，71～80 分为中等，81～90 分为良好，91 分以上为优秀。（该表可复印后灵活用于教学）

七、知识拓展

超市盘点作业规范

一、目的：掌握商品实际库存量与电脑库存量的差异，以精准库存管理，并就差异原因采取具体措施，以预防损耗。

二、适用范围：各分店。

三、盘点分为生鲜盘点、循环盘点、大盘点及会计师盘点 4 种。

★生鲜面销商品每个月 13 日和 28 日（2 月份为月底前 2 天）实施生鲜盘点共 2 次。

★除生鲜面销商品，其他一般商品每半年实施 1 次大盘点，平时则实施循环盘点。

★每年年底各店配合会计师实施会计师盘点 1 次。

四、循环盘点：

（一）循环盘点计划由营运处于每年 12 月 10 日前排定次年上半年循环盘点行程，传交各店执行。下半年循环盘点行程于每年 6 月 10 日前公布。

（二）循环盘点的执行：

1. 设盘：物流管理部于盘点日前一周依照盘点行程项目输入盘点日期及大中小分类进行盘点设定。

2. 预盘：利用盘点日当天下午预盘冷库、外仓、后仓的商品，并贴上库存单，尽量维持预盘仓库内商品不再移动。

3. 盘点：安排人力于营业结束后盘点排面、促销区、端架、破包处理室、冷藏柜、冷冻柜等卖场内商品。

4. 汇总：将预盘量及实际盘点量填于 S801 盘点单报表各栏位（"其他"栏

位包含促销区、端架、破包室等），累加后填入"盘点量"栏位。

5. 输入盘点资料：电脑日结后自动锁库存，此时盘点状态为 1。输入各货号的盘点量，经存盘后盘点状态变为 2（S802 输入盘点资料报表不需列印）。

6. 确认盘点资料：如果确认输入资料正确，则执行"确认盘点资料"，此时状态由 2 变 3（S803 确认盘点资料报表不需列印）。

7. 盘点资料：盘点资料存盘后状态由 3 变成 4。列印 S804 检查差异报表。比较电脑库存量与盘点量之差异。如差异大，则进行复盘；若复盘结果较正确，则在比较盘点资料中修改盘点量，并再次列印 S804 检查差异报表（差异原因需注明于 S804 检查差异报表上）。

8. 完成盘点：S804 检查差异报表经部门经理和店长审核认可后，交物流管理部输入盘点结果，完成后状态由 4 变 5，电脑将自动列印 S805 完成盘点报表。

9. 存档：盘点报表按分类装订后送会计课存档（保存时间为 3 年）。

（三）盘点如有较大误差，由课长追查，方式如下：

1. 复盘：由课长亲自去点数以保证盘点数量准确。

2. 查电脑"进销存"栏中之库存异动记录。

3. 查是否改包装销售。

4. 查是否同系列商品货号混淆串号。

5. 查收货是否有收货差异。

6. 查是否为原物料货号。

（四）盘点抽查：

1. 部门经理利用 S804 检查差异报表抽盘并填写分店盘点抽查记录表，每个小分类抽盘 20% 品项，重点为高单价、高库存及易失窃商品。

2. 店长安排防损课进行盘点抽盘（由部门课长协助），每个小分类抽盘 20% 品项。抽查出盘点差错部分填写盘点差异汇总表交店长。

3. 以下情况盘点时，在部门经理与店长审核后，可将某个单品由物流管理部将应用改为"0"删除此单品的盘点，此种商品主要有：①以销待订的商品；②收货未 KEY—IN 的商品；③差异过大 7 天内无法查明原因的商品。

（五）循环盘点有效期。

1. 生鲜盘点必须于每月 15 日和每月最后 1 日前完成盘点。

2. 其他循环盘点有效期为 7 天：

（1）盘点日：实盘。

（2）第一天至第四天：课长复盘。

（3）第五、六天：部门经理、店长审核与复盘。

（4）第七天：物流管理部完成盘点。

（六）报表管理。

1. H201 盘点差异原因说明报表：除生鲜盘点外，凡单品盘点金额超过 ±5 000 元的商品，于每周一 H201 报表中会列出品项，各课需将原因注明于原因说明栏，经部门经理及店长核准后，于每周四前传真至总公司营运管理处。

2. S192 盘点状况通知报表：设定盘点资料或尚未执行盘点资料。

3. S122 库存调整明细报表：部门经理及课长可利用 S122 报表复核前日盘点结果。

五、大盘点。

（一）营业中的店每半年实施一次，由营运处于每年 12 月 10 日前排定次年各店大盘点行程。

（二）新开店为开业后两个月内实施大盘点。确定时间由营运处通知。

六、会计师盘点。

（一）每年年终，店内必须按营运处排定之盘点行程与分类会同会计师事务所和财务处人员实施一次会计师盘点。

（二）作业方法：同大盘点。

七、各店如有特殊原因需更改盘点行程，必须经营运处同意。

八、使用表单：

1. 盘点抽查记录表报表。

2. 盘点差异汇总表报表。

3. S801 盘点单报表。

4. S802 输入盘点资料报表。

5. S803 确认盘点资料报表。

6. S804 检查差异报表。

7. S805 完成盘点报表。

8. S192 盘点状况通知报表。

9. H201 盘点差异原因说明报表。

10. S122 库存调整明细报表。

资料来源　佚名. 超市盘点作业规范［EB/OL］.［2006－05－19］. http://article. funbuy. cn/20065/19/1036079351. shtml.

项目 9　门店突发事件处理训练

连锁企业门店除正常的营运作业之外，突发事件时有发生，其危害之大是不可估量的。例如：对禽流感这种突发性的公共危机，肯德基很早就启动了每日追踪机制。中国肯德基在第 100 家店设立后就开始逐步完善该企业文化，现在已经比较成熟。中国肯德基的危机管理行为不是临时性的，而是每日追踪、预警到位。在全国，肯德基每一市场每天都对各项关键信息进行跨部门的掌握、汇总、解读、讨论及处理。因此连锁企业必须强化危机管理的意识，建立危机管理的运行机制，尽量减少意外事件的发生，并将损失减到最低限度。

一、实训目标

1. 能力目标

- 能够依据门店安全管理规范来检查卖场安全管理状况；
- 能够针对卖场安全隐患问题提出解决措施。

2. 知识目标

- 了解连锁门店安全管理的基本内容；

- 了解卖场安全管理的规范；
- 了解门店可能碰到的各种突发事件。

3. 方法目标
- 掌握突发事件的处理和应对方法；
- 掌握应急预案的制订与演习的方法。

二、场景设计

场景一：你是某百货商场 6 楼的现场助理，下午 5 点你正在巡场，突然保安过来通知 5 楼着火了，要求立刻离开商场。当时商场里客人不少，听到失火消息，开始有的客人还不相信，接着就看到了浓烟，这时客人都急了，请问遇到此事你该怎么办，如何避免此类事件的发生？

场景二：昨天中午 12 点，高女士购物完毕，从 3 层坐电梯欲下到 2 层，突然她看到前面人群顺着电梯逆行上跑。高女士随着人群跑回 3 层回头下看时，发现在 2 层的电梯下口处，被一排手推购物车堵着，而数名顾客被挤倒在一个不到两平方米的地方。一位坐轮椅的老太太也因拥挤而被翻在轮椅下，轮椅上还压有数人。伴随"砰"的一声，电梯的玻璃挡板被挤破裂，碎片散落在人群之中。就在下口处人们挤作一团时，电梯仍在不停地滚动，压在人群下的顾客被电梯刮得连声尖叫。作为门店管理人员，遇到此事应该怎么办，如何避免此类事件的发生？

场景三：你是公司总经理办公室的工作人员，电话响了，你例行地拿起电话说："你好，某某公司总经办。"电话那边有一个男子用低沉的声音说："我在你们商场安放了炸弹，在一个小时之内往我的卡上打 20 万元，否则后果你们自负，我的卡号是……"请问此时你该怎么办？公司该怎么办？

三、训练步骤

1. 实训指导教师将学生 5～8 人分为一组，设定组长。
2. 根据本次实训设计的 3 个场景，实训指导教师分别为各组指定场景。
3. 各小组学生根据实训指导教师指定的场景，分组讨论，制订最佳处理方案。
4. 各小组根据具体的应急处理方案进行演习。

✿ 注意事项

★实训指导教师可以自行设置场景对学生进行模拟训练，也可以请企业相关管理人员做讲座。

四、相关知识

1. 突发事件的类型
（1）火灾：火灾有一般火灾和重大火灾之分。
（2）恶劣天气：指台风、暴雨、高温等天气。
（3）人身意外：指顾客或员工在卖场内发生人身意外。

（4）突然停电：在营业时间内没有任何预先通知的突然停电。

（5）抢劫：匪徒抢劫收银台的金钱。

（6）示威或暴力：由政治性原因引起的游行示威行动。

（7）骚乱：卖场内部或进出口处发生的骚乱。

（8）爆炸物：卖场内部发现或被告知有爆炸物或可疑爆炸物。

……

2. 突发事件处理小组构成

突发事件处理小组构成如图3-5所示。

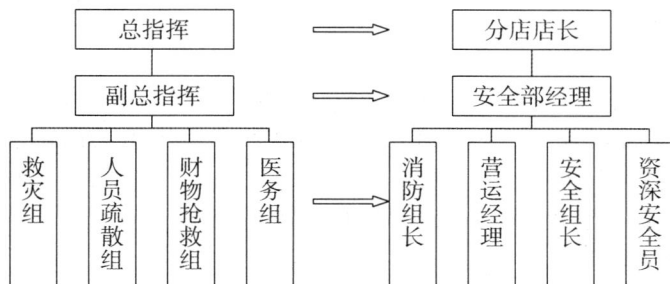

图3-5　突发事件处理小组构成图

突发事件多属于意外事件，因此情况紧急，处理时需要专业知识，所以必须预先成立突发事件处理小组，对人员进行有组织的分工和训练，真正做到对突发事件有准备、有预防，这样在事件发生时，才能够迅速、有效、有重点地进行灾中、灾后的抢救处理工作，将损失降到最低限度。各店必须将"突发事件处理小组"（以下简称处理小组）的组织名单、岗位分配列成名册送总部备案。

（1）岗位说明。

★总指挥：由分店店长担任，负责指挥、协调救灾现场的作业，掌握全局事态的发展动向，并及时向总部汇报事态发展的状况和解决处理的结果。

★副总指挥：由安全部经理或主管担任，协助店长指挥，执行各项任务，负责对外报案及内外通信联络，负责截断所有电源，实施临场全面的救火工作，控制灾情的进一步扩大。

★救灾组：组长由消防组长担任，主要负责各种救灾设施和器材的现场分发、使用，水源的疏导，障碍物品的拆除，现场具体指挥灭火，配合消防人员抢救人员和物资等。组员主要由消防组员、义务消防员、工程人员等组成。

★人员疏散组：组长由运营经理担任，组员由广播员、理货员、安全员等组成。

①播音：广播员要及时广播店内的发展状况，语音沉着，语速和平常一样，不能过分紧张，否则可能导致局势难以控制。

②打开通道：安全员要尽快打开所有安全门、紧急出口以及收银通道。

③疏散人员：要迅速疏导顾客从安全门出去，正确引导人流进行分流，避免人员过多从一个出口疏散而导致拥挤或事故。

④防盗：安全员要警戒灾区四周，防止他人趁机偷盗商品。

★财物抢救组。

组长由安全主管或经理担任，副组长由收银主管担任，主要负责抢救收银机区域、现金室的现金、电脑中心的重要文件、软盘和电脑设施等。

①收银区域：收银员立即关上收银机，将现款交给抢救组组长带离现场。现金室人员迅速将所有现金、支票、有价证券放入保险皮箱内，与收银主管和安全主管共同带离现场。

②电脑中心：电脑部员工应将重要文件、软盘和电脑设施等带离现场进行保管。

★医务组。

组长由资深安全员担任，组员经过必要的急救知识培训，熟知卖场内所有药箱分布的位置，能配合医务人员进行伤病抢救和紧急医护。预防为主，计划为先。做好日常的安全防范工作，消灭隐患，减少突发事件的发生。如保持地面无水渍，就可以减少顾客因滑倒摔伤而发生的意外事件。

（2）突发计划制订。

紧急情况计划是安全工作的重要组成部分。它是以书面的形式制订的防备各种潜在发生的紧急情况的预备方案。计划包括处理小组的成立和人员名单、各个岗位的具体责任和任务、发生各种情况的处理程序、发生紧急事件时可以提供援助的机构或可以求援的机构组织等紧急情况下的通讯联系、紧急设备的维护等，重点如下：

①制定处理小组的各分组负责制和各分组员工岗位责任制。

②确定事件发生后，发出各项命令的指挥中心的地点、人物。

③确定新闻发布的规定。

④各种紧急状况的处理程序。

⑤具备各种特长员工的名单、联系电话和常住地址，包括急救员、人工呼吸救助者、电工、机械工等。

⑥设备的维护和配备情况（紧急照明、备用发电机、备用排水泵、无线电对讲机等）。

⑦紧急情况下的通讯，包括店内人员、消防队、公安局、红十字会、就近医院等的联系方式。

3. 各类突发事件处理原则

（1）预防为主，计划为先。

做好日常的安全方面工作，消除隐患，减少突发事件的发生。

（2）处理迅速、准确、有重点。

发生突发事件后，首先保持镇静，有序组织事件的处理，安排事情要责任分明，岗位明确，反应迅速，一切行动听从指挥，随时调整策略以应付情况的变化。

（3）以人为先，减少伤亡，降低损失。

人的生命是最珍贵的，因此所有的救援工作首要任务是保全和抢救人的生命，其次才是财物损失的减少。

4. 各类突发事件处理方法

（1）火灾。

★火灾报警程序。

①火警的级别：火灾有一般火灾和重大火灾之分。根据实际情况，暂定三种火警级别：一级火警，即有烟无火；二级火警，即有明火初起；三级火警，即火灾从时间和空间上难以控制。安全部接到报警后，根据现场情况判断火警的级别，进行相应的处理。

②火警的报告。

a. 任何工作人员发现火情，都应该向安全部控制中心报警。

b. 拨打安全部的内部紧急电话或报警电话，如附近无电话、对讲机等通讯设备，应迅速到就近的消火栓，按动消火栓里的红色手动报警器向控制中心报警。

c. 报警时应说明发生火灾的准确区域、时间，燃烧的物质、火势大小，报警人的姓名、身份以及是否有人员受伤等。

③火警的确认。

控制中心接到消防报警信号后，立即确认报警区域，派两名安全员迅速赶到现场查看，迅速对火警的级别进行确认。一人留在现场进行救火指挥工作，如组织人员使用现场消防器材进行扑救，如能将火扑灭，保留好现场，等候有关部门或负责人的到来；另一人则立即通知管理层、工程部等相关部门。

如系误报，应及时做技术处理，通知控制中心将机器复位；如系捣乱谎报火警，通知控制中心将机器复位，并报告安全部查找有关人员。

★灭火程序。

①在通知店长后，应立即拨打"119"报警电话。

②处理小组内人员听到消防警报后，应迅速赶到安全部，立即按"突发事件处理小组"的编制，确定行动方案，快速行动，各司其职。

③各个部门，在完成各自的职责后，服从处理小组的统一指挥和调配，协同配合，进行灭火、疏散、救助工作。

a. 安全部应迅速启动自动喷淋灭火系统，关闭非紧急照明和空调，开启排烟风机，疏通所有安全门和消防通道，启动火警广播，组织人员有秩序地进行人员疏散、灭火、财产抢救、伤员救助等工作。

b. 系统第二次报警后，安全部人员守住门口，人员一律不准进入火灾现场，除非有消防人员的许可。

c. 安全部指派人员维持卖场周围广场的秩序和道路畅通，到指定地点引导消防队车辆的进入。

d. 工程部赶赴现场进行工程抢险，对配电房、中心机房、消防泵房等重点部位，实行监控和必要的措施。

e. 人员疏散应由指挥中心统一指挥，管理人员要协助维持秩序，疏散顾客安全撤离到安全区域。

f. 现金室人员和收银主管立即携带现金、支票撤离到安全区域，尽量避免财产的损失。

g. 电脑中心人员要保护好重要文件、软件、设备，迅速撤离到安全区域。

h. 总务行政等后勤人员备好车辆供抢险小组用，有条件的将毯子、枕头等救护物品准备好，供抢救伤员用。

④火灾过去后，安全部要检讨消防系统的运行情况，迅速查访责任人，查找火灾起因；工程部协助从技术角度查找火灾起因，通过对机器、数据、资料进行搜集分析，由消防安全调查人员撰写正式报告。同时根据财产和人员的伤亡情况，计算损失，迅速与保险公司进行联系，商讨有关赔偿事宜。

⑤制订灾后重新开业的工作计划和方案。

（2）台风、暴雨、高温等恶劣天气。

★恶劣天气的预报。

安全部必须每日关注天气情况，不仅是为了防范恶劣天气带来的灾害，更是提高服务质量、关注销售的一种体现。一般的恶劣天气，由气象部门预报的预警信号来体现。

★热带风暴的处理程序。

热带风暴通常伴随着台风和暴雨，在接到热带风暴的预报后，做如下工作：

①准备工作。

a. 将天气预报的告示在员工通道或饭堂等明显位置贴出。

b. 检查户外的广告牌、棚架是否牢固，广告旗帜、气球是否全部收起。

c. 检查斜坡附近的水渠是否通畅，有无堵塞。

d. 撤销广场外的促销活动展位，收起供顾客休息的太阳伞。

e. 准备好雨伞袋和防滑垫，在暴雨来临时使用。

②现场处理。

a. 门口分发雨伞袋，铺设防滑垫，入口出口门关闭一半。

b. 保证排水系统良好通畅，下水道不堵塞。

c. 密切注意低洼处进水的区域，将商品或物件移走，以防止水灾造成财产损失。

（3）人身意外事故发生。

这是指顾客或员工在卖场内发生的人身意外，包括意外事故伤害、一氧化碳中毒、电击以及因个人健康问题导致的突发性晕厥、休克等事件。

①当发生意外时，首先要第一时间进行报告：顾客意外要报告客服经理、安全主管；员工要报告该部门管理人员、安全主管，并办理工伤处理程序中的相关手续。

②如顾客有晕倒、突发病发生，应立刻通知相关人员进行必要的急救处理，尤其是老年人、残疾人、孕妇及儿童，并迅速拨打急救电话120，请派救护车，由店内人员送顾客到医院就医。

③如属意外伤害、重大伤害时，员工应立即到医院就医，顾客应在客服经理的陪同下立即到医院就医，情况及时上报店长和总部，以便更好处理善后赔偿事宜。

（4）营业时间内突然停电。

★停电。

①立即启用备用发电机，保证店内照明和收银区的作业。

②只能使用紧急照明、手电筒，不能使用火柴、蜡烛和打火机以及任何明火。

③如收银机不能运转，收银员立即将收银机抽屉锁好，并坚守岗位。

④收货部停止收货。

⑤现金室停止工作，现金全部入金库锁好。

⑥安全员立即对卖场的进口、出口进行控制，在暂时不知道停电时间的长短时，可先劝阻顾客暂不进入。

⑦启动广播，安抚顾客，管理人员协助安全部维持现场秩序，避免发生混乱和抢劫等，如需要停业关店的，则进行顾客疏散工作。

⑧生鲜部限量加工商品，所有电力设备做关闭电源处理，所有冷库立即封门，如停电时间过长，陈列冷柜中的商品要移入冷库中保存。

⑨所有人员坚守岗位，各部门管理层要派人员对本区域内的零散商品进行聚集处理。

⑩工程部应立即询问停电原因及停电时间长短，店长根据实际情况决定是否停止营业。

★来电。

①全店恢复营业，各部门优先整理顾客丢弃的零星商品，并将其归位。

②生鲜部门检查商品品质，将变质商品立即从销售区域撤出，并对损失进行登记、拍照等。

（5）匪徒抢劫收银台的金钱。

★收银员应对措施。

①保持冷静，不要做无谓的抵抗，尽量让匪徒感觉你正在按他的要求去做。

②尽量记住匪徒的容貌、年龄、衣着、口音、身高等特征。

③尽量拖延给钱的时间，以等待其他人员的救助。

④在匪徒离开后，第一时间拨"110"报警。

⑤立即凭记忆用文字记录，填写"抢劫叙述登记表"。

⑥保持好现场，待警察到达后，清理现金的损失金额。

★安全员应对措施。

①在发现收银员被打劫时，趁匪徒不注意，第一时间拨"110"报警。

②对持有武器、枪支的匪徒，不要与其发生正面冲突，保持冷静，在确认可以制胜时，等待时机将匪徒擒获，尽量记住匪徒的身材、衣着，车辆的牌号、颜色，车款等。

③匪徒离开后，立即保护现场，匪徒遗留的物品，不能触摸。

④匪徒离开后，将无关的人员、顾客疏散离场，将受伤人员立即送医院就医。

⑤不允许外界拍照，暂时不接待任何新闻界的采访。

（6）示威或暴力。

①将进出口处大门关闭，卖场停止营业。

②阻止示威者任何强行进入店中的行为，以避免发生抢劫事件。

③立即报警，等待警察控制场面之前，不要做任何有可能激化矛盾的决策。

④保持冷静和沉默，对示威者的问题不做回答或发表意见。

⑤密切注意示威者使用暴力，如张贴标语，投掷鸡蛋、石块，甚至纵火、破坏建筑设施等。

（7）骚乱。

①如发现卖场内有人捣乱，应立即通知安全员到现场制止。

②阻止员工和顾客围观，维持现场秩序。

③拨打"110"报警，将捣乱人员带离现场，必要的送交公安机关处理。

④对捣乱人员造成的损失进行清点，由警察签字后做汇报，如有重大损失要通知保险公司前来鉴定，作为索赔的依据。

⑤发现任何顾客在店内打架，应立即拨内部电话，通知安全员到现场制止。

⑥不对顾客的是非进行评论，保持沉着、冷静，要求顾客立即离开。

（8）发现可疑物或可疑爆炸物。

①发现可疑物或接到相关电话后，立即汇报管理层（店长/值班经理/安全部经理）。

②经店长或在场最高负责人许可后，立即打"110"报警。

③不可触及可疑物或可疑爆炸物，划出警戒线，不许人员接近。

④疏散店内人员和顾客，并停止营业。

⑤静待警方处理直至危险解除，再恢复营业。

86

五、学生天地

表3-15 应急处理方案

班级		姓名		实训时间	
学号		组号		主要任务	
方案简介					
备注					

六、效果评价

表 3-16　　　　　　　**门店突发事件应对训练评价评分表**

考评人		被考评人	
考评地点			
考评内容	门店突发事件应对训练		
考评标准	内　　容	分值（分）	评分（分）
	了解商店可能出现的各种突发意外事件	20	
	熟悉各种突发意外事件的应对方法	20	
	制订各种突发事件的应对预案	20	
	各种突发事件应对预案的演习	40	
合　　计		100	

注：考评满分为100分，60～70分为及格，71～80分为中等，81～90分为良好，91分以上为优秀。（该表可复印后灵活用于教学）

七、知识拓展

商店消防系统组成

1. 消防标志：消防标志是指店内外设置的有关消防的标志，是国家统一的标志，如"禁止吸烟"、"危险品"、"紧急出口"、"消防设备"等。全体员工要熟记消防标志。

2. 消防通道：建筑物在设计时留出的供消防、逃生用的通道。员工要熟悉离自己工作岗位最近的消防通道的位置。消防通道必须保持通畅、干净，不得堆放任何杂物堵塞通道。

3. 紧急出口：紧急出口是店内发生火灾或意外事故时，需要以最快时间紧急疏散人员离开时使用的出口。员工要熟悉离自己工作岗位最近的紧急出口位置。紧急出口必须保持通畅，不得堆放任何商品杂物堵塞出口。紧急出口不能锁死，只能使用紧急出口的专用门锁关闭，紧急出口仅供紧急情况使用，平时不能使用。

4. 疏散图：疏散图是表示商场（超市/连锁店）各个楼层紧急通道、紧急出口和紧急疏散通道的标志图。它提供在危险的时刻如何逃生的途径，疏散图须悬挂在商场（超市/连锁店）明显的位置，供员工和顾客使用。

5. 消防设施：消防设施是指用于火灾报警、防火排烟和灭火的所有设备。消防器材是指用于扑救初起火灾的灭火专用轻便器材。卖场主要的消防设施有：

①火灾警报器：当发生火灾时，超市的警报系统则发出火警警报。

②烟感/温感系统：通过对烟和温度的浓度进行测试，当指标超过警戒时，则烟感/温感系统发出警报。

③喷淋系统：当火警发生时，喷淋系统启动，则屋顶的喷淋头会喷水灭火。

④消火栓：当火警发生时，消火栓的水阀打开，喷水灭火。

⑤灭火器：当火警发生时，使用灭火器进行灭火。

⑥防火卷闸门：当火警发生时，放下防火卷闸门，可以隔离火源，阻止烟及有害气体的蔓延，缩小火源区域。

⑦内部火警电话：当火警发生时，所有人员均可以打内部火警电话报警，以便于迅速组织灭火工作。

6. 监控中心：监控中心是商场（超市/连锁店）设置的监控系统的电脑控制中心，控制卖场消防系统、保安系统、监视系统。监控中心通过图像、对讲系统，能24小时对卖场的各个主要位置、区域进行监控，第一时间处理各种紧急事件。

7. 紧急照明：在火警发生时，商场（超市/连锁店）内的所有电源关闭时，可启动紧急照明系统。

8. 火警广播：当火警发生时，在营业期间或非营业期间，广播室都必须进行火警广播，通知顾客和员工，稳定其情绪。

资料来源　南兆旭，滕宝红．现代商场·超市·连锁店星级服务培训〔M〕．广州：广东经济出版社，2010.

模块四　卖场规划设计

项目10　卖场平面布局图训练

卖场规划是建筑物向卖场转化的第一步，部分企业会寻找专业的空间设计公司来进行规划，但是这些公司更多地将设计集中在了灯光色彩的卖场氛围的塑造方面，开发人员需要做好审核工作，至于卖场的基本规划、货位布局以及内部服务设施的设计方面，企业需要结合自己的经营定位与外部的公司共同进行。

一、实训目标

1. 能力目标
- 能够对门店空间进行详细的实地测量；
- 能够进行前方设施、中央设施以及后方设施的空间分割；
- 能够对大型门店前方设施提出合理化建议；
- 能够对小型门店前方设施进行合理规划；
- 能够提出细化的门店总体规划建议书。

2. 知识目标
- 熟悉购物者购物行为过程；
- 熟悉前方设施规划的着眼点；
- 熟悉常见的卖场布局类型；
- 熟悉通道设计的基本指标；
- 熟悉后方设施规划的着眼点。

3. 方法目标
- 掌握通过规划设计提升进店率的方法；
- 掌握通过规划设计提高顾客滞留时间的方法；
- 掌握通过磁石理论提升通过率的方法。

二、场景设计

假设华润苏果计划在南京市天景山社区附近开一家2 000平方米左右的社区店，目前该门店的基本情况是长40米、宽50米，长面临街，为了降低工作难度，假设该门店内没有柱子，柱间距可以不考虑，请为该门店进行总体的规划设计，包括进行前方设施、中央设施、后方设施的分割，各种设备设施的面积分配与位置确定，卖场基本平面布局图绘制（货位布局细化到中分类，详细信息不便标到图上的可以用表单的形式附后说明）。

注意：各位实训指导教师也可以选择一家学生熟悉的卖场进行该项目训练。

三、训练步骤

1. 由实训指导教师根据场景设计制作出简易的卖场建筑图纸，也可以从零售企业处寻找一些卖场的建筑图纸，为了便于工作，这些图纸最好用A3的纸，而且必须有严格的比例。

2. 实训指导教师帮助大家回顾卖场布局的相关常识，并为每位同学准备一套空白图纸。

3. 将学生分组，每 6~8 人为一组，组长组织讨论，但每位同学必须都需要单独制作一份设计图纸。每位同学都需要准备绘图用的比例尺与铅笔、橡皮等工具。

4. 各个小组根据场景商店业态，考虑该业态可能的商品大类，并根据该商店所处的地理位置和竞争环境进一步决定商品大类的定位，决定卖场的布局方式。

5. 确定该卖场客动线的起点与终点，并在起点与终点之间设计最理想的顾客行进路线。

注意，在设计最佳客动线时，一定要避开柱子对通道的干扰。在最佳行进路线的基础上，思考顾客可能的行进路线，顾客可能的行进路线与我们理想的客动线有哪些差别，这些有差别的地方也就是客动线容易出问题的地方，需要进行特别设计以便对客动线进行调节。如为了吸引顾客在卖场里走得更远、待得更久，我们需要仔细思考步行楼梯、电梯、收银台、中庭、顾客休息区、卫生间、商品修理（如修表、撩边儿等）、总台、堆头等的位置，同时在一些不太好利用的死角区域，我们也要通过仓库、办公室等功能区域对此进行有效利用。

6. 确定各种商品的位置，其中注意商品的关联性、消费者购物决策树、管理的便利性等因素。

根据磁石理论，大卖场的生鲜、食品、非食品这三大类型的商品从里向外进行规划设计，而且目标性品类要放在显眼的位置，即第一磁石点，以达到吸引客流的目的，便利性品类可以放在靠近目标性品类的地方以达到让顾客连带购买的目的。而且在品类内部、次品类之间也要考虑这一因素，我们以家乐福（中国区）的生鲜区布局为例来阐释这一思路：

家乐福（中国区）各店的生鲜区布局并不完全相同，图 4-1 所示的这个粗略的布局图是其中一种典型的模式，可以明显地看出：家乐福生鲜品陈列顺序的主线是鲜肉—熟肉（加工肉）—西式主食—乳品；副线是海鲜/鱼—水果/蔬菜—中式主食—速食/火腿。而顾客购买的动线一般是鲜肉—海鲜—熟肉—水果/蔬菜—主食—乳品。这种顺序看似违反了当今世界先进的膳食采购顺序，但实际上，却代表了现实里中国人的膳食结构。

这种布局达到的效果是：爱吃肉的顾客会先看到包含很多特价品的鲜肉区，在采购肉品后，又会觉得海产品营养好，于是又被贴近通道的海鲜品特价牌吸引。当然顾客也可能不买鲜肉，而继续前行购买了熟肉产品（家乐福熟肉区的品类比一般超市都要丰富，甚至成为周围饭店的竞争对手）。但无论购买了什么肉品，顾客都会想到光吃肉不健康，正好目光落在颜色鲜艳的水果区，并看到水果区后的蔬菜区（家乐福蔬菜区的多数货架垂直于主通道摆放，极易被看到）。最后，顾客会被有大量促销的乳品区吸引过去，同时照顾到附近的火腿和速食区。

7. 决定各品类的面积大小。根据一定的标准确定每一品类的面积分配。一般来说，我们会考虑如下一些因素：品类的销售占比，销售占比高的品类应该分

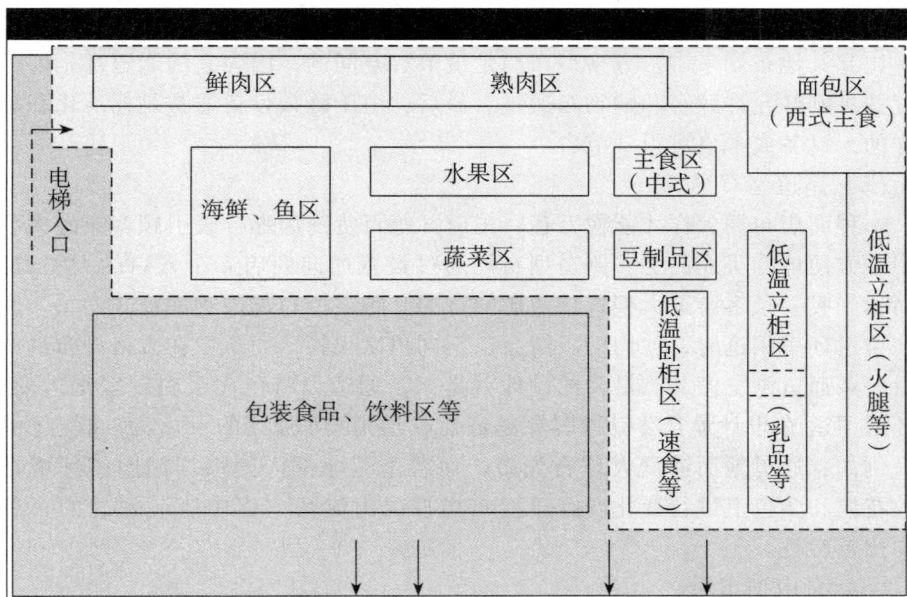

图4-1　家乐福（中国区）各店生鲜区布局的一种典型模式

配较多的空间资源；品类角色，目标性品类由于单品数相对较多并需要强化其在顾客心目中的形象，可以适当多分配一些空间；品类发展趋势，有些品类发展趋势很好，年增长率较高，从对未来投资的角度考虑，可以适当多分配一些空间；包装大小，某些品类，如膨化食品、纸制品等体积较大，会占用较大空间。

8. 卖场平面布局图的绘制。在综合考虑客动线、品类的位置以及面积大小、各种商品不同的陈列展示道具、各种设备设施的位置之后，开始绘制具体的卖场平面布局图。

9. 后续工作。小组成员之间共同讨论平面布局图最终定稿，最后通过电脑把纸质手绘平面布局图变成电子版标准图纸，每个小组上台展示自己的布局图，并说明设计思路。台下同学发表意见并提问，台上同学做解答，实训指导教师做出点评。

注意事项

★一般来说，学生初次制图可能没有感觉，这个时候可以让学生带着问题参观相关卖场，进一步寻找设计灵感。提议电脑制图水平高的学生可以直接使用CAD，一般公司的业务人员是手工绘制草图，然后导入CAD变成标准图纸，以便进行施工。

四、相关知识

1. 卖场布局的常见类型

（1）方格型布局。

方格型布局运用得最多的例子是大多数杂货店、便利店、超市和药店。它包含了重复样式的陈列商品的长货柜和通道。尽管方格型布局不是最美观、最令人愉悦的布局，但对于那些计划逛遍整个商店的顾客来说，它却是一种很好的布局。比起其他布局来讲，方格型布局是最节省空间的，因为它的通道都是同样的宽度并且刚好允许顾客和购物车通过。最后，由于陈列设备通常是标准化和统一式样的，设备成本也可得到节省。

（2）跑道型布局。

一种商店布局怎样才能像万达、王府井等百货商店那样吸引顾客穿越大型购物中心方便地购买商品呢？跑道型布局通过设置通向商店多个入口的大型通道，从而达到吸引顾客游逛大型百货商店的目的。跑道型布局鼓励冲动式购物。当顾客在跑道环中闲逛时，他们的眼睛会以不同角度视物，而不像在方格型布局中只能沿一条通道浏览商品。最新的设计就是赋予通道以特色而吸引顾客走进商店，沿环形通道游逛。为了吸引顾客穿越商店，通道应设计出一种表面或颜色的变化。例如：通道地面铺设大理石瓷砖，而各个营业部门则根据周围的环境在材料、花纹和颜色上进行变化。跑道型布局在国内流行"店中店"形式的百货商店中比较常见。

（3）自由型布局。

自由型布局不对称地安排家具和通道，它成功地运用了小专业店或大商店中小隔间的布局为基本方式。在这个放松的环境中，顾客感觉他们好像正在某人家中，从而便利了浏览和购物。然而，一个令人愉快的氛围通常是花费不菲的。对此事来说，家具就是昂贵的消费单元。因为顾客不会像在方格和跑道型布局中那样自然地游逛，面向个人的推销会变得更重要。另外，销售代表不能轻易地观测到相邻的部门，因此这里的盗窃案比起方格型和跑道型布局来通常要高一些。最后，商店牺牲了一些储存和展示的空间来创造更为宽松的购物环境。

2. 卖场通道的设计

卖场的通道划分为主通道与副通道。主通道是诱导顾客行进的主线，而副通道是指顾客在店内移动的支流。卖场内主副通道的设置不是根据顾客的随意走动来设计的，而是根据商店内商品配置位置与陈列来设计的。良好的通道设置就是引导顾客按设计的自然走向，走过卖场的每一个角落，接触所有商品，使卖场空间得到最有效的利用。以下各项是设置卖场内通道时所要遵循的原则。

（1）足够的宽。

所谓足够的宽，即要保证顾客提着购物筐或推着购物车，能与同样的顾客并肩而行或顺利地擦肩而过。不同规模商店卖场通道宽度基本设定值见表 4-1。

表 4-1　　　　　　　　　商店卖场通道宽度设定值参考表

单层卖场面积（平方米）	主通道宽度（米）	副通道宽度（米）
300	1.8	1.3
1 000	2.1	1.4
1 500	2.4	1.5
2 500	3.0	1.8
6 000 以上	4.0	3.0

而对大型综合超市和仓储式商场来说，为了方便更大顾客容量的流动，其主

通道和副通道的宽度可以基本保持一致。同时，也应适当放宽收银台周围通道的宽度，以保证最易形成顾客排队的收银处的通畅性。

（2）笔直。

通道要尽可能避免迷宫式通道，要尽可能地进行笔直的单向通道设计，在顾客购物过程中尽可能依货架排列方式，将商品以不重复、顾客不回头走的设计方式布局。

（3）平坦。

通道地面应保持平坦，处于同一层面上。但有些卖场是由两个建筑物改造连接起来的，通道途中要上或下几个楼梯，有"中二层"、"加三层"之类的情况，令顾客眼花缭乱，不知何去何从，显然不利于卖场的商品销售。

（4）少拐角。

事实上从一侧直线进入，沿同一直线从另一侧出来的卖场并不多见。这里的少拐角是指拐角尽可能少，即通道中可拐弯的地方和拐的方向要少。有时需要借助于连续展开不间断的商品陈列线来调节，如20世纪80年代，美国连锁超市在经营中形成了标准长度为18～24米的商品陈列线，日本超市的商品陈列线相对较短，一般为12～13米。这种陈列线长短的差异，反映了不同规模面积的超市在布局上的要求。

（5）通道上的照度比卖场明亮。

通常通道上的照度起码要达到1 000勒克斯，尤其是主通道，相对空间比较大，是客流量最大、利用率最高的地方，要充分考虑顾客走动的舒适性和非拥挤感。

（6）没有障碍物。

通道是用来诱导顾客多走、多看、多买商品的。通道应避免死角。在通道内不能陈设、摆放一些与陈列商品或与特别促销无关的器具或设备，以免阻断卖场的通道，损害购物环境的形象。

总之，商店内通道的设计是根据商店规模、预计客流、商品品种、性质等来确定的。既不造成阻塞不畅的感觉，又不造成空间使用不经济，是卖场通道设计不断探索的目标。

3. 品类角色与陈列位置

品类角色与陈列位置见表4-2。

表4-2 　　　　　　　　　　　品类角色与陈列位置表

品类角色	陈列位置
目标性品类	最高立方空间分配
常规性品类	高立方空间，高客流的地方
季节性/偶然性品类	一般立方空间，一般客流的地方
便利性品类	低立方空间，商店剩余位置

4. 磁石理论

该理论认为，商品都如磁石一般，对消费者有一定的吸引力，根据各种商品吸引力的大小，可以分为"第一磁石"、"第二磁石"、"第三磁石"、"第四磁

"石"和"第五磁石"。一般在布置商店时，把五种磁石商品设计成合理的导购磁场，往往第一磁石卖场首先吸引顾客，由第二磁石卖场吸引顾客到纵深处。

所谓磁石卖场，是依据对顾客富有魅力的商品配置，使卖场具有自然诱导顾客采购的效果（如图 4-2 所示）。

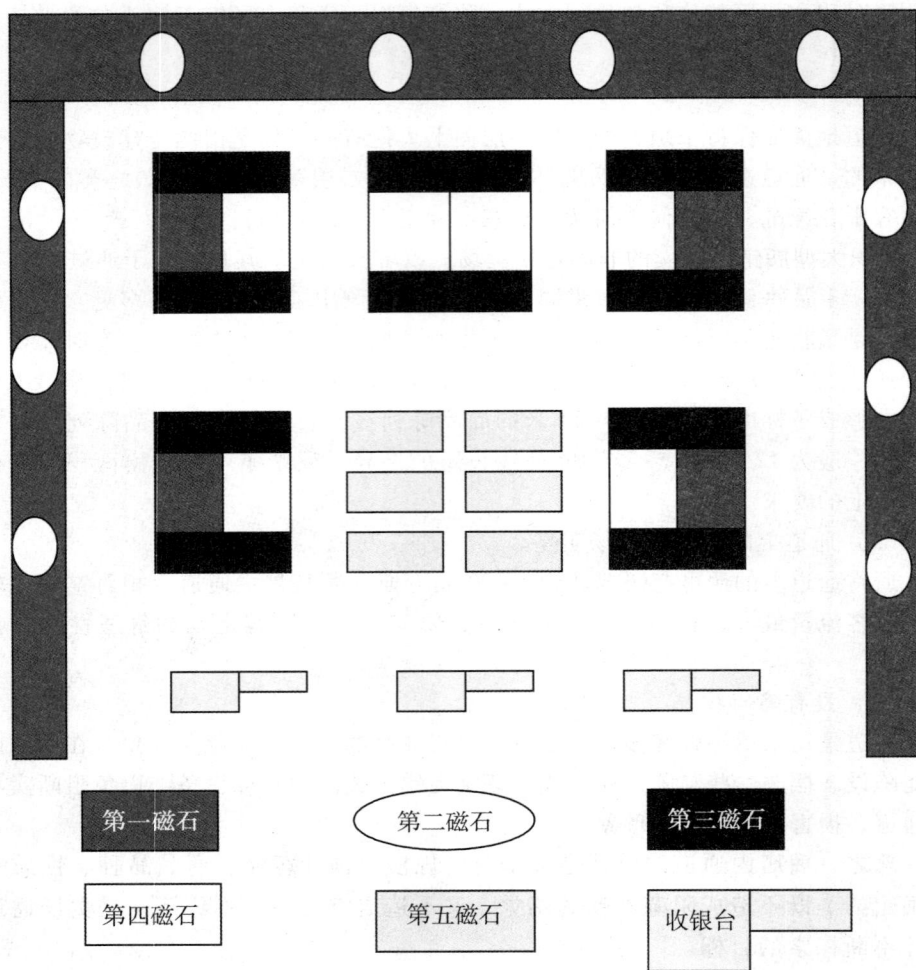

图 4-2　卖场磁石分布图

（1）第一磁石卖场：主力商品。

第一磁石卖场位于主通道的两侧，是消费者必经之地，即卖场内里位置最佳、最能吸引顾客目光与关注的产品陈列区域。此处应配置的商品为：①主力商品、采购力强的商品；②购买频率高的商品；③消费量大的商品。

（2）第二磁石卖场：展示观感强的商品。

第二磁石卖场位于主通道的末端，通常是在零售店的最里头，第二磁石商品富有诱导消费者走入零售店最里面的任务。在此应配置的商品有：①最新的商品；②具季节感的商品；③明亮、华丽的商品；④消费者最关注的品牌商品。

（3）第三磁石卖场：端架商品。

第三磁卖场石指的是卖场中央陈列货架两头的端架位置。端架通常面对着出口或主通道货架端头，第三磁石商品，其基本的作用就是要刺激消费者、留住消费者。通常情况可配置如下的商品①特价品；②自有品牌的商品；③季节商品；④购买频率较高的商品；⑤促销商品；⑥高利润的商品。

（4）第四磁石卖场：单项商品。

第四磁石卖场指位于副通道的两侧，主要让消费者在陈列线中间引起注意的位置，这个位置的配置，不能以商品群来规划，而必须以单品的方法，对消费者表达强烈诉求。在此应配置的商品包括：①热门商品；②特意大量陈列商品；③广告宣传商品。

（5）第五磁石卖场：卖场堆头。

第五磁石卖场是位于结算区（收银区）域前面的中间卖场，是可根据各种节日组织大型展销、特卖的非固定性卖场，以堆头为主。其目的在于通过采取单独一处、多品种、大量陈列方式，造成一定程度的顾客集中，从而烘托卖场气氛。同时展销主题的不断变化，也给消费者带来新鲜感，从而达到促进销售的目的。

5. 商品的相关性对卖场设计的影响

在众多的品类中，有些品类或产品在消费者使用或需求方面是有较强关联性的。如果将这部分用途相关和目标消费者一致的产品或品类摆在一起或相邻陈列，很容易刺激购物者的冲动性购买和产品的连带销售，从而提高购物者在商店的消费。例如：洗面奶、润肤霜品类旁可以考虑放置美容辅助品，如眉钳、粉扑等，而美容辅助品往外延伸，可以配置头部饰品，头部饰品旁再放置洗发护发产品。产品相关性可以通过购物篮分析或购物者调查得出。

6. 购物决策树对卖场设计的影响

在购买产品的过程中，影响购物者做出购物决策有一系列因素，而且这些因素有优先层次，也就是说，购物者的决策思维过程是一个有序列的过程，我们将此过程称为购物者购买决策树。购物者的购物决策过程帮助我们决定不同品牌、不同功能的商品如何在卖场中进行空间管理才能方便购物者购买。例如：购买洗发水时，购物者会考虑品牌、功能、价格、包装等因素。对购物者的调查表明：74%的购物者会优先考虑品牌，后考虑功能；只有26%的购物者会优先考虑功能，后考虑品牌。所以我们在洗发水的陈列上是先按品牌，然后在同一品牌内部考虑功能，接下来是价格，最后才是包装（如图4-3所示），这样才更加便利购物者选购。

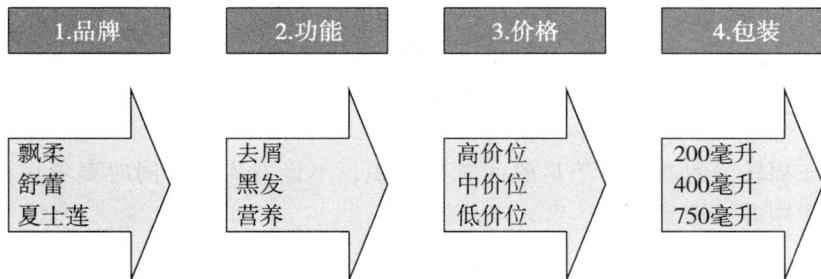

95

1.品牌	2.功能	3.价格	4.包装
飘柔 舒蕾 夏士莲	去屑 黑发 营养	高价位 中价位 低价位	200毫升 400毫升 750毫升

图4-3　洗发水的购买决策树举例

其实无论你按照什么来设计卖场陈列，都必须围绕购物者的购物便利来进行，你要考虑消费者是按照什么样的序列来选择商品的，这才是最重要的。例如：购物者在购买婴儿纸尿裤时，会根据自己孩子年龄的大小，优先考虑是买大号的、中号的，还是小号的，然后才会考虑购买哪一个品牌。所以如果你一开始就按照品牌来进行陈列，就会给消费者选择带来不便，她就需要在不同的品牌区域之间跑来跑去进行比较。

7. 商品卖场面积配置

商品卖场面积配置是关系到商店经营成败的关键环节，如果面积配置不当，会造成顾客想要的商品不多，不想要的商品却泛滥，不仅占用了陈列货架，也积压了资金。所以商店经营的几百、几千种的商品按什么比例配置，是卖场中商品配置要解决的重点。

（1）根据预估销售额确定货架空间。

根据预估销售额确定货架空间所占比例。如蔬菜、水果占总销售额的 10%，那其占据的货架空间也应为 10%。以超市为例，各类商品所占卖场面积的比例见表 4-3。

表 4-3　　　　　　　　各类商品所占卖场面积的比例

商品类别	面积比例（%）	商品类别	面积比例（%）
水果、蔬菜	10～15	糖果饼干	10
肉食品	15～20	调味品、干货	10
日用品	20	小百货与洗涤用品	10
一般食品	10	其他用品	10

（2）根据商品单位体积进行调整。

首先求出全部商品的平均体积，对于小于平均体积的商品应减少商品的面积分配；反之，则应加大面积分配。如蔬菜、水果的体积为平均体积的 71%，如果货架总长度按 330 米计算，则蔬菜、水果所占的空间分配长度应为 23.43 米（330×10%×71%）。

（3）根据货架宽度进行调整。

首先求出全部货架的平均宽度，对于小于货架平均宽度的商品，应增加面积分配，反之要减少面积分配。例如：平均货架宽度为 50 厘米，而蔬菜、水果的货架宽度为 45 厘米，则空间分配宽度应再增加 11.11%。

（4）根据一些特殊影响因素进行调整。

对于周转慢的商品给予足够的陈列面积，不设有库存。同时要考虑商品齐全，便于顾客挑选。

五、学生天地

表 4-4 　　　　　　　　　　卖场平面布局设计图的制作

班级		姓名		调查时间	
学号		组号		主要任务	
设计图简要说明：					
设计的重点与难点分析：					
体会：					
备注					

六、效果评价

表 4-5 　　　　　　　　　　卖场平面布局能力评价评分表

考评人			被考评人	
考评地点				
考评内容		卖场平面布局能力		
考评标准	内　　容	分值（分）	评分（分）	
	了解卖场设计的原则与功能分割	10		
	了解前方设施的注意事项	10		
	了解中央设施的注意事项	10		
	了解后方设施的注意事项	10		
	了解不同业态在货位布局方面的特色	20		
	了解商品卖场面积分配的一般原则	20		
	掌握货位布局中的各种显性磁石与隐性磁石	20		
合　　计		100		

　　注：考评满分为 100 分，60～70 分为及格，71～80 分为中等，81～90 分为良好，91 分以上为优秀。（该表可复印后灵活用于教学）

七、知识拓展

北京易初莲花成府路店，令人费解的大卖场

费解一：看不懂的设计

成府路地处商务区和居住区交界，街面上以服装店、餐饮店居多，缺少物资齐全的日用生活类大型超市，但易初莲花一楼销售休闲装、化妆品，二楼则是家电、文具、日化用品，而生鲜食品、果蔬米面等每日必需、分量较重的商品却被安排在三楼。此外不少葡萄酒、大豆油之类食品也在二楼日化区亮相，但基本上是一两个品牌或自有品牌产品，看来，把沉甸甸的大豆油请下二楼并非出于体恤。

费解二：没头绪的布局

新开张的易初莲花给人的感觉很明亮，也没有挤着交钱排队的煎熬，但总体感觉货品不够充实、货架设置无序，甚至牙白素、棉签、面膜、吸油面纸竟会放在一起，"火热"的熟食柜台旁居然在卖散装糖果和巧克力。最让人摸不着头脑的是三楼电梯旁，烤鸭、鲜花、奶制品冷柜围绕着茶叶柜台，成堆的"台湾乌龙"、"西湖龙井"敞开售卖，真不知极易吸味的茶叶该是如何"五味俱全"。而二楼日化超市的出口处，"衣洁净"、卫生纸、萨其马、巧克力威化、啤酒赫然紧挨着摆在同一货架出售，营业员的理由是它们全属于自有品牌产品。

资料来源　佚名．案例：北京易初莲花成府路店，令人费解的大卖场［EB/OL］．［2005-11-28］．http://www.villachina.com/2005-11-28/580758.htm.

📖 项目11　商品陈列配置表训练

卖场平面布局主要完成的是在门店营业区内走道、货架、收银台和大类商品的区域位置设定，在此基础上具体安排营业设施，而在设定的具体区域内配置和陈列什么商品，怎样配置和陈列商品则可以通过商品陈列配置表的运用来具体实施。越来越多的连锁门店卖场内的商品陈列都运用商品陈列配置表来进行管理，它是现代连锁企业标准化管理的重要工具，是门店商品陈列的基本标准。在美、日零售业相当发达的国家，商品陈列配置表的运用非常广泛，几乎每家连锁企业的每一个门店都有商品陈列配置表，但这种技术管理方法在我国连锁企业管理中运用的普遍性较低，国内许多连锁企业只导入了国外连锁门店的外观与硬件，而对商品陈列配置表这类最基础的管理工具，并未彻底实施，这将直接影响现代连锁企业门店卖场中的商品管理，尤其是采用敞开式销售方式的连锁超级市场、连锁便利店和连锁专卖店等连锁企业。

一、实训目标

1. 能力目标

● 能够合理计算货架的陈列空间；

● 能够合理计算不同商品的陈列量；

● 能够进行商品陈列配置表的修正。

2. 知识目标
- 掌握货架单品数与基础容量的计算；
- 掌握商品陈列配置表的管理功能；
- 掌握公平货架原则对货架的影响；
- 掌握基本的货架陈列原则。
3. 方法目标
- 掌握货架空间计算的方法；
- 掌握关联陈列的方法；
- 掌握陈列配置表制作方法。

二、场景设计

某零售企业在该市的某一区域开设有一家大卖场，一直以来水饮料柜组不是缺货断档就是某些单品长期滞销，在这样的情况之下，公司决定采用商品陈列配置表来规范卖场商品陈列，因为现季节为冬季，需要整体压缩水饮料的陈列面，现整个品类的直线陈列米数为：2 个货架，货架宽 1.2 米、高 2.2 米，要求学生制作该小分类的这两组货架的商品陈列配置表，去年冬季的销售及利润数据见表4-6，作为参考。

表 4-6　　　　　　　　　　销售及利润数据表

序号	品名	单价（元）	销售额（元）	销售量（瓶）	毛利额（元）
1	娃哈哈锐舞派对 355ml	1.00	12 000	12 000	1 200
2	娃哈哈纯净水 596ml	1.00	24 000	24 000	1 080
3	娃哈哈纯净水 1.5l	3.50	21 000	6 000	3 150
4	乐百氏纯净水 355ml	1.00	14 400	14 400	1 440
5	乐百氏纯净水 550ml	1.00	28 800	28 800	1 440
6	农夫山泉纯净水 550ml	1.00	36 000	36 000	2 160
7	农夫山泉纯净水 1.5l	3.60	25 920	7 200	4 147
8	雀巢纯净水 550ml	1.50	21 600	14 400	2 592
9	峨眉山矿泉水 550ml	0.85	40 800	48 000	3 264
合计			224 520	190 800	20 473

三、训练步骤

1. 根据实训场景设置，决定每一个小分类的陈列尺寸

在本次实训中已经给出冬季水饮料的货架两组，实训指导教师可以引导学生思考其他季节应该怎么变化，以及这种变化的深层次原因是什么。例如：在连锁

超级市场中，膨化类食品要配置高 165 厘米、长 90 厘米、宽 35 厘米的单面货架 3 组。这样决定后，才能知道具体可配置多少量的单品项商品。完成了商品大类和中分类的商品配置图之后，才能进入商品陈列配置表的实际工作阶段，即决定该品项商品如何进入卖场，商品的陈列量和陈列面积与商圈情况是相联系的，例如：热销商品、流行性商品、常用商品、应季商品可适当加大其陈列面积。同时根据每个商品包装的要求和外形尺寸来具体确定每个货架层面板之间的间距、陈列商品的货架位置和商品数量以及其他配件的数量及位置。

2. 商品的陈列位置与陈列排面数的安排

决定该品项商品具体陈列位置和在货架上的排面数，这一工作必须遵循有关商品陈列的基本原则，运用好商品陈列的多种技术。如商品配置在货架的上段、黄金段、中段还是下段等，同时还须考虑到企业的采购能力、配送能力，供应厂商的合作以及企业自我形象的塑造等诸多因素，只有这样才能将商品配置好。例如：品种目标货位的确定，就比较多地考虑到这类商品消费者的购买习惯，一般在卖场显眼处设专柜和专架陈列。

除了商品位置配置合理外，第一排的商品数目要适当，要根据每种商品销售个数来确定面朝顾客一排商品的个数。一般来说，第一排的商品个数不宜过多，如个数过多，一个商品所占用的陈列面积就会过大，相应的商品的陈列品种率就会下降，在客观上也会使顾客产生商店在极力推销该商品的心理压力，造成顾客对该商品的销售抵抗，但促销商品则除外。

3. 特殊商品用特殊陈列工具

对需特殊陈列的商品不能一味强调货架的标准化而忽视了特殊商品特定的展示效果，必须使用特殊的陈列工具，才能展示特殊陈列商品的魅力。例如：在连锁超级市场的经营中发现，消费者对整齐划一和标准的陈列普遍感到有些乏味，因此在卖场适当位置运用特殊的陈列工具配置特殊商品，可以调节卖场的气氛，从而改变商品配置和陈列的单调感。

有些商品供应商因促销的目的，而将商品附上赠品包装在一起，使其产生了尺寸的变化，因而这些商品应尽量避免陈列在正常的货架中。如果这些商品属于畅销品，可用堆头陈列或端架陈列进行销售；如果并不是很畅销，则不必进行特殊陈列，可以将原来的陈列排面缩小即可，比如原来是两个陈列排面，现改为一个陈列排面。

4. 商品陈列配置表的设计

商品陈列配置表的制作是一项艰苦的工作，也是一项实践性和操作性很强的工作，需要采购人员的认真钻研。一般采购人员在制作商品陈列配置表时，先做货架的实验配置，达到满意效果后才最后制作商品陈列配置表。商品陈列配置表是以一组货架为基础制作的，有一组货架就应有一张商品陈列配置表。商品陈列配置表格式的设计，只要确定货架的标准，再把商品的品名、规格、编码、排面数、售价表现在表格上即可；也有的把商品的形状画在表格上，但这些必须借助于电脑来设计，这就对货架管理人员提出了更高的技术要求。

表 4-7 是一个连锁超级市场商品陈列配置表的实例设计，其货架的标准是：高 180 厘米、长 90 厘米、宽 45 厘米，5 层陈列面，供参考。

表 4-7　　　　　　　　　　一个连锁超级市场商品陈列配置表

| 商品分类 No. 洗衣粉（1） |
| 货架 No.12 制作人：××× |

180 170 160 150	白猫无泡洗衣粉 1 000 克 4F　12001　12.2 元		奥妙浓缩洗衣粉 750 克 4F　12005　12.5 元	奥妙浓缩洗衣粉 500 克 4F　12006　8.5 元
140 130 120	白猫无泡洗衣粉 500 克 4F　12002　6.5 元		奥妙浓缩洗衣粉 500 克 3F　12007　12.5 元	
110 100 90	白猫洗衣粉 450 克 4F　12003　2.5 元		奥妙手洗洗衣粉 180 克 6F　12008　2.5 元	
80 70 60 50	佳美两用洗衣粉 450 克 4F　12004　2.5 元		碧浪洗衣粉 200 克 6F　12009　2.8 元	
40 30 20 10	地毯去污粉 500 克 4F　12011　12.8 元		汰渍洗衣粉 450 克 4F　12010　4.9 元	

商品代码	品名	规格（克）	售价（元）	单位	位置	排面（F）	最小库存	最大库存	供应商
12001	白猫无泡洗衣粉	1 000	12.2	桶	E1	4	3	8	沪合成厂
12002	白猫无泡洗衣粉	500	6.5	袋	D1	4	15	30	沪合成厂
12003	白猫洗衣粉	450	2.5	袋	C1	4	20	32	沪合成厂
12004	佳美两用洗衣粉	450	2.5	盒	B1	4	32	50	沪合成厂
12005	奥妙浓缩洗衣粉	750	12.5	盒	E2	4	12	40	沪利化厂
12006	奥妙浓缩洗衣粉	500	8.5	袋	E3	4	8	20	沪利化厂
12007	奥妙浓缩洗衣粉	500	12.5	袋	D2	3	15	45	沪利化厂
12008	奥妙手洗洗衣粉	180	2.5	袋	C2	6	25	90	沪利化厂
12009	碧浪洗衣粉	200	2.8	袋	B2	6	35	90	广州保洁
12010	汰渍洗衣粉	450	4.9	袋	A2	4	4	40	北京熊猫
12011	地毯去污粉	500	12.8	袋	A1	4	12	42	沪华星厂

101

　　注：货架位置最下层为 A，二层为 B，三层为 C，四层为 D，最高层为 E。每一层从左到右，为 A1，A2，A3……B1，B2，B3……C1，C2，C3……D1，D2，D3……E1，E2，E3……
　　排面是每个商品在货架上面向顾客陈列的第一排的数量，一个为 1F，两个为 2F，依次类推。最小库存以一日的销售量为安全存量，最大库存是货架放满的陈列量。

★ 制作商品陈列配置表最好能够进行销售及利润状况跟踪，所以建议有条件的学校与企业进行合作，拿某一个品类来做实验，以便能够获得比较详细的支持信息。

★ 有条件的学校，可根据学生设计的商品陈列配置表进行现场演示，对不同的配置表实训指导教师进行现场点评。

★ 实训指导教师给出差异比较大的另外一种品类如牙膏、洗发水、白酒等，要求学生进行再次制作与理由说明。

四、相关知识

1. 商品陈列配置表

商品陈列配置表的英文名称是"facing"，日文名称是"棚割表"。英文"facing"的意思是指对商品货架陈列排面做恰当的管理；日文棚割表中，棚是指陈列用的货架，割是指适当的分割配置，也就是商品在货架适当配置的意思。因此，商品陈列配置表的定义是把商品陈列的排面在货架上做最有效的分配，以书面表格形式画出来。在当今信息时代，商品陈列配置表可以通过电脑来制作和不断修改。

2. 商品陈列配置表的管理功能

（1）有效控制商品品项。

（2）商品定位管理。

（3）商品陈列排面管理。

（4）畅销商品保护管理。

（5）商品利润的控制管理。

（6）连锁经营标准化管理的工具。

3. 制作商品陈列配置表的准备工作。

（1）商圈与消费者调查。

商圈调查主要是弄清连锁企业各门店所属地区的市场容量、潜力和竞争者状况。消费者调查主要是掌握商圈内消费者的收入水平、家庭规模结构、购买习惯、对该企业商品与服务的需求内容等。经过这两项调查，经营者就可根据这些调查所得的资料，开始构思该店要经营什么样的商品，以及各种商品的比重，尤其是连锁店就必须确立其门店的目标品种即优势品种，这些品种针对的是最有消费潜力的目标消费者，这对于提高其门店的竞争实力是极其重要的，所以在陈列时要特别对待。

（2）商品陈列货架的标准化。

商品陈列配置表主要适用于其所有门店采用标准化陈列货架的连锁企业，而货架的标准视连锁企业门店的场地和经营者的理念而定。使用标准统一的陈列货架，在对所有门店每一分类的商品进行配置与陈列管理时，就不需要对每一门店都做一种配置或一种陈列。

各种业态模式的连锁企业应该使用符合各自业态的标准货架。例如：传统食品超市和标准食品超市通常使用的是小型平板式货架（高度为1.6米左右），大型综合超市使用的是大型平板式货架（高度为1.8~2.0米），仓储式商场使用的则是高达6~8米的仓储式货架，便利店使用的是高度仅1.3米的货架，专卖店使用的货架视卖场的区域不同而发生相应的变化。当前，降低高度是连锁企业货架标准化的一个世界性趋势，其目的是为了增加消费者的可视度和伸手可取度。目前，在我国一些连锁超市、便利店和专卖店中使用货架的非标准化情况也较普遍，如便利店使用的是超市的货架形式，这就直接影响了顾客的购买速度等。而对于许多仓储式商场来说，应考虑进一步增强货架陈列段的灯光亮度，因为由于陈列货架的高度太高，阻挡了通道灯光对陈列段的照射，从而影响了商品的可视度。

（3）单品项商品资料卡的设立。

在连锁企业的信息系统中，要设立每一个单品项商品的信息资料卡，如该商品的品名、规格、尺寸、重量、包装材料、进价、售价、供货量等相关信息。这些信息资料对制作商品陈列配置表是相当重要的，经常会被调用，因而一般这些信息资料都被分门别类地保存在电脑档案内。从这些资料中可以分析确定商品周转率的高低、商品毛利的高低，以及高单价、高毛利的商品。

（4）配备商品配置实验架。

商品陈列配置表的制作必须要有一个实验阶段，即采购部人员（许多连锁企业已设置了专门负责此项工作的货架管理员）在制作商品陈列配置表时，应先在实验货架上进行试验性陈列，从排面上来观察商品的颜色、高低或某些商品容器的形状是否协调，是否对消费者具有一定的吸引力，如缺乏吸引力则可立即进行调整，直至协调满意为止。

4. 货架陈列原则

货架陈列原则是指品类内部的商品在货架上应该遵循什么样的规则进行摆放。购物者购买决策树是一个必须考虑的因素。起初，家乐福（中国区）的洗发水、香皂、卫生巾、口腔护理品类都是根据国外消费者的购买习惯按功能进行陈列的。这样的结果导致飘柔洗发水在洗发水货架上多处出现，使对产品不够熟悉、对自己的需求也不够了解的中国消费者产生了很大的困惑。根据对中国消费者的购买行为调查研究，家乐福先后改变了洗发水、香皂、卫生巾等的陈列规则。口腔护理品类也由按功能陈列改为按品牌陈列。商品陈列原则还包括价格顺序、大小包装的摆放规则、是否有最小面位限制等。一般常用的位置分配方式如下：

（1）品牌横向陈列。

（2）规格纵向陈列。

（3）规格按大小由下到上陈列。

（4）利润高和市场表现好的商品放到眼高位置。

5. 公平货架原则

购物者决策树告诉大家品类内各种细分类应该如何陈列。那么，细分类中的每个单品应该放多少面位呢？传统的方法是凭感觉、凭感情或租用货架。在此我们提出公平货架原则。公平货架原则是按劳分配在货架管理上的体现，即商品的货架空间是根据商品的表现（销售额、销售量、利润等）来分配的。货架上有 3 个商品：高露洁超感白牙膏、高露洁全效牙膏和高露洁草本美白牙膏，它们平均分配货架空间，各占 33% 的货架，然而它们之间的销售量却是不等的。假设超感白和全效的日销售量是一样的，都等于草本美白的 1/4。这会造成什么样的结果呢？当草本美白销售完时，超感白和全效只销售了 1/4。此时，如果草本美白不补货，就会脱销造成销售损失。而零售商和供应商对补货时间或补货量都有一定的要求，如最小订单量，无形中加大了脱销的可能性。当超感白和全效销售完货架上的商品时，草本美白已经脱销 3 天或补了 3 次货。如果采用公平货架原则，即以商品表现来分配货架空间就可以避免这种情况。由于超感白和全效的销售量只有草本美白的 1/4，所以其货架空间也应只有草本美白的 1/4，这样 3 种商品会同时售完。公平货架原则不仅可以有效地减少缺货，而且可以提高运作效率。

每个品牌/单品应该放多少个面位需要参照公平货架原则，即货架空间分配应以商品表现为基础。商品表现可以参照多个指标以平衡零售商对商品不同角度的需求。例如，销售额 40% 的权重，销售量 30% 的权重。权重依据该品类的角色和策略来制定。如果该品类的策略是提升利润，利润的权重可以稍高。但指标也不能太多，否则会失去重点。待基本方案确定后，可适当考虑一些其他因素（如营业外收入）进行微调。

6. 商品陈列配置表的修正

任何一家门店新开之后，商品的配置并不是永久不变的，必须根据市场和商品的变化做调整，这种调整就是对原来的商品陈列配置表进行修正。商品陈列配置表的修正一般是固定在一定的时间来进行的，可以是一个月、一个季度修正一次，但不宜随意进行修正，因为随意进行修正会出现商品配置凌乱和不易控制的现象。商品陈列配置表的修正可按如下程序进行：

（1）不管是单体店还是连锁店必须每月对商品的销售情况进行统计分析，统计的目的是要找出哪些商品畅销、哪些商品滞销，配备 POS 系统的商店会很快统计出商品的销售情况。

（2）滞销商品的淘汰。经销售统计可确定出滞销商品，但商品滞销的原因很多，可能是商品质量问题，也可能是销售淡季的影响、商品价格的不当、商品陈列的不好，更有可能是供应商的促销配合不好等。当商品滞销的原因清楚之后，要确定滞销的状况是否可能改善，如无法进行改善就必须坚决淘汰，不能让滞销品占住了货架而产生不出效益来。

（3）畅销商品的调整和新商品的导入。对畅销商品的调整，一是增加其陈列的排面，二是调整其位置及在货架上的段位。对由于淘汰滞销商品而空出的货架排面，应导入新商品，以保证货架陈列的充实量。

（4）商品陈列配置表的最后修正。在确定了滞销商品的淘汰、畅销商品的调整和新商品的导入之后，这些修正必须以新的商品陈列配置表的制定来完成。

五、学生天地

表4-8 　　　　　　　　冬季水饮料商品陈列配置表的设计

班级		姓名		调查时间	
学号		组号		主要任务	
设计图简要说明：					
设计的重点与难点分析：					
体会：					
备注					

六、效果评价

表4-9 　　　　　　　　商品陈列配置表训练评价评分表

考评人			被考评人	
考评地点				
考评内容	商品陈列配置表制作训练			
考评标准	内　　容	分值（分）	评分（分）	
	了解商品陈列配置表的功能	20		
	熟悉品类内部商品陈列的原则	20		
	掌握商品排面数确定的方法	20		
	熟悉商品陈列配置表调整的思路	20		
	商品陈列配置表的制作	20		
合　　计		100		

注：考评满分为100分，60~70分为及格，71~80分为中等，81~90分为良好，91分以上为优秀。（该表可复印后灵活用于教学）

七、知识拓展

缺货断货，恶性循环

2012年6月10日是公司总部领导到朝阳店巡店的日子，朝阳店的李店长却因为缺货问题而头疼，卖场商品由于供应商的断货和采购部跟进不及时出现多个空排面的现象，而这种现象又无法在几天时间内解决。如何应对总部领导的巡店呢？李店长最后决定将库存量大的商品全面拉出来，将空排面填满，以应付巡店。

7月28日采购在分析朝阳店销售业绩时发现当期销售额明显低于去年同期水平，再看畅销商品库存，几乎有15%的畅销商品库存为0。这引起了采购总监与营运总监的重视，通过调查发现，该店在2012年6月以后只要畅销商品一断货，部门经理和主管就将库存量大的商品拉出将排面填满。另外营运部门人员对信息系统的重视度不够，平常都是看着排面要货，排面没有货了就填要货单，而且要货单交到采购以后也没有继续跟进。久而久之朝阳店的畅销商品20%断货，并且没有很好的销售。

思考：

1. 出现这种情况店长的问题出在哪里？
2. 公司在商品要货方面有哪些不足？
3. 采购问题出在哪里？

资料来源 佚名.2010年全国职业店长模拟试题（三）［EB/OL］.［2010-12-09］. http：//www. docin. com/p-737724902. html.

项目12 卖场客动线调研训练

目前对卖场布局进行客观判断的最有效方法，是美国和日本商业领域频繁使用的客动线调查法。它对店内顾客从进入卖场直到退出卖场的实际行走轨迹，进行科学的测量、图示和分析，进而有效改善卖场布局。客动线调查不仅应用于卖场布局的调整，而且广泛应用于商品部门的品类管理、价格带调整、卖场磁石区的设计、理货员的配置、卖场生动化设计等诸多方面。

一、实训目标

1. 能力目标
- 能够设计科学的客动线调研指标；
- 能够设计可行的客动线调研方案；
- 能够组织实施小型调研方案；
- 能够根据调研结果提出改进建议。

2. 知识目标
- 掌握卖场内外动线的概念与类型；
- 掌握通过率、停留率、购买率的含义；
- 掌握顾货率、触摸率、询价率、试穿率的含义；
- 掌握各种调研指标所对应的调节手段；
- 了解购物者行为分析的理论延续。

3. 方法目标
- 掌握卖场顾客的实地观察法；
- 掌握客动线调研的汇总分析法；
- 掌握卖场客动线调节的方法。

二、场景设计

假设华润苏果莱茵达社区店已经开业，目前营业业绩不太理想，虽然门前客流量并不少，进店率也比较理想，问题是销售不太理想，请从客动线的角度对该店铺进行调查分析，并提出可行的改进建议。

注：各位实训指导教师可以从自己学校周边或者是和学校有合作关系的卖场中寻找一家业绩不太理想的卖场进行该项目训练。

三、训练步骤

1. 联系被调研的门店

选择当地某一超市，由实训指导教师积极联系该企业，企业提供详细的卖场布局图，实训指导教师带领学生团队进行客动线调研，以期帮助该超市做些改进。尽量选择那些经营问题、卖场问题突出，或具有一定代表性的样板店为主要调查对象。一个连锁企业的最差门店对整体绩效和品牌形象的影响通常要大于最好门店的影响，改进最差门店最为迫切。而且这类店面的起点较低，在调研后很容易有显著改进，可大大提升小组士气，并吸引其他门店自发形成研究气氛。

2. 成立调查小组

（1）实训指导教师担任此项活动的总指导和总指挥。

（2）将学生分成若干组，每组 4~5 人，设组长 1 名。

（3）实训指导教师明确各组负责调研的客动线。

（4）组长负责汇报本组的调研情况。

3. 确定调研时间

一般客动线调查需要 150~200 份样本。实训指导教师可根据参加调研学生的具体数量决定调研时间的长短。调研的具体时间也要根据一天之间的客流规律进行有效分配。

4. 培训学生

如果组员有了"是不是糊弄一下也能交差"、"我一个人不上心跟最后结果没太大关系吧"等想法，这次调研就白费了——数据不准，分析得再好也属于无用功。因此培训首先要说明这项工作对实际营运的意义，在一开始就让组员明白：这个东西到底有什么价值？调研细节也要反复强调。客动线调研并不复杂，但细节可能会牵扯出很多问题。

例如，现场不可能用文字记录顾客的所有动作，只能预先用符号代替。但如果组员不能熟练运用符号，那记录结果肯定是一塌糊涂。再如，调研员如何不被顾客发现，也需要细致的布置，包括距离、站位、记录动作等。目前没有什么最好的细节培训法，有效的就是：培训时所有人到场，死记硬背，然后当堂演练到熟练为止。调研开始后，也要不断总结组员的反馈，持续培训。当然，所有的培训问题都应记录在案，以备后来者使用。

5. 设计调查表

这张 A4 大小的纸非常重要！追踪调查时，每人 1 份调查表，在其上详细记录顾客的行动路线，因此要求表格中的每个项目设计都要精确、简略。调查表包括以下主要内容：

①严格比例的卖场布局简略图。有时需要测算出每个顾客在店内行走的准确距离，若布局图没有严格比例，数据则必然失真。另外，必须标出卖场中所有商

品部门和商品种类的准确位置。

②调查的时间，包括年、月、日、星期。调查的时刻，包括上午或下午几点几分至几点几分，以及顾客在店内滞留的时间。

③顾客的基本特征，包括：

- 性别和目测年龄（最好标选"某个年龄段"）。
- 一同购物的顾客类型，大概判断是夫妇、母子、兄弟姐妹、朋友等。
- 服装样式——是普通生活装还是工作服。
- 鞋的样式——是公务鞋还是休闲鞋。
- 是否使用推车、购物篮。

调查表设计出来后，不要急于立即投入使用。最好首先组织 10 人左右进行试验，发现不合理的内容或设计时，及时订正。确认所有内容都准确到位后，才能下发正式的客动线调查表。

6. 开始调查

一般客动线调查需要 150 ～ 200 份样本。绝对不能根据自己的喜好挑选顾客，而要按事先确定好的程序，如每隔 5 位或 10 位顾客去选定 1 位进行跟踪调查（注意：不能跟踪孩子）。1 名调查员跟踪 1 名顾客，从他（她）进入卖场开始，到退出卖场结束。一般情况下，调查员在顾客身后 10 ～ 20 米的位置进行观察。如果卖场布局紧凑，距离可缩短。当顾客发现自己被跟踪时，应立刻中断调查，以免引起误会。或者主动迎上，告诉顾客自己在做商品品牌调研，然后抽出一份品牌调研表来让其填写。这样即使他（她）再看到你，也不会有防备了。调查开始时，调查员要首先把开始的时间和顾客的基本特征记录下来，包括：

（1）顾客在什么位置停留？

（2）触摸哪些商品？

（3）挑选过哪些商品？

（4）在什么位置把什么商品放入购物篮？

（5）其他细节。

这些要全部用事先统一的符号，准确地标明在卖场布局图中（如图 4-4 所示）。

顾客退出卖场时，要记录其退出时间，计算其在卖场中的滞留时间。顾客在收款台结束清算后，要记录其在 POS 中的登录号码和购买金额。另外，顾客在购物中途上厕所，或到餐厅吃饭及中途休息时，应做好记录。因为她的意外动作会影响时间要素的分析。

7. 调查结果整理

调查结束后要收集调查表，统计内容。统计的一个基本原则是用数据说话，调查内容的每一个环节都应该用百分比等数据化指标来表示。将调查区域的路线记录在每张布局图上，然后将调查区域的所有路线记录在一张布局图上，最后在总调查区域布局图纸的每个区域标注进店顾客总数、通过总数、停留总数、购物总数并在路线的右边同时标注他们的比率。这样经营者就可以从一张布局图上看到区域和货架的购物动线调查信息。

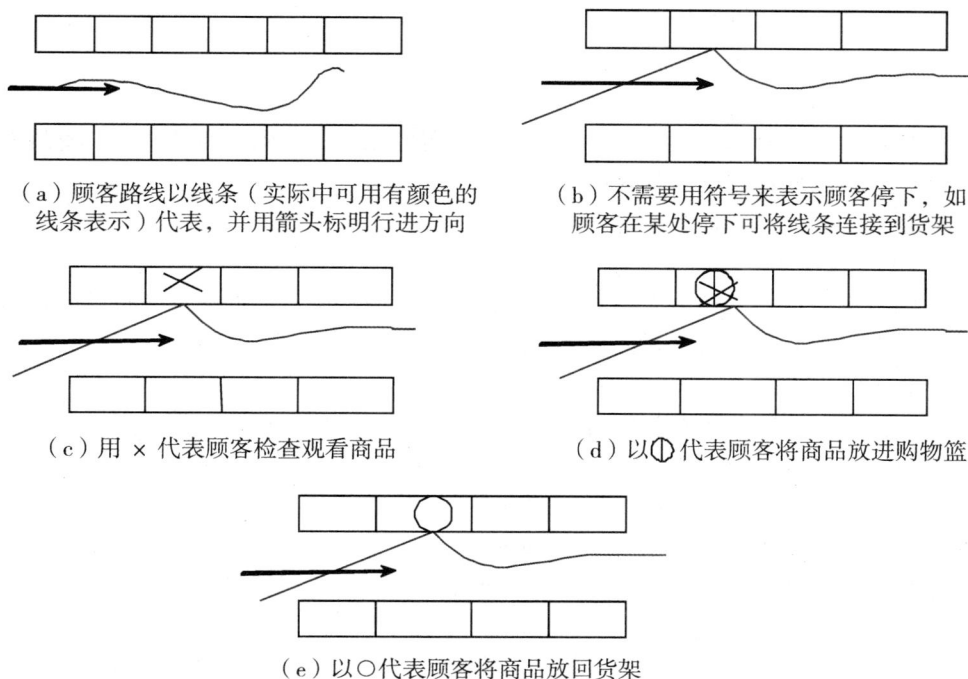

（a）顾客路线以线条（实际中可用有颜色的线条表示）代表，并用箭头标明行进方向

（b）不需要用符号来表示顾客停下，如顾客在某处停下可将线条连接到货架

（c）用×代表顾客检查观看商品

（d）以⊕代表顾客将商品放进购物篮

（e）以〇代表顾客将商品放回货架

图 4-4　动线调研标志图

8. 调查结果分析

（1）分组讨论分析调查结果，提出改进措施。

（2）实训指导教师总结，并指导学生写出调研分析报告。

（3）实训指导教师将此报告提交给该超市相关人员，并请他们批评指正。

（4）实训指导教师将该超市相关人员的意见反馈给学生。

注意事项

★学生外出调研，必须听从指挥，遵守纪律，注意交通安全，并须表现出良好的礼貌、礼节，维护学校形象。

★客动线调研必须提前与前去考察的企业联系，并获得企业配合、支持。

★调研中发挥团队精神，紧密配合、协同作战。

★顾客在购物中途上厕所，或到餐厅吃饭及中途休息时，应中断调查，前面的调查内容作废。因为他（她）的意外动作会影响时间要素的分析。

★调研对象，最好是选择那些经营问题、卖场问题突出，或具有一定代表性的样板店为主要调查对象。

四、相关知识

1. 常用的分析指标

（1）通过率。

通过率是指顾客在店内主通道、辅通道及横向通道通过的比率，是卖场布局调整、商品调整的重要依据。

公式：通过率=通过客数÷调查对象客数×100

（2）停留率。

停留率是指卖场中某一商品部门顾客停留的比率，是磁石商品调整、商品陈列调整、商品促销调整的重要依据。

公式：停留率=停留客数÷通过客数×100

（3）购买率。

购买率是指在卖场中某一商品部门停留顾客中购买商品的比率，是商品陈列调整、关联商品调整的重要依据。

公式：购买率=购买商品的客数÷停留客数×100

当然进一步细分还有其他指标，如顾货率、触摸率、询价率等指标，此处仅就最重要的指标进行分析。

说明：一般情况下，比率是"×100%"，但在实用中用百分号比较麻烦，而标小数点又容易出错，所以就用"×100"。另外，如果一位顾客来回走动，回到原来曾经走过的地方可作2次计算，也就是说通过率的测算指标可以超过100。

2. 调研指标体系运用

卖场布局调整改进，并非直接照着客动线调查结果做就可以，还需要参照其他管理目标和要素综合考虑才行。下面举3个布局改进的具体方向，以供参考。

（1）商品部门调整。

如果调查表明：卖场里某些商品部门的顾客通过率、停留率都很低，怎么办？建议最好先到家乐福、华堂商场、沃尔玛等外资超市去看一看，它们是否经营这些商品。如果有，它们又是怎么配置的。成熟超市也有通过率和停留率低的商品部门，但它们不会立刻撤掉，而是有个应对流程：卖场布局调整→商品分类调整→商品陈列调整→商品表现（生动化）调整。

例如，某个商品部门的通过率低，你不能马上盯着该部门的商品陈列，甚至某个单品，而是要从整个卖场的全局考虑：是否布局上过分冷落该部门？该部门附近的几个分类商品是否都有些"冷"？用什么格局、通道、热点商品或灯光可以改进？解决通过率后，再看停留率，并分析陈列或商品表现是否有问题。

对于那些临近社区、主要以经营食品为主的超市，调整其非食品部门的一个基本原则是：低购买频率的非食品种类，若与烹制、调理食品有关，则尽可能保留，并不断丰富其种类；若与烹制、调理食品无关的，通过率和停留率又低，则应坚决撤掉。

假如不做具体分析，就撤掉那些购买频率低的非食品部门，很容易引起顾客不满——他们确实光顾、停留得少，但时常又有所需要，找不着自然上火。夸张一点，如果食品超市只有A类商品，那还能在社区里"混"下去吗？

（2）商品陈列调整。

通过率和停留率低，有的是由于商品陈列和商品表现水平太差。如端架商品种类过多（导致挑选困难）、商品陈列量过少（没有量陈感）、POP广告不醒目（没有冲击力）。这时就应调整陈列方式，或设置一些大型POP广告以吸引顾客的注意。

（3）磁石商品调整。

在客动线调查中，如果发现相当多的顾客在主通道中行走的距离短，就说明主通道中的磁石商品力太弱，不能持续诱导顾客在主通道上长距离地行走。这时就必须对磁石商品进行调整。但也要清楚，顾客不走一些通道，可能是因为商品与顾客的购买目的不一致。对他们来说，不管商品陈列和 POP 广告多么醒目，都不会引起过多的兴趣。但如果怎么调整顾客都不搭理，那就要重新判断主商圈内顾客的类型了。

3. 客动线调研实例分析

图 4-5 是一个营业面积为 1 300 平方米、卖场形状非常典型的食品超市的客动线调查案例（注意，案例所代表地区的情况并不一定适应读者当地情况，可结合实际分析）。可以看出，该超市各条主通道顾客的通过率都十分理想，卖场布局设计比较成功。

（1）通过率为什么这么高。

卖场布局理论认为，与卖场入口处（深颜色圈）呈斜向对角线的位置，是店内诱导顾客所能到达的最理想位置，也就是图 4-5 左侧最上角的位置（浅颜色圈）。一般超市在此位置至少要达到 80 的顾客通过率，才称得上基本合理。而该超市达到 130，且各条主通道的通过率都超过 100。这个卖场有一个突出的特点：除入口和出口之外，各条主通道中都不设置平台陈列（如堆头）。这是各条主通道顾客通过率高的主要原因。这一点值得我们深思，因为国内的超市多把堆头当做一个"敛财"工具。在美国的食品超市中，卖场主通道中一般不设堆头或平台陈列。平台陈列一般只用于入口处水果和叶菜的陈列，而且是单品大量陈列。

这种入口处平台单品的量陈，不会打乱顾客在主通道的行走路线，而且使顾客从店面外较远的地方识别卖场的位置，积极诱导顾客进入主通道。主通道中不设置平台陈列，使顾客的视线变得更宽广，充分发挥主通道尽头和拐角处磁石点的吸引作用，为顾客在店内的自然购物提供了良好的环境。更重要的是发挥了主通道两侧的商品关联和端架的作用，大大提高了顾客的通过率和停留率。要知道，如果因为堆头而使主通道拥挤，人流会自然而然地提高行进速度，还谈什么停留？

（2）几点改进建议。

①靠近卖场出口的面包销售区（高毛利）的顾客通过率极低。

这说明面包区的商品组织和表现力存在严重问题，根本不能引起顾客的兴趣。如果该区域是招商联营，则应尽早更换厂家。如果是自营，应尽早放弃，招引有实力、有特色的面包商入驻。

②靠近入口直线主通道处，左边货架内侧的非食品区（厨房、餐具等用品）的顾客通过率也相对较低。

最好把靠近收款台的餐具、锅具和其他厨房用品调整到卖场里侧主通道附近。也就是调整到靠近里侧主通道购买频率较高的消耗品附近，使大量通过里侧主通道的顾客能够看到。另外，非食品区中其他购买频率较高的如卫生纸、洗涤剂、牙膏、洗发水、护肤用品、保鲜膜等消耗品，也应该尽量配置在货架两端靠

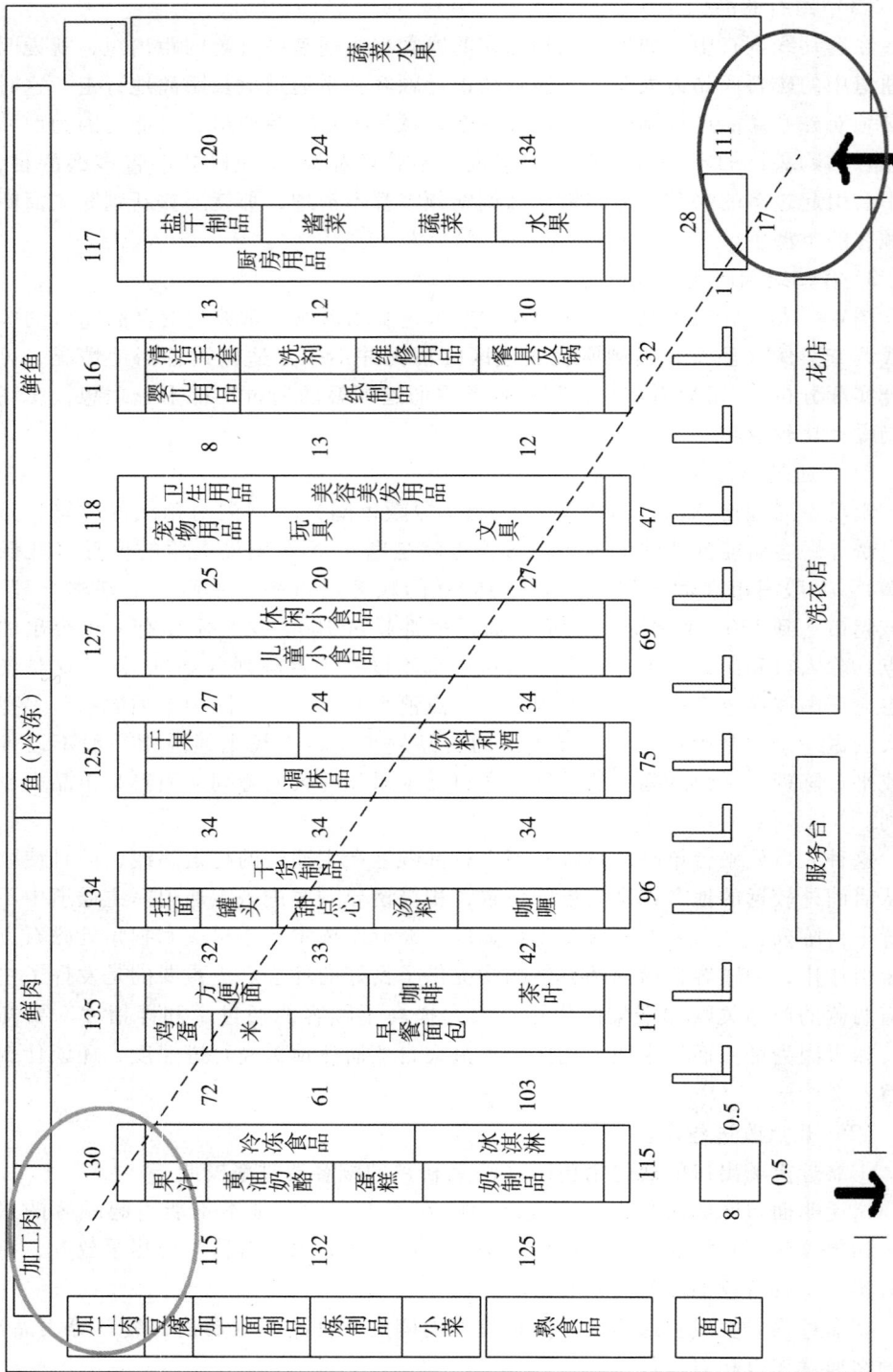

图4-5 客动线调查案例

近收银台和里侧的主通道附近，以有效诱导顾客进入辅通道，提高通过率。非食品区通过率低，除了位置原因之外，更主要的还在于：商品品种、品项单调且重复的现象非常严重。

③如何提高中间货架区内的通过率和停留率？

这是国内外许多超市面临的问题。实证分析证明，关键在于货架端架的商品陈列，即第三磁石卖点的商品陈列内容和方式。可现实中，当前大部分国内超市都把端架不假思索地卖出去了，造成对货架区内整体销售的提升束手无策。要知道，端架陈列的主要目的就是吸引主通道中的顾客。顾客对端架商品有兴趣才会停留，进而看到货架区的其他商品。因此，端架应陈列畅销商品、特卖商品、季节性商品、PB 商品等，每个端架最多陈列 1～3 个品项，而且要大量陈列，才能吸引顾客。

五、学生天地

表 4-10 某卖场客动线调查后的改进建议

班级		姓名		调查时间	
学号		组号		主要任务	
改进建议：					
备注					

六、效果评价

表 4-11 客动线调查与分析能力评价评分表

考评人		被考评人	
考评地点			
考评内容	客动线调查与分析能力		
考评标准	内　容	分值（分）	评分（分）
	了解卖场客动线调研的重要性	10	
	了解卖场客动线调研的指标体系	20	
	掌握卖场客动线调研的操作程序	10	
	掌握卖场客动线调研的内容	10	
	掌握卖场客动线调研的技巧	20	
	问题发现与改进措施的切实性	30	
合　计		100	

注：考评满分为 100 分，60～70 分为及格，71～80 分为中等，81～90 分为良好，91 分以上为优秀。（该表可复印后灵活用于教学）

七、知识拓展

某日资食品超市客动线调查与分析

图4-6是一个营业面积为1 500平方米的正规食品超市的卖场布局，也是目前日资超市中一种较典型的卖场布局方式——因为日资超市习惯在卖场正中开设横向通道（虚线圈），而堆头等平台陈列较多也是其一大特点。我国的日系和台系超市都或多或少地具有这些特征。

通过图4-6客动线调查统计结果，可以发现一些突出的问题。

1. 各条通道的顾客通过率没有超过100

这说明入店顾客在卖场中的游动严重分散，造成主通道的通过率大减，严重影响主通道两侧第一、第二磁石商品的销售。顾客为什么严重分散？一是因为卖场中间那条横向通道；二是因为主通道中堆头过多，打乱了顾客在主通道中的行走路线。

思考1：卖场中间是否应该设置横向通道？又如何设置？

这在国际上一直存在争论。在美国，横向通道一般都用于大卖场。其基本原则是：一般超市货架区商品陈列线在18～24米，而大卖场、仓储式卖场应达到24～36米，在这个距离中或超过这个距离时，可考虑设置横向通道。但是在日本，一般超市商品陈列线经常在8～11米的距离就开设横向通道。而我国在这个距离，甚至在少于这个距离开设横向通道也非常普遍。

思考2：为什么货架区陈列线要达到一定的长度呢？

美国学者的实证分析证明，商品陈列线长，可以更好地诱导顾客，促进货架区的商品销售，特别是当陈列线超过20米，而且副通道在2米左右宽幅时，不仅可以更好地诱导顾客深入到货架区内，更有利于副通道两侧的商品关联陈列。仔细分析图4-6的客动线调查就可以发现，该卖场连续10米以上的商品陈列线几乎不存在。要知道，它只是个进深不到40米的食品超市。调查数字表明，由于陈列线被横向通道割断，顾客的行走距离既短又复杂。通道的选择性过多，顾客就有条件选择最短的距离购物，并选择最短的距离走向收银台。结果卖场第一、第二磁石区的效果得不到发挥，聚客力大大降低。

2. 主通道中的堆头陈列过多

由于主通道中的堆头陈列过多，完全打乱了顾客在卖场中行走的路径，再加上横向通道，使顾客分流严重。

调查数据表明，与入口处呈斜对角线的最里面的顾客通过率不到80，低于合理通过率的最低要求。另外，店内最里侧主通道的通过率也基本维持在80左右。幸亏该卖场是接近于正方形的正规卖场，调整布局比较容易，可以：除出入口部分商品外，首先排除主通道中的大量岛型平台陈列。其次，取消卖场中的横向通道，延长货架区的商品陈列线。最后，拓宽店内主通道和副通道。

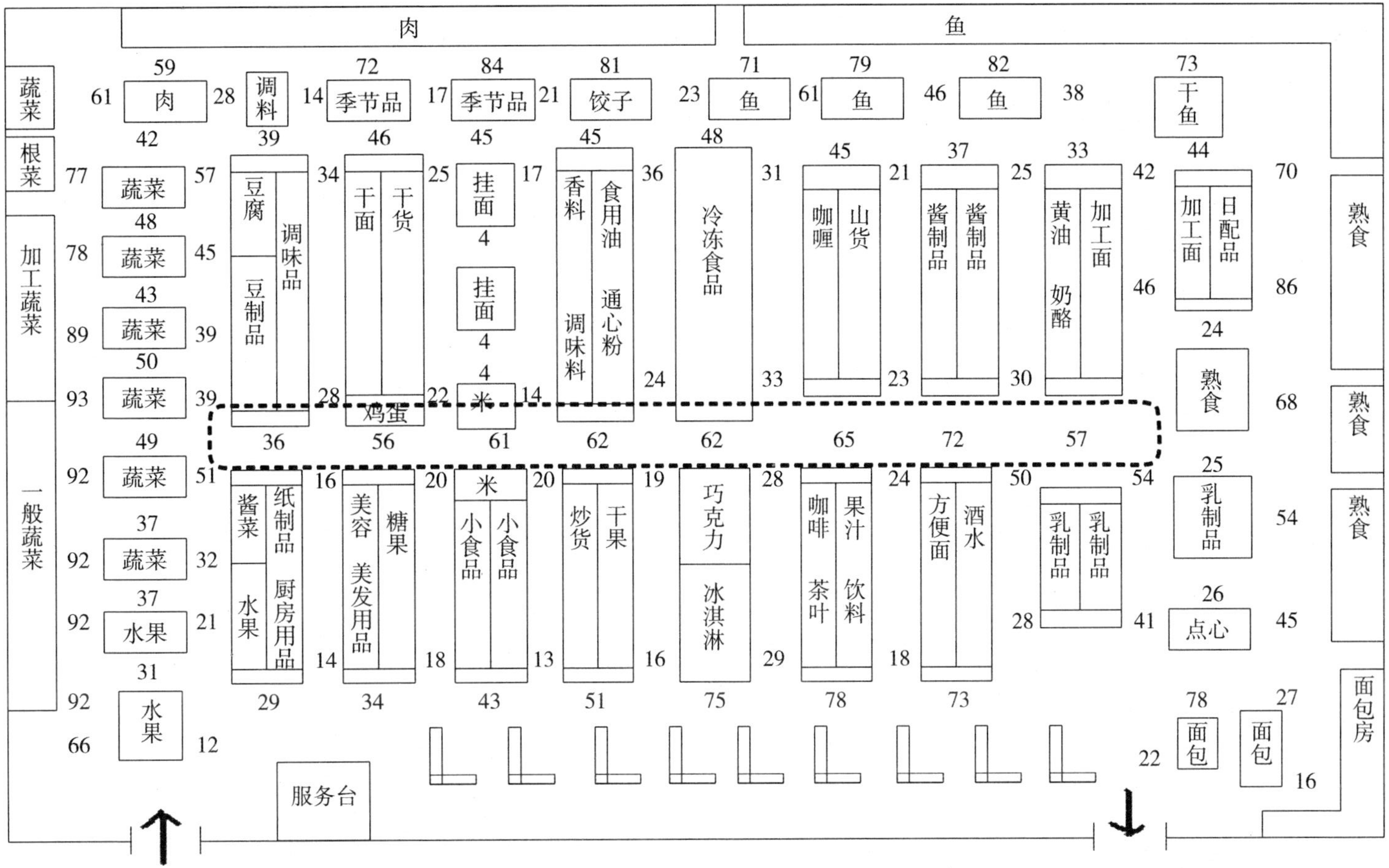

熟食　熟食　熟食　面包房

70　86　68　54　45　27　16

73 干鱼 44　加工面 日配品　24　熟食 25　乳制品 26　点心 45　78 面包　面包 16

42　46　54　41　22

加工面 黄油 奶酪 33　38　乳制品 乳制品 50　28

酱制品 酱制品 37　25　30　酒水 方便面 72　73

21　23　57　72　24　65

山货 咖喱 45　61　果汁 咖啡 茶叶 饮料 18　78

鱼 79　82　46

冷冻食品 48　31　33　62　巧克力 冰淇淋 28　29　75

鱼 71　23

食用油 香料 通心粉 调味料 36　24　62　干果 炒货 19　16　51

饺子 81　45

挂面 4 挂面 4 米 4　61　小食品 小食品 米 20　13　43

季节品 84　17　17　25　22

干货 干面 鸡蛋 56　糖果 美容 美发用品 20　18　34

季节品 72　46　34　28　16　14

调料 39　豆腐 调味品 豆制品 36　酱菜 纸制品 厨房用品 水果 51　29

蔬菜 59　28　57　45　39　39

肉 42　蔬菜 48 蔬菜 43 蔬菜 50 蔬菜 49 蔬菜 37 蔬菜 37 水果 31 水果 12

61　77　78　89　93　92　92　92　92　66

蔬菜　根菜　加工蔬菜　一般蔬菜

服务台

鱼　肉

图4-6 某日资食品超市卖场布局

115

　　思考 3：有人会反驳说：端架和堆头都是供应商交纳费用的"黄金点"，取掉横向通道等于砍掉了一半端架，堆头减少更是不可忍受——这会导致多少的收益损失?!

　　我们的观点是：对于不同时期的超市，端架费用收益要分别看待。如果在超市数量少、区域垄断度高的时期，顾客别无选择只能到这家超市，那么获取大量端架和堆头费用收益无可厚非。但区域竞争加剧、价格战此起彼伏，你难道希望顾客那么快就从超市出去吗？你以为那么多的端架都有人注意吗？如果这时你还靠收取费用生存，不顾需求将端架卖给那些并无热点商品的供应商，那就很危险了。如果超市对延长通道或第一、第二磁石点没信心，就可以证明它对自己的商品结构、陈列和生动化没有信心，那就不是布局的问题了。

　　资料来源　作者根据相关资料改编。

连锁经营实训

模块五　连锁企业品类管理

项目13　品类定义训练

卖场是一个交易平台，要靠商品的销售才能产生价值赚取利润，商品是决定卖场和供应商经营状况及利润的核心指标，"鲜活"的商品如同流动的"血液"维持生意的正常运作。通常一家卖场有几百甚至上万平方米的营业面积，要靠各种各样的商品来填充，是简单的、随意的、毫无原则和章法的堆积，还是用科学、规范的商品结构来管理？这是所有卖场都要思考并且面对的问题。可以说，卖场能不能生存并发展下去，商品结构起着决定的作用，因为客人来的第一目的是购买到自己想要的东西而非来享受什么其他的东西。那卖场如何才能选择并组合最合适的、最有活力的商品结构呢？就必须要借助一项工具——商品组织结构表，来选择并管理商品。

一、实训目标

1. 能力目标
- 能够确定商品结构的宽度与深度；
- 能够确定商品组织结构的层级；
- 能够为小型门店制定简单的商品组织结构表；

2. 知识目标
- 熟悉品类定义、商品结构之间的关系；
- 掌握从客层定位到需求结构的分析方法；
- 理解业态及战略定位对商品结构的影响；
- 能够合理确定门店小分类的单品数量；
- 能够确定小分类中单品的价格带配置；
- 能够确定小分类中单品的包装规格配置；
- 能够确定小分类中单品的品牌配置。

3. 方法目标
- 掌握商品结构搭建的方法；
- 掌握商品价格带定位方法；
- 掌握商品的规格型号定位方法；
- 掌握商品的品牌倾向及组合方法。

二、场景设计

学校所在城市的超市业龙头企业，计划在校园内开设一家100平方米的便利店。作为该店的商品规划人员，请结合所在学校的现有特点，为该店制定商品组织结构表，要求设计为大分类+中分类+小分类3级层次。请结合该商品组织结构表，进一步确定牙膏小分类的品项数、价格带、包装规格、品牌、功能等，最终完成牙膏的单品配置。做好之后请与周边已经开业的校园便利店比较其商品组织结构表的异同点，并说明原因。

注：在实际教学过程中，实训指导教师可以给每位同学指定不同的小分类，如洗发水、方便面等，尽量将门店的小分类全部配置完成。

三、训练步骤

1. 根据给定场景，实训指导教师组织全体同学共同讨论业态特征以及商圈特征，分析目标顾客的需求结构。

2. 将学生分组，每 5～8 人为一组，以小组为单位来完成商品组织结构表。考虑到学生对商品知识的缺乏，建议学生除上网查询资料外，还应进行市场考察，以了解理论知识所学不到的商品知识。

3. 每个小组根据设定场景的业态特征与商圈特征进行商品大分类、中分类、小分类的确定，并制表。如某跨国公司在我国的大卖场商品组织结构见表 5-1。

表 5-1　　　　　**某跨国公司在我国的大卖场商品组织结构**

生鲜	食品	百货
蔬果	烟酒饮料	清洁用品
肉	休闲食品	个人护理
鱼	干性副食	手工制作
熟食	中西药品	日用百货
面包	冷冻冷藏	文化用品
⋮	⋮	休闲百货
		家电
		小家电
		汽车配件
		音频系统
		视频系统
		电脑
		鞋类
		非季节性服饰
		照相器材/计算器
		季节性服装
		家用纺织品
		服饰配件

其中烟酒饮料的小分类见表 5-2。

表 5-2   烟酒饮料的小分类

结构编码	商品名称（中文）	结构编码	商品名称（中文）
100	软性饮料	103	烈酒
1000	碳酸饮料	1030	白酒
10000	可乐	10300	低度（38度及以下）
10001	汽水	10301	高度（39度及以上）
10002	加味汽水	1031	中国米酒
1001	果汁	10310	黄酒
10010	蔬果汁	10311	米酒
10011	橙汁	1032	果酒
10012	苹果汁	10320	梅酒
10013	其他果汁	10321	桂花酒
10014	浓缩果汁	10322	其他果酒
1002	机能性饮料	1033	其他酒
10020	咖啡	10330	补酒
10021	健康饮料	10331	药酒
1003	茶饮料	10332	其他酒
10030	茶	1034	进口烈酒
10031	奶茶	10340	白兰地
10032	加味茶	10341	威士忌
10033	功能茶	10342	朗姆酒
1004	水	10343	伏特加
10040	纯水	10344	金酒
10041	矿泉水	10345	其他进口烈酒
10042	含碳酸水	104	香烟
101	啤酒	1040	香烟
1010	啤酒	10400	国产
10100	瓶啤	10401	进口
10101	听啤	1041	雪茄烟
10102	其他啤酒	10410	雪茄烟
102	葡萄酒	1042	其他烟
1020	葡萄酒	10420	其他烟
10200	国产普通葡萄酒	109	礼品
10201	国产干红葡萄酒	1090	礼盒
10202	国产桃红葡萄酒	10900	葡萄酒礼盒
10203	国产干白葡萄酒	10901	白酒礼盒
10204	进口干红葡萄酒	1099	退损单品中分类
10205	进口桃红葡萄酒	10999	退损单品小分类
10206	进口干白葡萄酒	⋮	⋮
10207	起泡酒		

4. 单品数、价格带、品牌及规格的确定。

根据场景设定的业态情况来决定小分类的单品数，如洗发水，市场上至少有

3 000 个单品，功能包括去屑、黑发、营养、柔顺等，近年来，随着消费者对美发重视程度的增加，又涌现出了直发、防晒等功能。作为大卖场由于需要满足的功能比较全面，所以这些功能的洗发水都会有，单品数应该在 250 个左右；作为标准超市这些功能有所减少，单品数下降到了 180 个左右；作为便利店大概就只剩下柔顺、去屑、营养功能的几十个单品。同样价格带、品牌及规格也需要一一确定。

5. 学生以小组为单位制作商品组织结构表，并说明制作理由，实训指导教师做出点评。

⚙ 注意事项

> 有很多情况下，商品组织结构表在教学过程中成了一种流于形式的表格，原因在于有部分实训指导教师对商品知识以及品牌情况不是太了解，在授课过程中过于偏重理论，所以此处一定要和商业实际挂钩，让学生外出考察，同时也要注意企业的要求，百货店要细化到品牌，超市要细化到单品，否则就成了泛泛而谈，对学生来讲，不具有现实意义。

四、相关知识

1. 品类定义

品类是指购物者认为是相关联的或可以相互替代的、易于一起管理的一类产品，如洗发护发品类、口腔护理品类。定义品类要从消费者的角度出发，以满足消费者的购物需求为核心，同时适当考虑零售商管理方面的需要。品类定义包括品类描述和品类结构两方面的内容。品类描述是用文字高度地概括品类的商品属性和消费特性。有时为了界定，避免重叠和遗漏，以增加准确性，对容易误解之处要特别加以说明，如包括什么和不包括什么。品类结构是将该品类的产品进行分类管理，以确保产品的选择能满足目标购物群的需求。

2. 商品结构的概念

商品结构指特定商品的经营范围、商品的分类组织、商品的具体组合。商品结构从整体来说，有高、中、低 3 个层次。第一，从高的层次来看，是企业的定位。简单来说，就是企业在营业执照中已明确规定的经营范围。第二，从中的层次来看，是根据企业的经营范围而确定商品分类构成，一般而言，分类细至商品的基础类别——小分类。简单来说，就是企业使用的商品组织结构表。第三，从低的层次来看，是基础类别——小分类之间的比例和基础类别内部的具体组合，前者与门店的策略相关，后者与顾客的购物行为密切相连。简单来说，就是基础类别——小分类如何配置，其组成的因素和水平分析，以及因素和水平如何合理的问题。

3. 连锁企业商品组合的方式

商品组合的中心内容是确定经营商品的种类以及各类商品的花色、规格、样式、质量、等级、价格等。简单地讲，商品种类的多少就是商品的宽度，花色品种的多少就是商品的深度。根据商品的宽度和深度的不同组合，连锁企业的商品组合有如表 5-3 所示的几种情况，各企业可以根据自身情况进行选择。

连/锁/经/营/实/训

表5-3　　　　　　　　　　　　连锁企业的商品组合方式表

组合方式	优点	缺点
宽而深	市场大、商品丰富、顾客流量大、能一次购足	资金占用多、形象一般化、很多商品的周转率低、商品易过时
宽而浅	市场大、顾客流量大、投资宽而少、能一次购足、方便顾客	花色品种有限、满足顾客购物需要的能力差、形象较弱、顾客容易失望
窄而深	形象专门化、特定商品种类齐全、投资少、满足顾客购物需要的能力强、人员专业化	种类有限、市场有限、顾客流量有限
窄而浅	方便顾客、投资少	种类有限、顾客少、形象弱、顾客容易失望

4. 商品组织结构表

商品组织结构表是按照商品的不同属性，进行分类汇总并给予对应编号而形成的一个结构表。它的特点是依商品属性和购物者购买决策逻辑为商品划定不同分类，从大分类到中、小分类，最终为单品（见表5-4）。

表5-4　　　　　　　　　　　　　　　商品组织结构表

分类编号	组织分类名称			预估单品数				实际单品数				单品数差异				供应商数目
				总数量	高	中	低	总数量	高	中	低	总数量	高	中	低	
45	电脑部			417				316				101				5
450		电脑硬件		63				55				8				3
4501			电脑	15				12				3				6
45010			台式电脑	10	10 000元以上	5 000~10 000元	2 000~5 000元	8	10 000元以上	5 000~10 000元	2 000~5 000元	2	10 000元以上	5 000~10 000元	2 000~5 000元	
					3	5	2		3	3	2		0	2	0	

5. 需求以及竞争对商品结构的影响

连锁经营企业的商品组合策略不仅要受业态的制约，而且要受到社区内消费特性和竞争态势的影响。换句话说，连锁店铺的商品经营结构，必须与居民消费结构相适应。例如：在交通枢纽附近开设的超市，由于每个交通枢纽所起的作用不同，客流的购买特点也不同。在城市地铁的中心车站开设食品超市，由于顾客大多是当地的上班族，所以经营要突出快捷、便利，可经营糕点饼干、方便面、报纸、书刊，下午可供应速冻肉食品、方便菜，供下班员工选择；在城市火车站开设的超市，食品则要以旅游休闲食品、礼品、土特产为主，另外还可以供应其他旅游用品（箱包、胶卷等）。另外由于消费者的需求随着时间的变化而变化，所以一般来说纺织服装类会随着季节的变化相对应有4张商品组织结构表，生鲜食品会随着月份的变化有12张商品组织结构表，甚至有些管理精细的企业在个别品类方面可以细化到周、日，甚至一天的不同时段主推不同的商品，当然细到这样的程度就不是商品组织结构表了，而是经营上的灵活调整了。

在商业区或居民区，常常会有竞争商店存在，商品结构仅适合消费需求还不够，因为各个商店都是以消费者为中心，都努力地满足消费需求，在商品经营中会产生趋同现象，竞争店之间会发生激烈竞争，所以连锁经营店铺的成功还必须以取得竞争优势为前提。在当今连锁经营领域里，相同的业态越来越多，经营的商品品种结构极为相似，竞争优势的取得需要在档次、品牌、服务等方面下工夫。

6. 小分类单品配置的基本思路

基本上业态定位和商圈顾客的分析就把大分类、中分类和小分类的框架确定了，但是从小分类到单品组合还有一段路要走，也就是说，一个小分类到底由什么样的单品构成呢？我们还需进一步分析。

一般来说，可以把一个小分类的商品分为若干个小组，几个、几十个、几百个小组都可，可视单品数量的多少而定，同一个小组内的单品应具有相同、相近的性能，能够共同满足消费者的某一需求。这样的一个小组，我们称为消费者的一个购物需求点，例如"价格比较低（如低于 4 元）的具有防蛀功能的牙膏"。每一个需求点代表消费者的一种购物需求，需求点作为小分类与单品之间的中层分类，从而在小分类与单品之间架设一道桥梁，理清不同单品之间的关系，使每一个单品按照它的使用价值以及其他属性，归入一个小组（即需求点）。归入同一个小组中的若干个单品是相似的，相互之间具有较强的替代性，这样就使得单品之间纷繁混杂的关系变得条理清晰、井然有序。通过这样的方法我们就可以把消费者对某一小分类商品的总需求分解为一个一个的需求点。所有需求点的组合就构成了消费者对这一小分类商品的全部购物需求。如果一个门店陈列的某一小分类商品覆盖了该小分类中消费者的全部需求点，那么这个门店就可以满足消费者对此小分类商品的全部购物需求。但通常受卖场空间的限制，需求点覆盖率总是小于100%。这样通过需求点覆盖率的高低我们就可以直观地看出一个门店商品结构状况的差异化。

把一个门店现有的消费者购物需求点与当地全部的需求点相比较，我们就可以发现该门店所缺少的需求点，把这些缺少的需求点补齐就可以提高需求点的覆盖率，改进门店的商品结构状况，从而实现商品结构与消费者购物需求的良好吻合。这里有两个技术细节，即需求点的录取与单品的录取。第一，需求点的销售额有大小，在需求点覆盖率不能达到100%的情况下，存在一个需求点取舍的问题。解决的原则是需求点取大舍小，使录取的需求点中销售额最小的一个大于舍弃的需求点中销售额最大的一个。第二，一个需求点内包含的若干个单品的销售额有大有小，在需求点内单品覆盖率不能达到100%的情况下（事实上也不可能把市场上这个需求点内的单品都引进来），存在一个单品取舍的问题，解决的原则是单品取大舍小，使录取的单品中销售额最小的单品大于舍弃的单品中销售额最大的单品。另外在一个需求点内，单品数也不能太多，研究结果表明，减少选择有利于选择，在一个明确的需求点内每种型号的商品提供 3 种选择已完全足够了，而任何商品提供 7 种以上的选择都会产生反效果。

由此小分类单品配置工作的核心可以概括为 3 句话：将每一个小分类的所有单品划分为若干个消费者购物需求点，使每一个需求点代表消费者的一种购物需求。依据门店营业面积及周边消费者消费特点，确定每一个小分类的需求点覆盖率，即录取多少个需求点，然后按需求点销售额高低进行取舍。确定每一个需求点内的单品覆盖率，并按单品销售额高低进行取舍。以表5-5为例，我们会发现该门店在"低价位、中小规格的防蛀牙膏"的需求点上未能覆盖，有待引进。在低价位的儿童牙膏方面由于商圈内市场较小的原因，决定不需要覆盖。

表5-5　　　　　　　　　　　　小分类需求点覆盖表

功能/品牌	低	中	高
美白	高露洁草本美白牙膏90克 上海防酸美白牙膏120克	健齿白牙膏中华155克 佳洁士盐白牙膏90克	黑人超白青柠薄荷牙膏140克 黑人超白矿物盐牙膏90克
草本	高露洁草本牙膏90克 中华中草药牙膏170克	佳洁士草本水晶牙膏140克 佳洁士草本水晶牙膏90克	黑人茶倍健杭菊龙井牙膏140克
防蛀		佳洁士防蛀牙膏薄荷味140克	高露洁全面防蛀牙膏（清新）140克
清新	高露洁超强牙膏90克	佳洁士茶爽牙膏120克	黑人茶倍健牙膏90克
功能性	上海防酸牙膏加强型100克	中华多效牙膏沁醒薄荷味90克	高露洁三重功效牙膏90克
儿童		高露洁儿童牙膏水果香型40克	黑人儿童苹果味牙膏40克

7. 商品结构定位的程序

商品结构定位是从目标顾客的需求出发确定商品经营结构的过程，基本程序为在业态设定的基础上进行目标顾客概况描述、目标顾客的需求设定、商品组合以及商品群组合。

（1）目标顾客概况描述。

地理因素：指商店所处的地理位置的情况，如闹市区、城乡结合部、居民住宅区、交通枢纽、气候条件等，这些都会影响目标顾客的购物习惯。

人口因素：指目标顾客的性别、家庭规模、收入水平、职业习惯、文化程度、年龄等，这些都会形成不同的购物习惯。

心理因素：指目标顾客所处的阶层、生活方式、价值观念、个性等。在收入水平和受教育程度都提高的情况下，目标顾客的心理因素对消费习惯的支配作用就会增强，并会较大影响到商店商品定位。

（2）目标顾客的需求设定，采用的方法。

问卷调查法：事先设定好问卷，调查商圈内的家庭、企事业单位，从而调查出消费者的需求，并推测出其消费倾向。

座谈会法：将商圈内性别、年龄、职业、收入不同的消费者请来座谈，征求他们对商品供应的意见，有意识地同与会者探讨商品设定。

观察法：指观察消费者的购买时间、购买商品类别、购买频率和价格等。

124

（3）商品组合的确定。

商品组合又称商品经营结构，由若干商品系列组成，商品系列又是由若干商品项目组成。实际上，商品组合的表现形式就是商店以不同分类标准所形成的大、中和小分类而组成的商品组织结构表。

五、学生天地

表5-6 商品组织结构调研表

班级		姓名		调查时间	
学号		组号		主要任务	
标准超市中牙膏小分类：					
便利店中牙膏小分类：					
不同业态单品控制有何不同（写出感想）					
备注					

六、效果评价

表5-7 品类定义训练评价评分表

考评人			被考评人	
考评地点				
考评内容		品类定义技能		
考评标准	内　　容		分值（分）	评分（分）
	了解不同业态商品定位的不同		20	
	了解业态内部的细分化		20	
	掌握商品定位的程序		20	
	了解商品分类方法对经营的影响		20	
	了解品牌在商品分类中的作用		20	
合　计			100	

注：考评满分为100分，60~70分为及格，71~80分为中等，81~90分为良好，91分以上为优秀。（该表可复印后灵活用于教学）

七、知识拓展

价格带分析实战

（一）某超市某门店酱油品类的销售和陈列情况见表5-8

表5-8　　　　某超市某门店酱油品类的销售和陈列情况

名称	售价（元）	日销售（元）	陈列量	排面（个）	价格线（元）	排面合计（个）
巧媳妇鲜味酱油袋装400ml	0.9	1.7	6（袋）	3	0.9	3
巧媳妇黄豆酱油袋装400ml	1	3.95	6（袋）	3	1	24
天浩园黄豆原汁酱油420ml	1	6.4	12（瓶）	6		
巧媳妇餐餐伴侣酱油350ml	1	3.45	6（瓶）	3		
巧媳妇酿造酱油400ml	1	2.55	6（瓶）	3		
德馨斋炒麦酱油360ml	1	2.3	6（瓶）	3		
恒顺鲜味老抽380ml	1	1.85	6（瓶）	3		
天浩园凉拌极鲜酱油385ml	1	1.75	6（瓶）	3		
水塔黄豆酱油350ml	1.1	2.35	6（瓶）	3	1.1	3
海天生抽酱油400ml	1.2	2.1	6（瓶）	3	1.2	3
灯塔酱油袋装350ml	1.5	2.35	6（袋）	3	1.5	3
巧媳妇原汁酱油420ml	2.2	3.6	3（瓶）	3	2.2	3
珍极黄豆酱油1 000ml	4.5	1.75	3（瓶）	3	4.5	3
珍极酱油1 000ml	7.2	5.5	4（瓶）	4	7.2	4

（二）数据分析

1. 根据表5-8的数据，绘制商品构成图，如图5-1所示，横轴为商品价格，纵轴为陈列排面。针对商品构成图，可以发现图中整体印象是左高右低平的发展趋势。

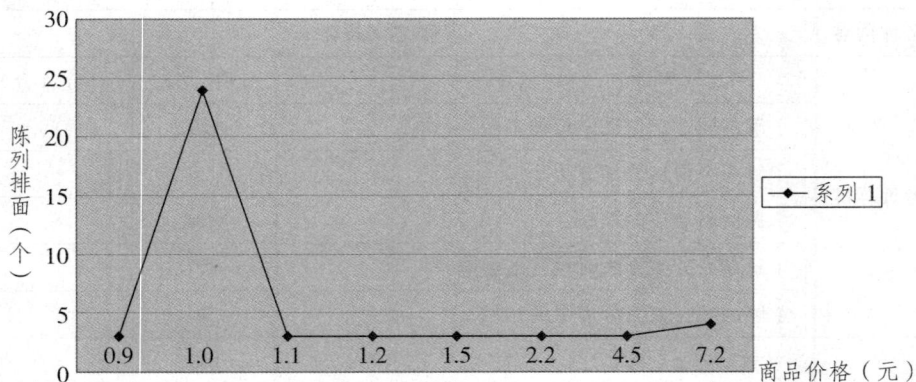

图5-1　商品构成图

2. 表 5-8 中相关的价格带数据。

★ 价格带（PZ）：0.9 ~ 7.2 元。

★ 价格线（PL）：8 个。

★ 价格点（PP）：1 元。

★ 价格区（PR）：0.9 ~ 1.5 元。

3. 相关的图形分析结论。

以 1 元为中心，在其左侧点缀有 1 条价格线（PL 为 0.9 元），在其右侧有 3 条价格线（PL 分别为 1.1 元、1.2 元、1.5 元）。该商品构成图在 1 元左右形成最大峰值区，价格点左侧 0.9 元处有 3 个排面支持，右侧 3 条价格线的 9 个排面呈现下滑后的水平趋势。2.00 元以上价位区共有 3 条价格线（PL 为 2.2 元、4.5 元、7.2 元），除 7.2 元为 4 个排面外，其余均为 3 个排面，有缓慢上升的趋势，但在此处 7.2 元没有继续发展延续。

4. 商品构成特点。

从整个品类的价格定位来看，主要集中于中低端，故在商品经营上有效仿折扣店的感觉。该品类的价格点为 1 元，所以 1 元左右为该品类的主打价位。商品开发的重点为此价格点附近的商品，然而该企业又不想放弃高端市场，故又在 4.50 元和 7.20 元之间推出高价位商品，但又不想给顾客造成贵的印象，因此陈列面数分别锁定为 3 个和 4 个排面。遗憾的是始终未能在高端市场形成第二个峰值区。如果大胆地充实商品形成第二峰值区的话，使高端商品以一个价格区（PR）的概念出现，而不是价格线（PL）的概念存在的话，不仅可以增加酱油的醒目度和魅力，而且还会增加毛利，改善酱油小分类在基础调味品品类的收益性。

从第一个价格区到准备发展起来的第二价格区中有 2.2 元这一价格线，以 3 个排面的形式穿插其中，孤立于两个峰区之间。这如果仅仅是为了衔接恐怕就没必要，因为除非是特色商品，否则很可能遭到埋没。

（三）具体分析及建议

1. 该品类的发展想抓高端市场但又"欲说还休"。由于该品类商品既想走折扣路线又想抓高端，所以在低端陈列上做得很大（11 个单品，36 个排面），而高端市场仅投放 2 个单品共计 7 个排面。这样的结果是，很有可能招徕多为购买低端酱油的顾客，而高端顾客群体却很难形成。该品类应当大胆增加真正的高端区商品（含名品特色品）。例如：李锦记为代表的特色商品，把高端特色峰区做出来，同时增加高端品牌的小规格品，并将其渗透到低价位区，增加顾客对高端酱油的认知度和使用频率，培养和巩固高端商品的顾客。

2. 如果将规格折算处理，会发现目前品类中所谓的高端商品从严格意义上讲并非高端。例如：7.2 元的珍极（1 000ml），折算后价位为 3.6 元（500ml）；4.5 元的珍极黄豆（1 000ml），折算后价位为 2.25 元（500ml）。目前品类的商品几乎都是 500ml 以下小包装商品，是否商圈内居民都喜欢小规格的酱油呢？根据目前商品构成情况，建议可以考虑增加其他规格的酱油品种。例如：增加大规格（1 000ml 左右）和更小规格（200ml 以下）的商品，这样可以兼顾家庭以及单身等的不同动机和时空需求，增加顾客对非日常性商品的购买概率。

3. 从目前的品类所涉及的品牌来看，共有 8 个品牌（巧媳妇、天浩园、德馨斋、恒顺、水塔、海天、灯塔、珍极），这 8 个品牌中既有全国性的大品牌如海天、恒顺、水塔等，又有一些地方性的品牌如巧媳妇等，但是由于品牌过多，分散了各个品牌做大、做强的机会。一个零售商品类包括了国际、国内、区域、地方各种层次的品牌是比较正常的，但应当注意各种品牌的开发引入比例和品种选择。在本案例中共有 14 个单品，其中巧媳妇占有 5 个，天浩园和珍极各有 2 个，剩余的 5 个品牌各有一个规格。从这样的角度来看，该零售商主要的顾客群体比较喜欢本地商品，外来的品牌销售不佳。

4. 商品构成图的展示具有多面性，绘制商品构成图时，除了价位和陈列面数外，还可以对规格、尺码（如服装等）和陈列面等进行比较分析。同时，在使用商品构成图时，注意不要忽略商品的内涵，比如酱油是纯大豆制品还是传统酿造……

注意数字的欺骗性和不唯一性，各个品目每天的销量的确在安排商品构成时会起到参考作用。然而要注意由于脱销和超常规价格甩卖，系统的 POS 数据可能发生扭曲，所以信息数据不可绝对化，如果盲目引用其结果将错上加错，甚至连"原点"都找不到。要用数据说话，更要慎重！

5. 安排商品构成时除了考虑品类的商品策略外，还要考虑商圈特点，了解家庭人口构成及各个年龄段构成比，然后根据商圈居民特点，对现有的商品构成进行调整，不断修订品类结构，尽量贴近现实的顾客需求，并通过销售额来检验修正的结果。

价格带管理当然要以顾客为中心，但并不能完全立足于目前的顾客群体，要注意引导培养明天的顾客。我们在思考上比顾客超前一大步，才能在实践中比顾客超前半步。如果你想扩展价格带，建议你先去附近的竞争对手店里，对相关品类进行调查，了解其价格带、价格区、价格点、价格线，然后逐步分析其分类，寻求市场的空白点。

资料来源 王蓁．商品价格带分析［J］．中国商业评论，2005（5）．

项目 14　品类角色定位训练

在商品经营过程中，零售商会发现不是所有的品类都盈利，也不是所有的品类都吸引消费者、创造销售，但零售商还是要尽力寻找平衡，来满足整体财务目标的利润和销售。这种均衡的组合能说明每一个品类是如何推动这些目标实现的。因此，每一个品类都应该为经营做出最大限度的贡献，这就是该品类的角色定位。品类角色决定了零售商整体业务中不同品类的优先顺序和重要性，而且也决定了品类之间的资源分配。零售商经营的商品成千上万，而零售商营业场所、人员配置、资金等资源有限，所以也不可能对所有品类给予平等的支持。那么各品类应该投入多少资源呢？品类角色就是用于确定资源投放的主要指标之一。

一、实训目标

1. 能力目标

- 能够利用销售/利润矩阵进行零售商导向的品类角色定位；

- 能够利用比例/频率矩阵进行顾客导向的品类角色定位；
- 能够利用跨品类分析法进行品类角色定位。

2. 知识目标
- 理解品类角色的概念；
- 熟悉品类角色定位的意义；
- 掌握品类重要性的分析重点。

3. 方法目标
- 掌握销售/利润矩阵定位法；
- 掌握比例/频率矩阵法；
- 掌握跨品类分析法。

二、场景设计

为了更好地分配日化部门的资源，某公司决定对日化部门采用综合品类角色的定位方法进行分析。涉及的品类包括妇女卫生用品、纸尿裤、洗发水、卷纸、身体护理用品、口腔护理用品、婴儿护理用品、定型和染发用品、纸巾、护肤用品、药品、护发素、男士用品、脸部护理用品、化妆品、化妆附件以及节日促销品，请你提出具体思路，并给各个品类确定相应的品类角色。

三、训练步骤

1. 实训指导教师帮助学生回顾品类角色定位的相关知识。
2. 实训指导教师向学生介绍跨品类定位法的操作。

品类管理的核心是以销售者为导向，以数据为基础。跨品类定位法需要分析3个方面的因素：品类对购物者的重要性、品类对零售商的重要性、品类对市场的重要性。

（1）品类对购物者的重要性。

品类对购物者的重要性是指购物者对该品类产品的需求程度，即该品类是每日必需品，还是偶尔购买的产品。如果是每日必需品，如蔬菜，其单价可能不高，但购买者有可能每天到商店来购买3次，其经营好坏不但影响购物者对蔬菜品类的看法，很可能还会影响到购物者对整个商店的看法。因此，衡量品类对购物者的重要性的指标，对于超市这一业态来讲是购物频率。购物频率越高，品类对购物者越重要。品类对购物者的重要性因商圈不同而不同。例如：在居民区附近，蔬菜的购买频率很高，而在学校附近，蔬菜的购买频率很可能不如熟食。品类对购物者的重要性的不同是同一品类有不同角色的原因之一。

衡量指标购物频率可以通过购物者调查得到。如果没有资源自己做购物者调查，可以从领导性供应商处收集。如果有会员卡制度，购物频率也可以通过购物者的购物篮信息分析得到。当这两个信息都无法获得时，可以考虑以销量作为衡量指标。在纯零售的情况下，购物频率越大，销量也会越大，尤其是在便利店，大部分购物者会买一个而不是一次买多个，购物频率和销量几乎是一样的。

结合场景，通过分析我们得出品类对购物者的重要性指标，见表5-9。

表 5-9   品类对购物者的重要性指标

品类名称	购物频率排名
口腔护理用品	1
身体护理用品	2
妇女卫生用品	3
卷纸	4
纸巾	5
洗发水	6
护肤用品	7
婴儿护理用品	8
脸部护理用品	9
药品	10
定型和染发用品	11
纸尿裤	12
护发素	13
男士用品	14
化妆附件	15
化妆品	16
节日促销品	—

（2）品类对零售商的重要性。

品类对零售商的重要性是指该品类在商店的销售贡献，包括销售额贡献和利润贡献。对一个商圈中的零售商来讲，品类与对购物者的重要性是一样的。出于零售商优势的不同和差异化竞争的需要，零售商对品类的侧重是不一样的，即品类对零售商的重要性可能是不一样的。这是同一品类可能在不同的零售商扮演不同角色的另一个原因。

衡量品类对零售商重要性的主要指标是销售额和利润。根据零售商的运营目标，给销售额和利润相应的权重，从而汇总得出品类对零售商重要性的排名。针对设计的场景，我们收集到了品类对零售商重要性的原始资料，学生可根据原始资料进行分析，资料见表5-10。

（3）品类对市场的重要性。

成功的零售商需要高瞻远瞩，看到的不能只是现在的状况。品类对购物者的重要性和对零售商的重要性是基于目前的数据的，反映的是目前的状况，而品类对市场的重要性则是反映品类在未来的发展的状况。

表 5-10

品类对零售商重要性的原始资料

品类名称	利润占比（%）	销售额占比（%）
妇女卫生用品	16.70	14.17
身体护理用品	23.06	12.65
口腔护理用品	23.79	10.81
洗发水	4.46	11.23
卷纸	10.93	7.32
护肤用品	4.09	11.67
纸巾	5.77	4.28
脸部护理用品	2.00	4.55
纸尿裤	1.12	4.77
定型和染发用品	1.39	4.63
婴儿护理用品	2.54	3.80
药品	1.42	0.97
护发素	0.87	2.04
化妆品	0.36	2.15
男士用品	0.80	1.90
化妆附件	0.64	0.68
节日促销品	0.04	2.38

　　品类对市场的重要性的衡量指标是品类增长率。该数据可以从供应商处获得，也可以从市场调查公司（如 AC 尼尔森）获得。如果两种途径都没有，可以考虑用品类过去几年在零售商的平均增长率，但可能会有一定的偏差。例如：衣物柔顺剂品类是一个每年以 20% 的速度增长的品类，但在某些零售商处，由于其重视程度不够，增长率却很小，甚至是负数。此时，如果只用零售商自己的数据进行判断，便丧失了在该品类的机会。根据场景，我们收集到了品类过去几年在零售商的平均增长率及排名，见表 5-11。

　　跨品类定位法需要分析购物者购物频率、销售额、利润、品类增长率等数据，所以只能用于设定零售商本身的品类角色。为了应对竞争，同时也需要对竞争对手的品类角色有所了解。在没有足够数据的情况下，可以用观察法来粗略地确定。所要观察的地方包括单品数量、陈列方面的投入、价格的竞争程度、促销的频率等。例如：某商店酒类品种较一般零售商多，陈列货架和装饰也很独特，促销品种包装独特，可以看出该零售商在酒类较其他零售商花费的心思与投入更多，希望购物者对该酒类有深刻的印象。所以该零售商很可能将酒类定为它的目标性品类之一。

表 5-11　　　　　品类过去几年在零售商的平均增长率及排名

品类名称	品类增长率（％）	品类增长率排名
纸尿裤	17.2	1
婴儿护理用品	17	2
护发素	8.15	3
化妆品	5.08	4
妇女卫生用品	4.01	5
脸部护理用品	3.96	6
身体护理用品	3.57	7
纸巾	3.1	8
药品	3	9
洗发水	2.45	10
护肤用品	2.24	11
定型和染发用品	2.15	12
口腔护理用品	2.11	13
卷纸	2	14
男士用品	1.9	15
化妆附件	1.8	16
节日促销品	—	—

3. 学生 5~8 人为一组，分组讨论，并对上述表 5-9 到表 5-11 中的 3 种数据进行汇总、综合排名，要根据各品类角色所占的比重进行，确定角色定位。

⚜ **注意事项**

实训指导教师也可以结合设计的场景，指导学生向企业收集相关数据，并结合数据进行品类角色分析。

四、相关知识

1. 品类角色的作用
（1）品类角色的确定是品类管理的"灵魂"。
（2）帮助零售商制定商品组合的结构。
（3）直接影响品类政策。
（4）涉及企业整体资源的配置。
（5）指导供应商提供它们应该提供的项目。
（6）为零售商提供协助其统一管理品类的重要指导。

零售商导向的品类角色是根据品类对零售商销售额和利润的贡献来确认它们的角色。决定零售商导向的品类角色的方法之一是品类角色矩阵定位法。品类角色矩阵定位法是根据零售商的平均毛利率，将毛利率划分为高和低，同时将零售商的销售额按前50%、接下来的30%和末位20%作为标准分为高、中、低。借此，品类角色被划分为6种类型，见表5-12。

表 5-12 　　　　　　　　　　　　**零售商导向的品类角色**

品类角色	划分标准	特点
营业旗舰	高毛利、高销售	利润可观，对销售额和利润贡献巨大
客流招牌	低毛利、高销售	吸引人们来到店中，保持销售量
提款机器	高毛利、中销售	对客流招牌商品进行补偿
受压潜力	低毛利、中销售	受到来自其他商业形式或本类商业的竞争；要求零售商要么巩固地位，要么成为主要的便利供应商
维持观望	高毛利、低销售	较小品类，可能代表了真正的成长机会
待救伤残	低毛利、低销售	数量的减少对销售商来说不重要，能提供增加利润的机会

零售商导向的品类角色矩阵定位法是利用零售商已有的资料创建的，难度较低，可以有效列出零售商的全部品类组合，而且在子品类层面确认品类角色，可以补充消费者导向的商品角色，有些甚至是在战略层面，对子品类的管理来支持整个消费者导向的品类角色。利用这一模型的零售商可能希望通过提高某一品类的销售额或（和）毛利润来将一种商品放入另一角色框中。要通过对价格、促销、分类和货架设置的管理从而将销售额或（和）利润提高到一个新的水平上，使这种商品能够适应于这个模型中的不同作用的框架，才能完成一种商品作用的改变。例如：将客流招牌商品的毛利提高，使之成为营业旗舰商品；将受压潜力商品的销售额提高，使之成为客流招牌商品；将受压潜力商品毛利提高使之成为提款机器商品。

3. 顾客导向的品类角色——比例/频率矩阵定位法

决定顾客导向的品类角色的方法是比例/频率矩阵定位法。比例/频率矩阵定位法是利用商品的普及程度和购买频率对品类角色进行分配的方法。比例是指一年之内购买某品类的家庭的百分比，频率是指某类商品每年被购买的平均次数。顾客导向的品类角色见表5-13。

表 5-13 　　　　　　　　　　　　**顾客导向的品类角色**

品类角色	划分标注	特点
主要商品	高频率、高普及	一般来说是关键的品类，具有高度的价格敏感性
差异商品	高频率、低普及	目标顾客的重要商品，如猫粮、纸尿裤等，价格仍有敏感性
必备商品	低频率、高普及	普及程度很高，但购买频率较低，如洗发水等，需随时有货
补充商品	低频率、低普及	满足部分顾客的需求，是品类的补充，价格敏感性低

4. 综合导向的品类角色——跨品类定位法

决定综合导向的品类角色的方法是跨品类定位法。跨品类定位法是一种被普遍应用的、较全面地划分品类角色的方法。该方法考虑了品类对消费者的重要性、品类对零售商的重要性、品类对市场的重要性和品类对竞争对手的重要性。根据跨品类定位法，商店众多的品类通常被分成4个单元，即目标性品类、常规性品类、季节性和偶然性品类、便利性品类。

（1）目标性品类。

目标性品类是商店的符号，是商店的代名词。当提到这个品类时，顾客会将这家商店作为首选，甚至会花费更多的时间和精力前来购物。例如：当提到鲜辣鸡翅时，大部分顾客会想到肯德基；当提到新鲜鸡蛋时，上海顾客会想到农工商超市；当提到葡萄酒/红酒时，顾客会想到家乐福。目标性品类具有以下特点：

★在该品类具有优势。

★对消费者而言，是该品类的主要提供者。

★代表商店形象。

★为目标顾客提供更好的价格。

★目标顾客有时会不顾成本前来购物。

初看起来，目标性品类似乎是越多越好，但其特点决定了目标性品类在零售商不可能涵盖很多的品类。目标性品类通常在商店的品类中占5%～10%。在该品类具有优势、是该品类的主要提供者、为目标顾客提供更好的价格等特点要求零售商在目标性品类中提供低于竞争对手的价格。但是，零售商的经营目的是获取利润，所以不可能给众多的品类制定很低的毛利率。

尽管目标性品类的毛利低于竞争对手，但并不是只有低毛利才能成为目标性品类，如家乐福的葡萄酒/红酒、屈臣氏的个人护理品、王府井百货的北京特产。目标性品类的形成不能只靠较低的价格，还要配合公司形象的宣传。农工商超市的生鲜、鸡蛋之所以能深入人心，除了它的低价，还有它不断传递的自建农场、定点采购等理念。零售商的能力也是确保目标性品类成功的一大要素。

（2）常规性品类。

目标性品类是用来吸引客流、抵御竞争的品类。除了目标性品类，零售商还需要经营一些满足消费者多方面需求并能带来一定利润的品类，即常规性品类。例如：大卖场除了经营生鲜，还必须经营日化产品、家居品等，以满足消费者不同的购物需求，从而为商店奠定利润基础。常规性品类具有以下特点：

★该品类的普通提供者。

★为目标顾客提供持久的、有竞争力的价格。

★平衡销售量与毛利率等生意指标。

★店内资源占比接近品类生意占比。

常规性品类没有目标性品类那么高的"出镜"率，它是商店中踏踏实实的品类，占所有品类的50%～70%。常规性品类是目标性品类的有效的后勤保障，它的经营好坏直接影响到商店是否能够持续稳定地发展，能否长期保持对目标性品类的投入。

（3）季节性和偶然性品类。

由于季节性和偶然性品类的生意相对不太稳定，所以将其归入一个角色进行管理。季节性品类是指受季节影响较大、随季节变化需要进行较大调整的品类，如月饼、年货、圣诞礼物等。洗发水、婴儿纸尿裤、沐浴露等产品虽然也随着季节变化而有所变化，但其变化并不会造成零售管理方面的重大影响，所以不是我们所说的季节性品类。偶然性品类是指零售商不定期销售的商品，它们没有固定的货架陈列，只是在某个时期，因为有利可图而短期销售的商品，很可能只是利用端架或货架外陈列进行销售。例如：某超市以销售食品和杂货为主，入夏以后，低价拿到一批电风扇，便在商店入口处进行短期销售，售完即止。季节性和偶然性品类具有以下特点：

★在某个时期处于领导地位。

★在某个时期是该品类的主要提供者。

★在完成销售额、利润、资金周转、投资回报等指标方面处于次要地位。

★季节性和偶然性品类一般占所有品类的 10% ~ 15%。

（4）便利性品类。

便利性品类是为了满足购物者"一次性购足"而增加的品类，在满足顾客需求方面起到锦上添花的作用。对商店来讲，其数量不多，销售额不高。其主要指标是产生利润。便利性品类具有以下特点：

★满足一站式购物的需求。

★满足补充性购物需求。

★提高利润和毛利。

便利性品类通常占所有品类的 10% ~ 15%。近几年，随着零售商对顾客了解的增多以及对商店产出需求的提高，便利性品类的经营会越来越好，如超市的图书杂志、鲜花礼仪等。

5. 品类角色对商店的启示

品类角色是品类管理的"灵魂"，它直接影响零售商在该品类资源的投入，包括占地面积、商品数量、陈列位置、价格策略、促销策略等。在做任何决策的时候，如果考虑一下该品类的角色，将会提高决策的成功率。关于品类角色需要特别注意两点：

（1）同一品类因不同零售商可能有不同的品类角色。

品类角色决定了零售商在该品类的资源投入。同一品类因零售商资源投入的不同，会造成品类角色的不同。如广州王府井的北京特产产品，由于集团优势，以及王府井在消费者中的形象与定位，广州王府井的北京特色产品成为消费者在购买北京特色产品时的首选，成为广州王府井的目标性品类。又如，个人护理品类在屈臣氏是目标性品类，但在大部分卖场，它只能作为常规性品类，甚至是便利性品类。

（2）不同品类的角色不宜直接竞争。

深圳有两家卖场，相距不到 50 米。一家是拥有两层楼的近两万平方米的大卖场，一家是以经营食品、日化为主的仅 500 平方米的小型超市。在大卖场中有一个专门售卖婴儿产品的区域，其中包括多种婴儿食品、婴儿服饰、婴儿玩具及婴儿纸尿裤。该区域有专门的装饰，活泼、可爱。很显然，该大卖场将婴儿品类作为其目标性品类之一。旁边的超市也卖纸尿裤，但品牌和单品数都较少，仅能作为该商店的便利性品类。在某次促销活动中，大卖场选择帮宝适纸尿裤进行低价促销，小超市知情后马上进行变价。用其作为便利性品类的婴儿纸尿裤与大卖场作为目标性品类的婴儿纸尿裤进行比拼，其结果可想而知。大卖场因促销获得了帮宝适销量的大幅增长，小超市不仅总体销售额下跌，而且损失了利润。

全面跟价是目前不少零售企业的价格策略。在进行跟价时，我们必须考虑双方的品类角色，如果用便利性品类与对手的目标性品类比拼，结果只能是损兵折将、元气大伤，并迷失了自己的方向。

五、学生天地

表 5-14 　　　　　　　　　　**各品类的品类角色表**

班级		姓名		实训时间	
学号		组号		主要任务	
备注					

六、效果评价

表 5-15 　　　　　　　　　　**品类角色定位训练评价评分表**

考评人			被考评人	
考评地点				
考评内容	品类角色定位训练			
	内　容		分值（分）	评分（分）
考评标准	了解品类角色定位的意义		20	
	掌握零售商导向的品类角色定位法		20	
	掌握顾客导向的品类角色定位法		20	
	掌握综合导向的品类角色定位法		20	
	掌握品类重要性数据收集的方法		20	
合　计			100	

注：考评满分为 100 分，60～70 分为及格，71～80 分为中等，81～90 分为良好，91 分以上为优秀。（该表可复印后灵活用于教学）

七、知识拓展

表 5-16   品类（或商品）重要性详细的衡量表

问题	建议的定量分析	建议的定性分析
该品类（或商品）对消费者来说有多重要？	消费者每年的消费支出 购买家庭的比例 消费者的购买频率	该品类（或商品）是必须购买的品类（或商品）吗？ 该品类（或商品）的购买对消费者的生活方式影响大吗？ 近期会有影响该品类（或商品）重要性的因素吗？ 您提供的该品类（或商品）与竞争对手有区别吗？
该品类（或商品）对零售商有多重要？	该品类（或商品）销售额预估 该品类（或商品）毛利率预估 每笔交易收入 平均米效*（收入、利润）	该品类（或商品）能提供提高消费者忠诚度的机会吗？ 该品类（或商品）能体现零售商的优势吗？ 该品类（或商品）对公司或部门的战略重要吗？
该品类（或商品）对竞争者有多重要？它在市场上的前景如何？	市场份额的发展 市场层面的该品类（或商品）增长趋势 消费趋势	在竞争中是否低估或高估了该品类（或商品）的重要性？ 竞争者是否有可能应付促销和销售计划的变化？

注：* 米效是指在超市货架上，销售面直线长度上每米的销售额。
资料来源　根据帕德宁公司（品类管理咨询公司）资料改编。

项目15　品类评估与目标制定训练

品类评估的目的是零售商全面深入地分析目前的状况，与市场、竞争对手的差距，从而找到自己的强项与弱项，为品类目标和品类策略提供数据支持。通过品类角色的分配，设定了不同品类对商店的重要性的不同；通过品类评估，我们找出了商店的优势和劣势，并确定了下一步的行动重点。正如若要销售人员有好的表现就需要给他们清晰的评价指标一样，为了确保商店按着既定的方向发展，我们需要制定一个统一的评估指标体系，并将该评估指标体系与相关人员，如采购主管、店长、课长等做良好的沟通，以避免不同部门因为评估指标不同而采取不同的操作行为。

一、实训目标

1. 能力目标
- 能够进行零售商品类销售表现评估；
- 能够进行简单的品类发展趋势评估；
- 能够进行简单的市场和竞争对手表现评估；
- 能够根据品类角色及品类评估选择合适的品类指标；

- 能够为常见的品类指标制定比较详细量化的目标。

2. 知识目标

- 熟悉商品销售方面的评估指标；
- 熟悉品类发展趋势的评估指标；
- 熟悉市场和竞争对手的评估指标；
- 掌握品类目标制定及分解的相关知识；
- 熟悉品类角色及品类评估对品类目标的影响。

3. 方法目标

- 掌握品类评估的方法；
- 掌握品类目标制定的方法。

二、场景设计

某零售企业经营糖果品类，在糖果品类内部有如下子品类包装：

1. 趣味包装——单独包装、有趣的或"一口"量包装。

2. 大/超大包装——大块巧克力等包装。

3. 盒/听/特殊包装——按盒、听销售或礼品包装。

4. 混合包装——包含多个单块包装。

5. 包装袋——所有其他按袋销售的糖果。

目前我们得到该品类比较详细的品类数据，请学生进行数据分析，进行品类评估，并给企业提出经营的建议。

三、训练步骤

1. 实训指导教师进行分组，学生 5~8 人为一组。

2. 结合场景中给出的相关数据（见表 5-17、表 5-18），分组进行品类评估，进而讨论：企业绩效评估——绩效与市场水平并得出结论。

表 5-17　　　　　　**市场份额和机会缺口**

子品类	市场份额（%）	与上年相比（点）	市场指数（市场一般指数为 16.8%）（%）	销售额机会缺口（美元）
大/超大包装	16.0	-0.2	95	17 069
盒/听/特殊包装	17.3	+0.5	103	(13 454)
趣味包装	16.6	+0.4	99	4 949
混合包装	15.0	+0.5	89	76 486
包装袋	15.6	None	93	192 132
整个品类	15.8	+0.2	94	277 182

注：市场指数=市场份额÷市场一般指数

3. 结合场景中给出的相关数据（见表 5-19、表 5-20、表 5-21、表 5-22），分组进行品类评估，进而讨论绩效评估——内部表现并得出结论。

表 5-18   按业态划分的市场份额（%）

子品类	超市	大商场	连锁药店	其他业态
大/超大包装	80	12	8	不适用
盒/听/特殊包装	15	38	47	不适用
趣味包装	51	13	37	不适用
混合包装	51	16	34	不适用
包装袋	45	23	31	不适用
整个品类	46	26	28	不适用

表 5-19   销售情况（一）

子品类	零售商销售额（美元）	品类销售额占比（%）	与上年相比（%）	单品数量占比（%）
大/超大包装	358 441	7.7	-2.9	8.8
盒/听/特殊包装	452 052	9.8	-3.7	12.2
趣味包装	415 742	9.0	6.2	5.6
混合包装	713 868	15.4	9.2	12.8
包装袋	2 689 852	58.1	6.5	60.6
整个品类	4 629 955	100.0	5.2	100.0

表 5-20   利润情况

子品类	毛利额（美元）	品类利润占比（%）	毛利额与上年相比（%）	毛利率（%）
大/超大包装	107 712	8.9	-1.4	30.1
盒/听/特殊包装	136 990	11.4	-4.0	30.3
趣味包装	73 985	6.1	2.7	17.8
混合包装	191 492	15.9	9.9	26.8
包装袋	695 462	57.7	6.9	25.9
整个品类	1 205 641	100.0	6.6	26.0

表 5-21   销售情况（二）   单位：美元

子品类	销售额/直线英尺/星期（注：直线英尺特指陈列长度）	毛利额/直线英尺/星期
大/超大包装	492	148
盒/听/特殊包装	724	220
趣味包装	666	119
混合包装	163	44
包装袋	616	159
整个品类	636	166

表 5-22   **商品供应和 GMROI 情况**

子品类	仓储周转（次/年）	供应天数（天）	GMROI（毛利率×周转率）
大/超大包装	5.47	67	1.65
盒/听/特殊包装	6.68	55	2.03
趣味包装	10.22	36	1.82
混合包装	8.31	44	2.23
包装袋	7.19	51	1.87
整个品类	7.61	48	1.98

4. 结合场景中给出的相关数据（见表 5-23、表 5-24），分组进行品类评估，进而讨论绩效评估——供应商、品牌并得出结论。

表 5-23   **主要供应商情况**

主要供应商	是否店铺直送	是否连续补货	品类销售额占比（%）
Hersheys	否	部分	31.7
M&M/Mars	否	部分	23.9
Nestle	否	否	8.7
Brach & Brach	否	否	6.7
Leaf	否	否	3.7

表 5-24   **知名品牌和自有品牌情况（%）**

品牌	品类销售额占比	单品数量占比	毛利额占比	毛利率
M-M'S	8.5	7.1	6.8	20.7
Reeses	6.0	5.8	4.7	20.4
Snickers	5.7	6.0	5.3	24.2
Kisses/Hugs	5.2	2.1	4.3	21.3
Hersheys	3.8	4.9	3.5	23.9
Kit Kat	2.7	3.6	2.6	25.4
Butterfinger	2.6	3.8	2.7	26.7
其他品牌	63.9	65.0	68.1	27.7
自有品牌	1.6	1.7	2.0	33.1
整个品类	100.0	100.0	100.0	26.0

5. 结合场景中给出的相关数据（见表 5-25、表 5-26、表 5-27）分组进行品类评估，进而讨论消费者评估——应用和购物行为并得出结论。

表 5-25　　　　　　　　　　　消费者行为情况

子品类	渗透性（家庭购买百分比）（%）	购买周期（周）	平均每次购买量	家庭年支出单位（美元）	冲动购买率（%）
大/超大包装	27	21.5	1.7	5	
盒/听/特殊包装	65	20.7	1.4	12	
趣味包装	53	22.2	1.8	9	—
混合包装	46	17.3	1.7	8	
包装袋	88	7.0	1.8	18	
整个品类	96	3.4	2.4	32	75

表 5-26　　　　零售商、品类和所选子品类的消费者构成分析

名称	消费者构成分析
零售商	➤ 中等收入（$35 000~$75 000） ➤ 乡村和部分城市人口，受过中等教育、部分受过大学教育 ➤ 35 岁以上，孩子较少 ➤ 主要是白种人
品类	➤ 35 岁以上 ➤ 有孩子的家庭 ➤ 非城市户口
大/超大包装	➤ 35 岁以上 ➤ 有多个孩子的家庭 ➤ 非城市户口
包装袋 趣味包装	➤ 有孩子的家庭，特别是有年龄较大的孩子的家庭 ➤ 35 岁以上 ➤ 非城市户口
盒/听/特殊包装	➤ 高消费阶层 ➤ 35 岁以上 ➤ 孩子较少 ➤ 郊区——城镇户口
混合包装	➤ 有孩子的家庭 ➤ 35~54 岁 ➤ 乡村和较小的城镇人口 ➤ 工薪阶层

表 5-27　　　　　　　　　　　消费情况

品类消费固定还是可扩充	
可扩充	√
固定	

6. 结合场景中给出的相关数据（见表5-28、表5-29、表5-30），分组进行品类评估，进而讨论消费者评估——消费者反应并得出结论。

表5-28 价格敏感度情况

内容	级别		
指标	高	中	低
家庭年支出规模		√	
每次购物对该品项的支出规模		√	
品类内部商品的可替代性		√	
同业态中及不同业态中该品类竞争程度	√		
竞争对手对该品类吸收客流的作用		√	
整体的价格敏感度		√	

表5-29 促销反应情况

子品类	促销品项星期数（周）	广告重点销售占比（%）	TPR销售占比（%）	全部促销销售占比（%）
大/超大包装	1	4.9	10.3	15.2
盒/听/特殊包装	16	21.3	19.8	41.1
趣味包装	20	27.2	26.9	54.1
混合包装	10	19.7	33.0	52.7
包装袋	49	12.1	17.7	29.8
整个品类	96	15.0	20.5	35.5

表5-30 促销拉动情况（%）

子品类	只降低价格	广告重点	陈列	广告重点、陈列
大/超大包装	103	193	217	220
盒/听/特殊包装	77	178	245	282
趣味包装	72	306	337	354
混合包装	94	270	322	340
包装袋	80	211	259	283

7. 结合场景中给出的相关数据（见表5-31、表5-32、表5-33），分组进行品类评估，进而讨论竞争评估——定价和促销概况并得出结论。

表5-31 竞争概况

关键竞争者	占整个市场份额（%）	销售增长与市场指数（%）	品类定位
Save Place	35.7	95	品种丰富，有竞争力的价格
Shop Mart	18.9	108	最低的价格
其他竞争者			
Bob's Markets	8.5	97	品种较丰富，天天平价
Drug-O-Rama	8.3	89	便利，好的组合
Jackpot	5.6	111	低价格，有限的品种组合
⋮	⋮	⋮	⋮

表 5-32   **定价概况**   单位：美元

子品类	目前平均价格		
	某零售企业	Save Place	Shop Mart
大/超大包装	1.51	1.49	1.26
盒/听/特殊包装	1.72	1.78	1.65
趣味包装	2.73	2.70	2.35
混合包装	1.68	1.67	1.59
包装袋	2.12	2.16	1.91

表 5-33   **促销概况**

名称	某零售企业		Save Place		Shop Mart	
子品类	活动次数（次）	平均价格（美元）	活动次数（次）	平均价格（美元）	活动次数（次）	平均价格（美元）
大/超大包装	1	1.57	1	1.55	0	1.39
盒/听/特殊包装	16	1.86	6	1.89	5	1.78
趣味包装	20	2.43	14	2.42	10	2.39
混合包装	10	1.35	17	1.21	11	1.23
包装袋	49	1.90	48	1.83	31	1.80
整个品类	96	—	86	—	57	—

8. 结合场景中给出的相关数据（见表 5-34、表 5-35），分组进行品类评估，进而讨论竞争评估——商品组合和空间分配并得出结论。

表 5-34   **商品组合情况**   单位：个

名称	某零售企业		Save Place		Shop Mart	
子品类	品项数	陈列面	品项数	陈列面	品项数	陈列面
大/超大包装	19	21	22	23	18	23
盒/听/特殊包装	37	40	20	27	15	17
趣味包装	12	17	15	16	9	13
混合包装	18	23	23	32	23	39
包装袋	87	96	70	90	77	96
整个品类	173	197	150	188	142	188

表 5-35   **目前空间分配情况**   单位：英尺

	某零售企业	Save Place	Shop Mart
部门长度	20	20	20
线性尺度	140	138	136

> ★ 实训指导教师也可以结合设计的场景，指导学生向企业收集相关数据，并结合数据进行分析。
> ★ 有条件的学校可以根据上述品类评估模板联系企业进行实战分析，并写出报告。

四、相关知识

1. 品类评估之一——品类发展趋势评估

品类发展趋势着眼于品类的未来。由于零售商的重点在商店层面、部门层面，不可能对品类有深入的了解，所以信息多半来自对消费者有深入研究的供应商，例如：口腔护理品类的领导性供应商高露洁棕榄有限公司专注于口腔护理，有专门的消费者、购物者研究部门，有大规模的研发中心，每年投入大量的资金进行消费者消费趋势研究，其对品类发展趋势的理解自然会多于同时要管理几百个品类的零售商。品类发展趋势的评估包括以下方面：

（1）品类的增长潜力。

★品类的市场规模有多大？

★品类的增长率有多大？

★相关品类的增长率有多大？

（2）品类的主要推动力。

★哪一个次品类/小分类推动了品类的增长？

★品类的增长来自价格的上升还是消费量的增长？

（3）消费者的消费趋势。

★消费者如何使用该品类？

★消费者对目前市场上的产品是否满意？

★消费者对该类产品有什么新的需求？

（4）购物者的购物行为。

★购物者何时到商店购物？

★多长时间购买一次该品类产品？

★每次购买量有多大？

★购物者如何购买该品类产品？按品牌还是按功能？

★购物者购买该类产品是否需要查看样品？是否需要教育信息的辅助来做出购买决定？

2. 品类评估之二——零售商销售表现评估

零售商销售表现评估主要是针对零售商自身的销售数据进行的，零售商销售表现评估包括以下几个方面：

（1）零售商总体表现。

★零售商整体业绩是增长还是下降？

★零售商表现是否达到预期指标？

★哪些因素（次品类、价格带、小分类）推动/影响了零售商总体的表现？

（2）零售商可比门店的表现。

★零售商可比门店的业绩是增长还是下降？

★零售商可比门店的业绩是否达到预期指标？

★哪些因素（次品类、价格带、小分类）推动/影响了零售商可比门店的表现？

（3）零售商门店的表现。

★零售商门店中哪些城市/门店表现较好，推动了整体业绩的上升？

★零售商门店中哪些城市/门店表现较差，影响了商店的整体业绩？

★哪些因素（次品类、价格带、小分类）推动/影响了这些门店的表现？

3. 品类评估之三——市场/竞争对手表现评估

如果只看零售商自身的表现，可能会沾沾自喜。只有当零售商和市场/竞争对手做比较后，才知道自己的位置究竟在哪里。

（1）市场/竞争对手的品类增长率如何？与零售商的差距有多大？

（2）市场/竞争对手次品类、小分类、价格带、包装大小的变化趋势如何？零售商的表现与其是否一致？

（3）如果某些趋势，如价格带不一致，是否是零售商差异化的需求？是否是零售商目标购物群的不同？是否是品类发展的趋势（参照品类发展趋势评估）？

（4）市场/竞争对手品类的增长/下降是由哪些次品类、小分类、价格带、包装大小来推动的？

（5）市场/竞争对手品类的发展有何借鉴之处？如选品、陈列、价格促销等。

4. 品类评估之四——供应商的评估

找出零售商品类的发展趋势后，需要有相应的供应商进行配合，以推动品类的发展。那么，哪些供应商能够帮助零售商进行该品类的发展？哪些供应商只能作为补充？哪些供应商不具备这方面的能力？我们需要对供应商进行全面的评估。

（1）供应商对零售商的重要性。

★供应商在零售商的销售份额。

★供应商的市场份额。

★供应商的毛利、净利润、投资回报率（ROI）、存货周转毛利回报率（GMROI）。

GMORI 也称为毛利回报率，其计算公式是：GMORI = 毛利额/平均库存额 =（毛利额/销售额）×（销售额/平均库存额）= 毛利率×周转率。

通过这一指标采购就可以轻松地考核每个商品的绩效，即使是大品牌也要遵循此指标进行采购。例如：大品牌所推广的畅销品一般都是低毛利、高周转的商品，凭借这一点 K/A 经理们总是要求卖场给其提供最好的位置和最好的促销支持。但是拿 GMORI 来考核，毛利额低平均库存又大，致使 GMORI 的值非常小，也就是说这些商品给卖场带来的投资回报率远远没有 K/A 经理们描述的那样乐观，只要采购者将这项指标拿给 K/A 经理们一看，再牛气的品牌也会理亏。

（2）供应商的配送能力。

★最小订单量。

★订单频率。

★到货时间。

（3）供应商的执行能力。

★新品效率。

★促销效率。

★活动筹备、执行能力等。

5. 品类目标的特点

★品类目标因品类角色不同会有所不同。如目标性品类，其特点是吸引客流，成为消费者购买首选，评估它的指标应以销售额、人流量为主，而不应以利润为主。对于便利性品类，其销售额有限，主要是满足消费者一次性购足的需求，评估其指标应以利润为主，而非销售量。

★品类目标还会因零售商目前的状况（品类评估）而有所不同。例如：两个零售商的生意额都在下降，但两者下降的原因有可能不同。例如：零售商 A 的下降是因为陈列混乱造成的，而零售商 B 是因为促销效率低下造成的。

★品类目标所评估的品类要有针对性和可操作性。例如：电动牙刷销售额增加 15%。

6. 品类目标的操作方法

品类目标是对品类角色和品类评估的提炼与总结。设定品类目标时，须考虑以下几个步骤：

（1）明确品类角色与品类目标之间的关系，见表 5-36。

表 5-36　　　　　品类角色与品类目标之间的关系

品类角色	对商店的影响	对消费者的影响	对配送的影响
目标性	——销售量 ——客流量 ——市场份额 ——对其他品类的购买（品类转换率）	——顾客满意度 ——购物频率 ——客单价	——缺货率 ——库存天数 ——库存周转率 ——客户服务水平
常规性	——销售量 ——毛利率 ——客流量 ——对其他品类的购买（品类转换率）	——顾客满意度 ——购物频率 ——客单价	——缺货率 ——库存天数 ——库存周转率 ——客户服务水平
季节性和偶然性	短期： ——销售额 ——客流量	短期： ——客单价 ——购买率	短期： ——缺货率 ——库存周转率 ——客户服务水平
便利性	——利润率	——客单价	——库存天数

（2）根据零售商品类评估的结果有侧重地选择评估指标。

（3）与品类领队之间的主要供应商沟通品类评估指标，确保大家有共同的方向并提供所需的支持。

（4）与相关部门就品类目标进行沟通，确保公司内部有统一的方向并获得门店各级人员的支持。

五、学生天地

表 5-37　　　　　　某零售企业经营糖果品类评估

班级		姓名		实训时间	
学号		组号		主要任务	
企业绩效评估——绩效与市场水平分析结论：					
绩效评估——内部表现分析结论：					
绩效评估——供应商、品牌分析结论：					
消费者评估——应用和购物行为分析结论：					
消费者评估——消费者反应分析结论：					
竞争评估——定价和促销概况分析结论：					
竞争评估——商品组合和空间分配分析结论：					
备注					

六、效果评价

表5-38 连锁店品类评估训练评价评分表

考评人			被考评人	
考评地点				
考评内容	连锁店品类评估			
考评标准	内　容		分值（分）	评分（分）
	熟悉品类发展趋势的评估		15	
	熟悉零售商销售表现的评估		15	
	熟悉市场/竞争对手表现的评估		15	
	熟悉供应商的评估		15	
	熟悉品类评估数据的收集方式		10	
	了解品类评估与品类目标的关系		10	
	了解品类目标常用的指标		20	
合计			100	

注：考评满分为100分，60~70分为及格，71~80分为中等，81~90分为良好，91分以上为优秀。（该表可复印后灵活用于教学）

七、知识拓展

拓展一：品类目标范例

根据品类评估结果，该零售公司制定出了糖果品类财务目标，见表5-39。

表5-39 糖果品类财务目标

子品类	大/超大包装	盒/听/特殊包装	趣味包装	混合包装	包装袋	整个品类
战术	生成利润	创造激情	增加客流量	增加交易	增加交易	常规角色
销售额						
当年（美元）	358 441	452 052	415 742	713 868	2 689 852	4 629 955
比上年变化（%）	-2.9	-3.7	6.2	9.2	6.5	5.2
明年计划（美元）	348 046	413 560	419 442	818 521	3 007 927	5 007 496
计划比去年变（%）	-2.9	-8.5	0.9	14.7	11.8	8.2
明年目标（美元）	—					5 000 352
毛利率						
当年（%）	30.1	30.3	17.8	26.8	25.9	26.0
比上年变化（点）	+0.5	-0.1	+2.3	+0.1	-0.1	+0.3
明年计划（%）	30.5	31.8	19.0	27.0	25.9	26.3

计划比当年变化（点）	+0.4	+1.5	+1.2	+0.2	None	+0.3
明年目标（%）	—					26.0
毛利额						
当年（美元）	107 712	136 990	73 985	191 492	695 462	1 205 641
计划比当年变化（%）	−1.4	−4.0	2.7	9.9	6.8	6.6
明年计划（美元）	106 204	131 510	79 782	220 972	779 891	1 318 359
比上年变化（%）	−1.4	−4.0	7.8	15.4	12.1	9.3
明年目标（美元）	—					1 302 091

拓展二：品类目标可用指标范例

根据品类目标，可以找出制作品类目标可用的指标，见表5-40。

表5-40　　　　　　　　制作品类目标可用的指标

名称	指标	目的
销售	销售额	品类销售额
	销售单位	品类交易数和需求
	销售增长	销售额趋势
	销售/每店/每星期	同类店需求分配
	销售/每组店/每星期	空间使用效率
	销售/每（平方或立方）英尺/星期	空间使用效率
	销售/每（平方或立方）英尺/年	空间使用效率
利润	毛利率	品类获利率
	毛利额	品类贡献率
	利润增长	利润趋势
	净利	品类贡献率
	利润/单位	品项贡献率
	利润/每（平方或立方）英尺/星期	空间获利效率
利润	利润/每（平方或立方）英尺/年	空间获利效率
	毛利/品项	每单品创利率
	存货周转毛利回报率（GMROI）	存货投资获利率
	作业成本法（ABC）	完整的成本分析
	直接产品利润（DPP）	计入所有成本的获利率

名称	指标	目的
份额	食品零售市场份额	零售企业在食品零售业中份额
	全部市场份额	零售企业在整个市场中份额
	市场份额增长	市场份额趋势
	零售企业部门份额	品类销售额占部门比重
	零售企业全部生意份额	品类销售额占零售商生意比重
产品供应	供应天数	库存空间使用效率
	存货周转	动销效率
	资产回报率（ROA）	资产使用效率
消费者行为	消费者需求的品项比率	品牌忠诚度
	购买比率	购买该品类家庭的比例
	购买频率	顾客购买该品类的经常性
	购物篮分析	顾客购买该品类的比例
	单位/交易	顾客对该商品的趋从情况
	强选择性/忠诚度	不同的消费者对零售商的价值
消费者反应	价格弹性	顾客对价格变化的反应
	促销弹性	顾客对促销的反应
	促销提升	品项促销对销售数量的影响
	促销杠杆系数	品项促销对品类内项目销售数量的影响
	促销效果系数	促销对提高销售单位量的效果
全部门店消费者	交易次数	门店全部营销活动的客流效果
	每个顾客销售额	门店全部营销活动的交易效果
	门店数	门店全部营销活动的客流效果

资料来源　根据帕德宁公司（品类管理咨询公司）资料改编。

📖 项目16　品类策略与计划制订训练

　　不同零售商可能拥有一样的目标（品类角色、品类目标），但由于其现状不同，应该选择不同的实现方式——品类策略。品类策略能帮助零售商实现品类目标，同时品类策略会让零售商实现差异化竞争。品类策略需要转化为具体的品类战术才能得到有效实施，所以如何将策略向战术转化也是我们所要研究的主要内容之一。

一、实训目标

1. 能力目标
* 能够根据品类角色与目标选择合适的品类策略；
* 能够为次品类进一步分解合适的品类策略；
* 能够合理处理商店、品类、次品类不同层次策略之间的关系。

2. 知识目标
* 掌握品类策略的概念；

- 熟悉常见的品类策略；
- 熟悉品类策略与品类角色、品类目标、门店策略的关系；
- 熟悉零售 4P 常见的变化手法；
- 掌握常见策略向战术转化的分析思路。

3. 方法目标

- 能够提高客流量的方法；
- 能够提高客单价的方法；
- 能够提高利润的方法；
- 能够激发初次购买的方法；
- 能够刺激持续的购买行为的方法；
- 能够增加现金流的方法。

二、场景设计

根据上一个训练的品类评估结果，以及子品类的角色定位，为该品类制定品类策略，并将策略转化为详细的品类计划。

三、训练步骤

1. 实训指导教师帮助学生回顾有关品类角色、品类目标、品类策略等相关知识。

2. 实训指导教师指导学生完成以下操作：

（1）将不同的品类策略转化成品类战术，例如：如果我们的品类策略是增加现金流量，则我们在战术层面应该是（见表 5-41）：

表 5-41　　　　　　　　　　　　　**增加现金流量的战术**

领域	战术
定价	对抗竞争，但不当先锋 如果商品价格是敏感的，那么放低价格 如果可能，保持利润率 对商品项目确定每日低价策略
促销	进行进攻性的促销，但其目的只是为了适应竞争 避免对那些提高销售量作用不大的促销
商品组合	减少组合中的商品，主要关注周转较快的商品项目 如果周转较快，使用捆绑式的销售包装
空间管理	在主要位置摆放高销售量的商品项目 将空间有效分配给高销量、高利润的商品项目
特色广告	适应竞争 选择能增加销售的商品项目来做广告，并且要频繁
展示	为了提高周转速度，要限制展示次数和时间
定位	提供令人满意的商品价值 限制组合品种

（2）根据以下 20 个设定条件，请学生分别完善表 5-42。

表 5-42   **品类战术**

领域	战术
定价	
促销	
商品组合	
空间管理	
特色广告	
展示	
定位	

① 如果我们的品类策略是冲动创造，那么我们应该怎么办呢，请完善表5-42；

② 如果我们的品类策略是强化价格形象，那么我们应该怎么办呢，请完善表 5-42；

③ 如果我们的品类策略是产生利润，那么我们应该怎么办呢，请完善表5-42；

④ 如果我们的品类策略是客流吸引，那么我们应该怎么办呢，请完善表5-42；

⑤ 如果我们的品类策略是交易创造，那么我们应该怎么办呢，请完善表5-42；

⑥ 如果我们的品类策略是防御竞争，那么我们应该怎么办呢，请完善表5-42；

⑦ 如果我们的品类策略是增强商品多样化形象，那么我们应该怎么办呢，请完善表 5-42；

⑧ 如果我们的品类策略是激发试用与初次购买，那么我们应该怎么办呢，请完善表 5-42；

⑨ 如果我们的品类策略是忠诚度持久，那么我们应该怎么办呢，请完善表5-42；

⑩ 如果我们计划对营业旗舰商品继续提高销售额，那么我们应该怎么办，请完善表 5-42；

⑪ 如果我们计划对营业旗舰商品保持销售额、提高利润率，那么我们应该怎么办，请完善表 5-42；

⑫ 如果我们计划对客流招牌商品牺牲销售额、提高毛利率，那么我们应该怎么办，请完善表 5-42；

⑬ 如果我们计划对客流招牌商品保持销售额、保持毛利，那么我们应该怎么办，请完善表 5-42；

⑭ 如果我们计划对提款机器商品提高销售额、保持毛利，那么我们应该怎

么办，请完善表5-42；

⑮ 如果我们计划对提款机器商品保持销售额、提高毛利，那么我们应该怎么办，请完善表5-42；

⑯ 如果我们计划对受压潜力商品牺牲销售额、提高毛利，那么我们应该怎么办，请完善表5-42；

⑰ 如果我们计划对受压潜力商品保持销售额、保持毛利，那么我们应该怎么办，请完善表5-42；

⑱ 如果我们计划对维持观望商品保持销售额、提高毛利，那么我们应该怎么办，请完善表5-42；

⑲ 如果我们计划对维持观望商品提高销售额、保持毛利，那么我们应该怎么办，请完善表5-42；

⑳ 如果我们计划对待救伤残商品提高毛利、牺牲销售额，那么我们应该怎么办，请完善表5-42。

注意事项

> 实训中指导教师可以先组织学生进行讨论，但表格一定要求学生独立完成。

四、相关知识

1. 常见的品类策略

常见的品类策略见表5-43。

表5-43　　　　　　　　　　常见的品类策略

营销策略	描述
增加客流量	增加品类的购物人数
提高客单价	提高购物者每次的购买量
产生利润	引导购物者购买利润高的产品
自我保护	不计成本的保护/强化品类的现有市场地位
刺激购买	制造紧迫感、机遇感、戏剧化效果等以激发购买行为
维护形象	在价格、服务、选品、氛围等方面建立/强化和传递零售商想获得的企业形象
教育与知名度	帮助消费者了解品类特性
提高客户服务水平	在消费者每次需要的时候不缺货，也就是降低缺货率
渗透/试用	激发初次购买
忠诚度/持久性	刺激持续的、重复性的购买行为
增加现金流量	加快品类的周转速率，汇集现金流
提高消费量	刺激额外的/新的使用方法

2. 品类策略与品类目标的关系

品类策略是实现品类目标的方法，是为品类目标服务的，所以选择品类策略时，要有针对性，并对品类策略可能产生的效益进行预测，以确保所选品类策略是有效的。表 5-44 对部分品类策略与品类目标之间的关系做了说明。

表 5-44　　　　　部分品类策略与品类目标之间的关系

品类策略	品类目标指标
增加客流量	高市场份额、高购买频率、高销售比例
提高客单价	客单价
产生利润	更高的毛利率、更高的周转率
增加现金流量	更高的周转率和购买频率
增加消费量	更高的销售额、更高的客单价和购买频率
提高客户服务水平	更高的订单满足率、更低的缺货率

3. 品类策略与品类角色的关系

同一品类在不同的商店可能承担不同的角色。某品类在零售商 A 可能是目标性角色，而在零售商 B 可能是便利性角色。针对不同的品类角色，需要选择不同的品类策略。如健康与美容护理用品，在超市多半为便利性角色，在大卖场可能成为常规性角色，而到了屈臣氏这样的个人护理用品店则成为目标性角色。角色不同，零售商自然会为该品类赋予不同的经营策略，见表 5-45。

表 5-45　　　　健康与美容护理品类的品类角色和品类策略

	零售商	品类角色	品类策略
健康与美容护理品类	大卖场	常规性	产生利润，刺激购买
	标准超市	便利性	产生利润
	便利店	目标性	吸引客流，强化形象

即使拥有同样的品类角色，很可能也会使用不同的品类策略。如洗涤用品品类的角色在大卖场多半是常规性。但零售商 A 的机会在提高客单价，零售商 B 的机会在改变陈列混乱、形象差的情况，所以两家商店采取的品类策略应该是不同的。

4. 品类策略与次品类的关系

品类策略需要深入品类内部，即不同次品类可以有不同的策略。次品类的策略组合称为品类的策略，见表 5-46。

表 5-46　　　　　　　部分品类的品类策略

品类	品类策略			
	增加客流量	提高客单价	维护形象	刺激购买
软饮料	普通可乐	特殊口味	—	新一代饮品
洗涤用品	普通洗衣粉	超浓缩洗衣粉	洗涤液	—
宠物护理品	猫狗粮	—	—	宠物玩具

5. 品类策略与商店策略的关系

各品类的情况不同，可能拥有不同的品类策略。但在确定品类策略时，必须考虑商店的策略。如果商店的策略是提高客单价，品类的策略就不应该是推动小包装产品的发展。商店的策略是满足中高收入消费者的需求，品类的策略就不应该是推动低值产品的发展。否则，商店利用很多资源吸引来的顾客会去其他商店购买该品类，而该品类的投入也得不到应有的效果。

6. 4P

营销学的 4P：Product（产品）、Price（价格）、Place（渠道）、Promotion（促销）。

零售学的 4P：Product（商品组合）、Price（定价）、Presentation（陈列）、Promotion（推广）。

7. 商品组合

商品组合战术决定提供给消费者的商品的差异程度，也决定该品类的品项数应增加或减少。对零售商的差异化竞争而言，商品组合是很重要的方法。一个零售商的某品类的商品组合决策是正确的，不代表对另一个零售商在相同品类上的相同的商品组合决策也是对的。

（1）在商品组合方面零售商有如下决策：

★维持——维持现有的商品组合。

★减少——减少该品类、次品类、属性分类的单品品项数。

★增加——增加该品类、次品类、属性分类的单品品项数。

★取代/交换——交换品项数目，以新品替代旧品。

★一制化/群组化——以单店或群组店为单位来决定商品组合。

★自有品牌——在该品类、次品类、属性分类中去建立、淘汰或扩大自有品牌项目。

（2）适当的商品组合决策应考虑以下因素：

★目标客户的需求差异性——品类、次品类、属性分类。

★目前差异化的形象。

——该品类的评估显示什么？

——相对竞争者的差异性如何？

——谁是此品类差异化领导者？为什么？

★营销策略。

——商品组合差异化和公司整体营销策略。

——商品组合差异化和该品类的品类角色及品类策略配合的程度如何？

——相对竞争者的差异性如何？

——谁是此品类差异化领导者？为什么？

8. 定价

一个零售商定价战术定义为对品类、次品类及属性分类的单品制定定价标准。定价是一种复杂、生动的战术，没有"魔法"公式，影响定价决策好坏的关键因素包括品类的角色认定、目标表现的衡量/评分表、品类策略以及对消费者和竞争者行为的认知。

（1）在定价范围中，有一些主要战术的选择包含：

★维持——对目前价格不做任何改变。

★降价——降低所有或选定品类单品之零售价格。

★增加——增加所有或选定品类单品之零售价格。

★统一/群组——所有店相同定价或依群组/区域定价。

（2）价格的决定是基于零售商本身自有的销售经验，影响因素包含：

★提供目标消费者的价值（品类、次品类、属性分类的单品）。

★目前价格的形象。

——品类评估显示什么？

——价格与竞争者的比较如何？

——谁是该品类价格的领导者？为什么？

★营销策略。

——什么价格与公司整体营销策略一致？（高/低、每日最低价等）

——什么价格与品类的品类角色及品类策略一致？

——该类中，什么是以主要价格为导向的品项？

★不同定价决策的成本/利润。

——价格大幅增加或减少是否影响品类销售/利润？

——自有商品价格是否正确？

——领导品项价格是否正确？

——新品如何定价？（排挤或渗透定价策略）

——衰退品项如何定价？

9. 货架陈列管理

货架陈列管理在此范围决定一个零售商的货架陈列以及以次品类、属性、单品原则来管理品类货架空间的标准，主要通常包括品类在店内及在走道的位置、品类货架的分布、品类货架上服务水平，如供应的最少天数、包装等，特定次品类/属性和单品货架空间分配。

（1）货架陈列的主要战术选择：

★店内位置——品类配置在店内的位置。

★空间分配——货架空间分配到品类、次品类、属性等。

★陈列安排——在品类之间安置次品类、属性分类、品牌、规格等的方法。

★一致化/群组化——调整一家商店或群组店的品类位置空间与陈列。

（2）以下为零售商做陈列决策的考虑：

★目标消费者——是否货架陈列符合逻辑及迎合喜好，是否达到目标消费者的需求？

★具竞争性的位置——货架陈列是否有强调与主要竞争者的主要差异？

★营销策略——什么样的货架陈列与品类的品类角色及品类策略一致？

——是否有因货架陈列而增强多样化形象？

——是否有因品类布置或展示增强价格形象？

★各种货架陈列选择的成本/利润在相关操作的问题上，什么应被考虑？

——一个特定的店内位置是否会增加品类销售或利润？

——一个特定品类的安排是否会增加品类销售或利润？

——一个特定的店内位置是否会冲击整个店的销售利润和走道的顾客流动？

10. 促销管理

（1）促销决策：

★手段——降价/折价券/广告/陈列/试吃/免费样品。

★产品——被选为促销的项目。

★频率——多久促销一次。

★期间——促销时间的长度。

★时机——安排促销活动的计划表。

★地点——促销地点。

★相关陈列——搭配式促销。

（2）零售商根据业务经验做促销决策时做以下各种促销考虑：

——什么促销与公司整体营销策略一致？

——目标消费者将如何响应各种形式的促销？

——竞争对手的促销活动是什么？

——竞争者将如何回应各式的促销？

——在单品及品类和零售商形象上，促销有何影响？

五、学生天地

表 5-47　　　　　　　学生本次实训感言

班级		姓名		实训时间	
学号		组号		主要任务	
备注					

六、效果评价

表 5-48　　　　　　　品类策略与战术训练评价评分表

考评人			被考评人	
考评地点				
考评内容	品类策略与战术训练			
考评标准	内　容	分值（分）	评分（分）	
	熟悉各种可用的品类策略	20		
	了解品类策略与品类角色、评估、目标的关系	20		
	掌握品类策略制定的程序	20		
	熟悉零售学的 4P 如何具体操作	20		
	掌握品类策略向品类战术的转化方法	20		
合　计		100		

注：考评满分为 100 分，60～70 分为及格，71～80 分为中等，81～90 分为良好，91 分以上为优秀。（该表可复印后灵活用于教学）

七、知识拓展

品类评估的后续品类策略与战术参考

（——基于项目15）

1. 子品类战术

子品类战术见表5-49。

表5-49　　　　　　　　　　　　**子品类战术**

子品类（及战术）	定价	促销	商品组合	货架管理
大/超大包装（生成利润）	★ 在关键品项上与Save Place挂钩 ★ 对动销较慢的品项，定价等同或高于Save Place	★ 限制广告，经常做TPR ★ 制定小的促销价格幅度 ★ 展示动销快的次品类——提高利润	★ 增加Shop Mart和其他大商场没有的品项 ★ 去除动销较慢和利润较低的品项	★ 给利润高的品项多分配空间 ★ 在视平线位置摆放高利润品项 ★ 将定位于儿童的品项摆在他们的视平线高度
盒/听/特殊包装（创造激情）	★ 在关键品项上与Save Place挂钩 ★ 对动销较慢的品项，定价等同或高于Save Place	★ 在关键节日和季节促销和展示商品 ★ 经常促销，但要低于现在的水平 ★ 保持较少的价格折扣 ★ 利用店内优惠券	★ 降低品项数和陈列面至更具竞争力水平 ★ 如可能，提供Shop Mart没有的品项 ★ 领导新品和引进新品	★ 减少空间分配 ★ 在视平线位置摆放利润较高的品项 ★ 突出独特的商品项目
趣味包装（增加客流量）	★ 在关键品项上与Save Place挂钩或低于其价格，以便增加非促销销售 ★ 与Shop Mart相比不超过10%的价差	★ 在关键节日和季节强力促销和展示商品 ★ 及时利用A类尺寸广告吸收客流 ★ 与Save Place较大的折扣相匹配	★ 增加Shop Mart和其他大商场没有的品项 ★ 去除动销较慢和利润较低的品项	★ 分配动销快的商品 ★ 在视平线位置摆放高利润品项 ★ 将定位于儿童的品项摆在他们的视平线高度
混合包装（增加交易）	★ 在关键品项上与Save Place挂钩 ★ 与Shop Mart相比不超过10%的价差 ★ 动销慢的商品定价与Save Place相当或更高	★ 提高促销频率 ★ 与Save Place低价水平相当 ★ 经常展示，增加冲动销售额 ★ 利用B类和C类尺寸广告和TPR来增加销售额	★ 增加品项和陈列面 ★ 增加Shop Mart和其他大商场没有的品项 ★ 尽可能增加有意义的花样（与现有品项不同）	★ 增加子品类空间 ★ 在视平线位置摆放高利润品项 ★ 增加利润最高的品项的空间

子品类（及战术）	定价	促销	商品组合	货架管理
包装袋（增加交易）	★ 在关键品项上与 Save Place 挂钩 ★ 与 Shop Mart 相比不超过 10% 的价差 ★ 动销慢的商品定价与 Save Place 相当或更高	★ 与 Save Place 低价水平相当，但不强调价格点 ★ 经常展示，增加冲动销售额 ★ 利用 B 类和 C 类尺寸广告和 TPR 来增加销售额	★ 增加品项和陈列面 ★ 增加 Shop Mart 和其他大商场没有的品项 ★ 尽可能增加有意义的花样（与现有品项不同）	★ 在视平线位置摆放高利润品项 ★ 增加利润最高的品项的空间 ★ 将定位于儿童的品项摆在他们的视平线高度

2. 品类财务目标

品类财务目标见表 5-50。

表 5-50　　　　　　　　　　　　　　　**品类财务目标**

子品类	大/超大包装	盒/听/特殊包装	趣味包装	混合包装	包装袋	整个品类
战术	生成利润	创造激情	增加客流量	增加交易	增加交易	常规角色
销售额						
当年（美元）	358 441	452 052	415 742	713 868	2 689 852	4 629 955
比上年变化（%）	-2.9	-3.7	6.2	9.2	6.5	5.2
明年计划（美元）	348 046	413 560	419 442	818 521	3 007 927	5 007 496
计划比去年变化（%）	-2.9	-8.5	0.9	14.7	11.8	8.2
明年目标（美元）	—					5 000 352
毛利率						
当年（%）	30.1	30.3	17.8	26.8	25.9	26.0
比上年变化（点）	+0.5	-0.1	+2.3	+0.1	-0.1	+0.3
明年计划（%）	30.5	31.8	19.0	27.0	25.9	26.3
计划比当年变化（点）	+0.4	+1.5	+1.2	+0.2	None	+0.3
明年目标（%）	—					26.0
毛利额						
当年（美元）	107 712	136 990	73 985	191 492	695 462	1 205 641
计划比当年变化（%）	-1.4	-4.0	2.7	9.9	6.8	6.6
明年计划（美元）	106 204	131 510	79 782	220 972	779 891	1 318 359
比上年变化（%）	-1.4	-4.0	7.8	15.4	12.1	9.3
明年目标（美元）	—					1 302 091

3. 商品组合战术

商品组合战术见表 5-51、表 5-52、表 5-53、表 5-54。

表 5-51　　　　　　　　　　　　　　　新品项　　　　　　　　　　　　　单位：个

品项描述和规格	子品类	陈列面
（商品名称与编码此处略）	包装袋	1
……	包装袋	1
……	趣味包装	1
……	包装袋	1
……	包装袋	1
……	包装袋	1
……	混合包装	1
……	混合包装	1

表 5-52　　　　　　　　　　没有存货的前 10 个品项　　　　　　　　　单位：美元

品项描述和规格	子品类	市场销售额
（商品名称与编码此处略）	包装袋	545 467
……	包装袋	308 386
……	趣味包装	304 526
……	包装袋	264 558
……	包装袋	257746
……	包装袋	199 388
……	包装袋	194 388
……	包装袋	188 488
……	包装袋	157 599
……	包装袋	126 488

表 5-53　　　　　　　　　　　　　　清除商品　　　　　　　　　　　　单位：个

品类描述和规格	子品类	陈列面
（商品名称与编码此处略）	大/超大包装	1
……	大/超大包装	1
……	包装袋	1
……	包装袋	1
……	趣味包装	1
……	盒/听/特殊包装	2
……	包装袋	1
……	包装袋	1

表 5-54	销量最小的 10 个品项	单位：美元
品项描述和规格	子品类	零售企业销售额
（商品名称与编码此处略）	大/超大包装	76 014
……	大/超大包装	68 258
……	大/超大包装	64 379
……	包装袋	62 828
……	包装袋	57 398
……	包装袋	56 623
……	趣味包装	47 315
……	包装袋	42 661
……	包装袋	30 350
……	包装袋	24 821

4. 定价战术

定价战术见表 5-55。

表 5-55 定价战术

子品类	品项描述与规格	Save Place 价格（美元）	Shop Mart 价格（美元）	本店旧价格（美元）	旧价格毛利率（%）	本店新价格（美元）	新价格毛利率（%）
大/超大包装	Lindt 奶油巧克力棒 2.6 盎司	1.79	1.69	1.75	33.1	1.79	35.4
	Lindt 奶油巧克力棒加樱桃 2.6 盎司	1.79	1.69	1.75	33.1	1.79	35.4
	Lindt 黑巧克力 2.6 盎司	1.79	1.69	1.75	33.1	1.79	35.4
	Lindt 奶油巧克力棒加杏仁 2.6 盎司	1.79	1.69	1.75	33.1	1.79	35.4
盒/听/特特殊包装	Whitman's 16 盎司	3.29	3.15	3.19	29.2	3.29	31.3
	Russell Stover 16 盎司	3.29	3.15	3.19	27.9	3.29	30.1
	Dove Truffles 16 盎司	3.29	3.15	3.19	28.5	3.29	30.7
趣味包装	Hersheys Nuggets 奶油巧克力 13 盎司	2.99	2.75	2.89	29.1	2.99	31.4
	Hersheys Nuggets 甜饼和奶油 13 盎司	2.99	2.75	2.89	29.1	2.99	31.4
混合包装	Reeses 杯 10 个装	1.49	1.39	1.45	29.0	1.49	30.9
包装袋	Raisinets 7 盎司	1.79	1.69	1.85	34.6	1.79	32.4
	Buncha Cunch 7 盎司	1.79	1.69	1.85	33.0	1.79	30.7
	Hersheys Kisses 14 盎司	2.99	2.75	2.89	27.7	2.99	30.1
	Reeses Miniatures 14 盎司	2.99	2.75	2.89	28.4	2.99	30.8
	Hersheys Nuggets 杏仁 14 盎司	2.99	2.75	2.89	29.1	2.99	31.4
	Twizzlers 樱桃碎块 17.6 盎司	1.52	1.39	1.45	29.0	1.49	30.9

5. 促销战术

促销战术见表 5-56。

表 5-56　　　　　　促销战术

子品类	品类描述与规格	广告频率			推荐价格点		普通价格（美元）
		高	中	低	广告（美元）	TPR（美元）	
大／超大包装	（商品名称与编码此处略）			√	0.99	1.19	1.39
				√	1.49	1.69	1.89
				√	1.49	1.69	1.89
盒／听／特殊包装	……		√		2.79	2.99	3.19
	……		√		2.99	3.29	3.49
	……			√	2.99	3.29	3.49
	……			√	2.99	3.29	3.49
	……			√	2.99	3.29	3.49
趣味包装	……	√			1.99	2.69	2.99
	……		√		1.99	2.69	2.99
	……	√			1.99	2.69	2.99
	……		√		1.99	2.69	2.99
	……		√		1.99	2.69	2.99
	……	√			1.99	2.69	2.99
	……		√		1.99	2.69	2.99
	……		√		1.99	2.69	2.99
混合包装	……		√		1.19	1.39	1.49
	……			√	0.99	1.19	1.29
	……		√		1.19	1.39	1.49
	……			√	1.19	1.39	1.49
	……			√	1.19	1.39	1.49
	……			√	1.19	1.39	1.49
包装袋	……	√			2.29	2.69	2.99
	……	√			1.99	2.49	2.99
	……		√		1.49	1.69	1.89
	……		√		1.49	1.69	1.89
	……			√	0.89	0.89	1.05
	……		√		1.19	1.39	1.49
	……			√	1.39	1.49	1.69
	……			√	1.19	1.39	1.49
	……			√	2.29	2.69	2.99
	……		√		1.69	1.99	2.26
	……			√	1.51	1.69	2.26
	……		√		2.29	2.69	2.99
	……			√	1.39	1.49	1.69
	……		√		2.29	2.69	2.99
	……			√	1.39	1.49	1.69
	……		√		1.49	1.69	1.89

资料来源　根据帕德宁公司（品类管理咨询公司）资料改编。

模块六 门店营销企划

项目17 促销实施及评估方案训练

促销活动是为告知、劝说或提醒目标市场顾客关注企业各方面的信息，使其接受并采取购买行为而进行的一切沟通、联系活动。连锁经营企业的促销活动对于提升企业品牌形象、宣传企业文化、提高销售额、毛利额以及竞争力等具有十分重要的作用。而促销活动的成败往往取决于促销策划方案优劣及具体实施，因此连锁企业十分重视促销策划方案的制订和执行工作。

一、实训目标

1. 能力目标
- 能够结合企业特点、促销目标、活动时间特性设计具体促销活动主题；
- 能够选择合适的具体促销方式和宣传方式；
- 能够制订针对目标顾客的具体活动方案；
- 能够完成针对公司内部的具体工作安排方案；
- 能够根据活动目标制订合理、完备的评估方案。

2. 知识目标
- 熟悉零售促销的目的；
- 掌握各种促销方式的特点及操作要点；
- 掌握各类媒体的优缺点及适用对象；
- 熟悉零售促销策划的流程；
- 熟悉促销活动计划安排及实施流程。

3. 方法目标
- 掌握科学专业的市场调研方法；
- 掌握促销活动的费用预算方法；
- 掌握促销活动的实施监控方法；
- 掌握促销活动的效果评估方法。

二、场景设计

某大卖场（实训指导教师可以指定身边的企业）是学校所在城市的龙头连锁零售企业所开设的卖场之一，面积8 000平方米，临近"春节"，请为该大卖场制订详细的促销方案，其中必须包括针对顾客的具体活动方案、针对公司内部的具体工作安排方案、活动之后的评估方案。

三、训练步骤

1. 学生分组

将学生分组，每5~8人为一组，进行独立操作，每个小组做一套策划方案。实训指导教师组织学生讨论该卖场的特点和优势，讨论该节日的特殊性和消费者在节日期间的消费行为，为该卖场寻找此次促销方案策划的切入点。

2. 分组讨论

每一小组的学生互相讨论确定促销主题与促销目的，实训指导教师进行监控，并通报各小组的促销主题，激励大家进一步深入。

如××年春节，某商店提出了"××年送福，BUY 家示威计划"的活动主题。它的活动目的为：通过一系列行之有效的前期各样宣传手段，并辅以有效行销活动、现场活动带动卖场气氛，同时和附属店进行配合宣传，有力提升本商店在春节期间的销售。

每一小组的学生互相讨论进行具体促销方式的选择，以支持我们的促销主题。

3. 制订方案

各小组学生制订出各个活动的形式和针对顾客的具体方案。

例如：抓钱高手——现金一把抓活动

当日在本店现金购物累计满 200 元即可参加现金一把抓活动 1 次，满 400 元可参加两次，依此类推。兑奖处设立 1 个透明抽奖箱，抽奖箱内放置 1 角钱的硬币，消费者在抽奖箱中用单手抓取。抓出后先由工作人员现场清点硬币数量，然后将硬币放回抽奖箱中，最后清点钱币给消费者。工作人员需在顾客购物小票上注明购物金额及返赠钱币金额。

注意事项：

（1）活动扣点控制。因为本活动的随机性较大，活动扣点难以把握，所以要事先进行硬币抓取，算出大致的金额概率。

（2）硬币准备。事先准备好 1 角钱硬币 500 枚，也可以视抽奖箱尺寸大小来调整数量。

（3）准备好活动用专用章。

4. 参加促销活动的商品选择

例如：元月十一日（农历腊月二十日）到元月二十日（农历腊月二十九日）针对这一时间段的顾客购物消费倾向，推出主题为"我爱我家"促销活动，促销商品范围为厨房用品、床上用品、针织品、儿童服装、鞋帽、洗涤用品、洗发和护发用品、节日用品。

元月十四日（农历腊月二十三日）到元月二十日（农历腊月二十九日）针对这一时间段顾客购物消费倾向，推出主题为"金猴送福"的促销活动，促销商品范围为：烟、酒、糖、茶、生肉、水产海鲜、果蔬、饮品、休闲食品、熟食、干调、稀调、油类、娱乐品、玩具。

元月十四日（农历腊月二十三日）到元月三十日（农历正月初九）针对这一时间段顾客购物消费倾向，推出主题为"共贺新春拜大年"的促销活动，促销商品范围为名酒礼盒、名烟、精品糖果、茶叶礼盒、高档水果礼包、整箱水果、整箱饮品、腌腊制品、六必居酱菜、熟食烘焙、精品蛋糕。

元月三十日（农历正月初九）到二月六日（农历正月初十六）针对这一时间段顾客购物消费倾向以及新一年开始，推出主题为"步步登高"（还是一句吉祥广告语）的促销活动，促销商品范围为速冻类、汤圆类以及部分花灯玩具。

5. 促销活动宣传计划的确定

（1）活动广告语设计。

例如：迎新春、过大年、惊爆特价冲击波

××超市——是您一站式购物的最佳选择

迎新春、办年货的最佳选择——××超市

迎新春、过大年、商品丰富又省钱——××超市

办年货，到××超市，省时、省钱、添快乐

（2）店内气氛营造及店外广告宣传。

店内气氛营造：原则上是以色彩鲜艳的装饰品（如彩色气球，彩绸拉带，剪纸挂旗，特价冲击波 POP）装点卖场，营造喜庆气氛，另外重点区域可选择生肖玩具来装饰。

店外广告宣传：正门和南门两处用彩旗装饰，在各道口处悬挂彩绸横幅，发布电视报、电视台、公交车等媒体广告。

6. 促销费用预算

例如：（1）DM 海报费用及宣传车费用：DM 海报，3 万份、4 期，合计 12 万份；宣传车，投放 4 天；合计费用 20 240 元。

（2）电视台滚动字幕：40 字内容，播放 20 天，约 2 000 元。

（3）两个广告公司覆盖全城各线路公交车的车载 TV 广告一个月，约 3 200 元。

（4）布幔与条幅：约 2 000 元。

（5）各店装饰：约 3 000 元。

（6）店内 POP：约 500 元。

（7）其他费用：约 1 000 元。

活动费用总计：31 940 元。

以销售目标 850 万元计算，上述费用应为销售总额的 0.4%。建议：将此费用标准包干给企划部，实行销售与企划费用挂钩：如果企划工作优秀，销售业绩提高，费用节余，节余部分可作为企划部发展基金；如果企划活动失败，销售额低、费用超支，则财务部给企划部划账，由企划部从其他收入和费用节余中冲减，这样可以使企划部工作中有目标，进有动力、退有压力。

7. 制订详细的公司内部分工计划

根据公司组织结构对各部门各岗位在此次促销方案中制订详细的分工计划，如明确企划部负责什么、售后服务部负责什么、采购部负责什么等，并根据分工计划，制订出公司内部实施方案。

8. 制订评估方案

根据此次促销目的，制订评估方案，即制定有针对性的效果评估指标体系，如客流量、客品数、品单价、毛利率、净利润、现金流等。

🐾 注意事项

有条件的学校可以参与企业某一档期活动的全程操作。

四、相关知识

1. 促销策划目的

促销策划目的包括提高企业品牌形象、宣传企业文化、提高客单价、提高毛利额、提高来客数、提高销售额等几个方面，提高销售额、毛利额和来客数是促销设计中追求的主要目标。从长远看，要提高业绩、提高企业形象、提高公司知名度。

2. 常见的促销方式

常见的促销方式有摸彩抽奖、商品特卖、折扣券、促销员介绍、买A送A、买A送B、试吃、试用、赠品、降价、征文、竞赛、展览、表演、一些游艺活动（广场）……部分促销方式的优缺点见表6-1。

表6-1　　　　　　　几种促销方式的优缺点对比分析表

促销方式	优点	缺点
降价	见效快 强化商店低价形象 操作方法简单	不利于建立商店忠诚度 有损品牌形象
赠品	赠品来源广泛 有吸引力的赠品能大幅度提高销售	赠品不佳影响销售 赠品不佳会带来高库存 非捆绑性赠品增加运作成本
抽奖	可针对目标市场进行促销 强化现场气氛	不一定能大幅度提升业绩 需较多的媒体宣传 需促销人员配合
主题活动	加深顾客印象 提升商店知名度 增加客流量	需动用较多的人力、物力 需较多媒体配合
积分	提高客单价 增加顾客忠诚度 创造商店的差异化	活动时间较长，消费者耐心有限 赠品选择不一定能迎合顾客需求

3. 媒体选择

商业企业可以选择的媒体有多种，各有优劣，具体情况见表6-2。

4. 促销活动的组织架构保证

（1）企划部促销组负责拟订促销计划。

（2）采购部负责提供或确认促销活动中所需的供应商名单及供应商支持，同时组织促销活动中的商品，并确保促销商品按时、足量送到。

（3）企划部美工负责促销活动中宣传品、促销品的设计及制作。

（4）配送中心负责对促销商品优先收货、配货。

（5）各门店店长负责促销活动在该店的具体实施。

表 6-2　　　　　　　　　　　各媒体市场覆盖、适用对象及主要优缺点

媒体	市场覆盖	适用对象	主要优点	主要缺点
日报	单一社区或整个城市区域；当地版本能达到的地方	所有大零售商	传播面广，前置时间短	不能选择读者群，广告竞争激烈
周报	一般是单一社区，也可以是某一城市区域	当地市场的零售商	明确的目标读者，明确的地区性	读者有限，广告创造性差
购物导报	一个社区中的大多数住户，连锁性报纸可覆盖一个城市区域	居民区零售商及商业服务提供者	目标读者明确，费用低	读者较少，可能不被仔细阅读
电话号码簿	地区性区域或电话簿所服务的职业领域	所有以产品和服务为导向的零售商	可吸引有购物意向的顾客，信息持久	对经常购物者吸引力有限，前置时间长
直接邮件	由零售商控制	新的或发展中的企业，用赠券、赠品的企业，邮购公司	明确的目标读者，直接针对潜在客户，与数据库相联系	高抛弃率，被许多顾客认为形象较差
电台	电台周围确定的市场区域	集中精力于明确细分市场的零售商	费用相对较低，市场覆盖好	无视觉效果，必须经常使用才有价值
电视	电视台周围确定的市场区域	产品和服务有广泛号召力的零售商	效果显著，市场覆盖面广	产品和时间的成本费用高，观众过多
因特网	全球性	所有以产品和服务为导向的零售商	市场覆盖面广，互动性，成本低，多样化	隐私问题，需不断刷新，难以衡量效果
交通工具	交通系统所服务的市区或郊区	交通沿线附近零售商，特别是以上班族为目标的零售商	明确的目标顾客，可重复性，曝光时间长	广告杂乱，观众注意力被分散或不感兴趣
户外广告	整个城市区域或单一社区	娱乐及旅游导向的零售商，著名企业	广告巨大，醒目，曝光频繁	广告杂乱，观众注意力被分散或不感兴趣
当地杂志	整个城市区域或地区，当地版本有时能达到的地方	餐馆，娱乐导向的公司，特殊品商店，邮购公司	有特别兴趣的读者，创造性地选择	前置时间长，及时性差
传单/通知	单一社区	餐厅，干洗店，服务机构及其他社区服务	明确的目标读者，低费用	高抛弃率，形象较差

（6）电脑部负责对促销商品的变价。

（7）防损部负责整个促销活动的安全及防盗工作。

（8）人力资源部负责对促销活动中供应商促销员的派驻及考核。

（9）行政部库管及店务拓展部工程组负责促销活动中道具及设备的提供。

（10）质量控制部负责对促销活动中的商品价格及质量进行控制、监督和检查。

（11）企划部促销组负责对各店促销活动的实施情况进行监督、检查和控制。

（12）营运部负责每期促销活动完成后的评估用资料的收集。

（13）企划部负责企划促销活动的评估总结。

5. 促销活动研讨确定程序

（1）市场分析。

①企划分析数据来源。

★电脑部负责向企划部提供各门店相关数据。

★企划部促销组收集的顾客、竞争对手信息。

★企划部通过各类渠道收集整理的其他商业信息。

②数据分析内容。

★近期门店销售情况分析。

★会员状况分析。

★竞争对手促销状况分析。

企划部促销组人员根据不同时期的要求按上述内容，进行市场分析。

企划部促销人员向企划部经理提交市场分析报告。

（2）每期"主题促销活动计划"的制订。

企划部促销策划人员主要根据年度促销计划及具体促销情况构思每期活动具体促销计划。

拟订每期"主题促销活动计划"。每期"主题促销活动计划"根据具体活动内容的不同，主要包括以下方面：目标消费群或营销环境分析、促销目的、促销时间、促销地点、促销内容细则、分工与支持、促销时间表、促销预算、促销评估方法和内容。

每期"主题促销活动计划"经企划部经理批示后报给业务副总审批。

（3）企划部促销组与相关部门讨论活动的具体实施及有关细节。

企划部促销组与采购部落实需要供应商支持的内容，包括促销商品、促销赠品、促销宣传、促销人员、促销费用等。

营运部负责落实促销活动在各门店的实施程序。

（4）企划部促销组将最终计划修订后经企划部经理批示后报给业务副总并抄送有关部门，企划部促销主管及企划部经理分别存档。有关部门包括采购部、营运部、电脑部、质量控制部、配送中心、防损部、财务部、行政部等。

6. 促销准备

（1）宣传准备。

①企划部促销策划人员负责宣传文案撰写，包括主题、文案内容。

②与各大媒体谈判，包括软硬新闻、商品广告、道路广告等。主要洽谈对象包括当地各大报纸、杂志、广播电台、电视台、广告公司等。

③宣传品的来源：

　　★ 超市制作。由企划部策划人员按程序文件——标志物控制程序进行宣传促销品的制作。

　　★ 供应商赞助。由采购部根据"主题促销活动计划"与供应商谈判获得。

　　④宣传品移交：

　　★ 由企划部美工制作的宣传品直接移交门店店长，并填写"宣传品发放表"。

　　★ 由外部印刷供应商制作的宣传品由企划部美工、行政部库管验收后，统一由行政部库管发放给各门店店长，并填写"宣传品发放表"。

　　★ 由供应商赞助的宣传品由配送中心收货后，统一配送给各门店，并填写"供应商宣传品配送表"。

　　（2）促销商品准备。

　　①采购部负责根据每期主题促销计划组织相应的促销商品。

　　★采购部与供应商进行促销商品的谈判，获得在促销商品上的支持，包括买赠、折扣、特价、特殊陈列等优惠条件。

　　★采购部与供应商签署"促销商品（活动）协议书"。

　　★采购部与供应商确定促销商品及相应的促销赞助费用。

　　★采购部向供应商下促销商品订单，并确保在促销期前3天到货及在促销期内有足够的库存。

　　②配送中心负责对促销商品的优先收货及配货。

　　★采购部通知供应商提前3天送货到配送中心。

　　★配送中心根据促销商品订单对促销商品优先收货。

　　★配送中心确保最晚在促销前1天将促销商品配送到各门店。

　　③直送商品及直供商品的促销商品由供应商直接送到门店，门店优先收货，并填写"门店促销商品验收单"。

　　（3）赠品的准备。

　　①由采购部与供应商谈判，由供应商根据"主题促销活动计划"提供。

　　②供应商送货时，配送中心单独填写"赠品验收单"。

　　③配送中心在各个门店配货时，把赠品一起配送给门店，填写"门店赠品配送单"。如果是由供应商直接送到门店的赠品，由门店验收并填写"门店赠品验收单"。

　　（4）促销人员的准备。

　　①采购部与供应商谈判，由供应商根据"主题促销活动计划"及供应商自身的配合活动，提出促销人员派驻申请，填写"促销人员申请表"交人力资源部。

　　②人力资源部根据供应商的"促销人员申请表"招聘、面试促销人员，并进行相关的培训，经考核后录用。

　　③供应商与促销人员到人力资源部办理促销人员入场手续。

　　④促销人员到行政部领取促销人员工牌、促销人员工衣服。

　　（5）促销商品变价的准备。

　　①采购部与供应商谈判，争取到促销商品的优惠价格。

②采购部填写"促销商品变价申请单"，经部门经理审核后，递交电脑部。

③电脑部根据确认后的"促销商品变价申请单"进行系统内的商品变价。

④电脑部根据变价清单打印促销商品特价价签。

⑤企划部美工制作促销商品特价的 POP。

（6）促销活动道具及设备的准备。

企划部促销组提交"主题促销活动道具及设备清单"。

行政部库管及店务拓展部工程组根据"主题促销活动道具及设备清单"，提前 2 天准备促销活动道具及设备。

（7）促销活动安防措施的准备。

①大型主题促销活动前，由防损部按照"主题促销活动计划"提前一周做出"主题促销活动安防措施"，并上报给企划部促销组。

②防损部按照经确认后的"主题促销活动安防措施"提前 2 天做好安防准备。

7. 促销活动落实、实施

（1）企划部促销组制定促销活动程序，营运部负责制定同门店运作有关的业务程序。

促销活动前 3 天，企划部将召集各门店店长及相关部门参加促销活动会议，落实具体促销计划及明确职责，并将会议纪要由各门店参会人员签字确认，企划部促销主管备案。

（2）各门店店长根据促销会议内容，负责促销活动在该店的具体实施。

①门店负责在促销活动前一晚关门后对促销商品的重点陈列，确保有足够的陈列位置，以突出促销的气氛。

②门店负责在促销活动前一晚关门后对促销商品价签的更换。

③门店负责在促销活动前一晚关门后悬挂、张贴促销海报及宣传品。

④门店收银员要注意促销商品的价格变更，保证正确收银。

⑤防损部防损员注意维护促销现场的秩序，做好现场的安全和防盗工作。

（3）监控、协调。

①各店在促销活动期间，要随时检查促销活动进展情况，并对发现的问题填写促销活动检查单，对于存在的问题要迅速责成有关人员改进。

②各店店长在促销活动期间，要将发现的问题及时报给企划部及营运部。

③企划部促销组坚持每日"蹲"店，了解促销活动的实施情况，对发现的问题要形成记录，并责成各店整改，对整改情况要进行跟踪检查，并将整改结果记录在"纠正措施验证"一栏中。

④营运部督导人员要每天跟进门店促销活动的进展，及时发现问题并进行纠正。

⑤质量控制部质量控制专员和价格控制专员每日巡店，负责对促销活动中的商品价格及质量进行控制、监督和检查，及时发现问题，及时纠正。

⑥电脑部人员每日上午提交上一天的促销商品销售报表，为促销活动的效果分析及及时调整提供充分的数据。

8. 促销评估

对于每期主题促销活动，在促销活动结束后，企划部促销组应做促销活动评估。

（1）电脑部负责将以下有关的促销数据信息反馈给企划部促销组。

①销售额。

②促销商品销售量。

③客单价。

④来客数。

⑤发放赠品/礼券数。

⑥其他。

（2）各门店店长及采购部各商品采购员提交"本期促销活动评估报告"。

（3）质量控制部、营运督导部、防损部提交"本期促销活动评估报告"。

（4）企划部将有关的促销数据汇总连同各部门递交的评估报告进行数据分析。

（5）企划部促销主管撰写本期促销评估总结报告。评估总结报告内容：

①门店实施促销情况。

②销售额增长度。

③预期目标实现度。

④存在问题分析。

⑤经验总结。

（6）总结报告上交企划部经理、业务副总审批，并抄送相关部门。

五、学生天地

表 6-3　　　　　　　　　　　　某连锁企业促销方案摘要

班级		姓名		实训时间	
学号		组号		主要任务	
备注					

六、效果评价

表6-4   连锁企业促销方案策划评价评分表

考评人			被考评人	
考评地点				
考评内容	连锁企业促销方案策划训练			
考评标准	内　　容	分值（分）	评分（分）	
	熟悉促销的各种方式	15		
	熟悉促销的各种目的	10		
	熟悉促销活动的实施流程	15		
	熟悉促销活动的组织保证安排	20		
	熟悉促销活动可用的各种媒体	10		
	掌握促销活动的商品选择思路	10		
	了解促销活动的费用预算方法	10		
	熟悉促销效果的评估方法	10		
合　　计		100		

注：考评满分为100分，60～70分为及格，71～80分为中等，81～90分为良好，91分以上为优秀。（该表可复印后灵活用于教学）

七、知识拓展

浅议数据企划

企划究竟走向何方？我们先来总结一下企划的大概路子：企划这个专业术语引自日本、韩国和我国的台湾地区，引入我国之后，和营销的联系骤然紧密起来。在零售行业里面，企划部、营销企划部、营销策划部等部门名称不一，但是做的实质性工作比较一致，就是对于促销进行立项、传播、评估。企划在中国的发展历程先是经历点子大王时代，一个好点子出来就可以赚一大笔钱，就可以扬名立万，比如曾经的何阳。到了后来是策划，随着营销的发展，策划和营销的关系更加紧密了，策划又被演绎成了促销的深化，也就是我们通常说的"包装策划"。许多零售公司都是由营运单位提出促销框架，由策划部门进行"包装提升"。再到后来是企划，开始逐步提升企划的话语权，从预算的编制，到活动的立项，到执行，到评估，增加了企划的职能和权力分配比重。于是，企划的方向开始混乱起来，作为这个行业的从业者，我个人比较推崇企划的方向应该是用"数据说话"的营销企划，这也是我这几年企划运作的心得。

初到所在的公司，我作为一个营销类毕业学生所做的基本工作就是写方案稿件，稿件经常被驳回而且是"体无完肤"；到后来荣升为高级职员，开始独立操作一些简单的活动方案，开始接触业务领域的资源整合，这个时候还是停留在"做"方案的角度；再后来担任部门的管理人员，开始接触实质意义上的企划主力工作——方案的确定、媒体的使用、资源的整合，可是仍然是每做一次活动都没有很大的收获，总是一头雾水！直到近几年，部门划归业务副总管辖，开始接触数据后，才真正地在企划方面有了深入的思考和成长。

最初，我们的营销评估只进行销售情况的对比，由于不掌握往年数字，有些时候就无从对比，只能看看销售的环比增长。直到我开始把零售的考核指标全盘引入之后（在此之前，我们公司从来不做这方面的数据整理），即引入客单价、客单量、平方米收益率、品牌销售明细等进行全面的对比，从大型的主力活动，到常规促销，甚至到一些随机的小活动，我们都开始收集和整理这些细小的数据，研究客单的变化、客流的走向、商场布局对销售的改变。在最近的活动中，我们又对赠券的明细进行分类、整理、研究，发现了赠券过程中存在的诸如营业卖场、营业人员服务水平、测算依据等的漏洞。这样经过每一次的活动，我们对于数据性的东西的评估，无论是从精力花费上还是从重视程度上，都有了很大的提高，而且每一次的整理、测算之后，我们都会对这个活动的同比效果、市场竞争影响、环比态势、客流和客单情况等，有一个清晰的、用数据说明的认识。这些同时为高层提供了有力的参考材料，也提升了企划部的说服力，从而形成了我们特有的企划体系，改变了原有的企划部作为附属和可有可无的地位，提升了企划的分量。

我们以最近一次活动的评估为例，简单说明数据评估的意义：国庆节，适逢我公司7周年店庆，在原有的常规活动基础上，我们组织了满100元送干洗卡、满200元送现金券的活动。客观地讲，单纯地分析销售数字，较之于去年的全场明折活动，销售额有了很大程度的下降，但是从节日期间的整体数据来看，体现出了健康的平稳态势，在主力活动推出期间没有出现异常的销售数字和客单量的井喷，7天的同比实现了11%的有效增长。当然，通过对赠券数据的分析，我们还是发现了一系列问题。例如：活动的带动效果不是很明显，通过对数据的整理，我们发现，符合规定的（满200元及以上）的客单量有1 758个，其中主力活动的3天中参与活动的客单量共约6 000个，那么客单量的占比大概在29.3%，满100元以上或者顾客在参与200元以上规则之后的剩余达到100元的客单量有961个，占比大概在16.02%，那么综合满足在100元以上的客单量占比不超过46%，同时我们看到参与活动小票金额共约69万元，而3天的穿着类商品的销售额在132万元左右，客单量的占比大概在52.09%。

那么综合数据来看，有近54%的顾客被活动的参与规则挤出，这类顾客的购物金额未能达到100元，那么这不妨看做此次活动的一个损失点。按照穿着类商品平均客单价在140元以上的情况来看，显然此次活动未能起到拉动客单价提升的作用，从实际的平均客单价的测算中也看到，今年的客单价较去年下降10%左右。那么客观地看，此次活动客单价不升反降的原因，与天气因素有一定的关系，但是主要还是在现场人员的推介方面。

去年的活动我们采取明折，顾客比较容易感受到，而且全场5折给人的感觉是活动力度比较大。今年我们按照满额来算（洗衣卡按照票面价值），我们的折扣点最高也不过在5.3折，最低甚至到了3.6折，在传播渠道上，我们与去年的传播方式一样，甚至在发行量最大的主流晨报上上了头版——这在以前是不敢想象的事情，但是最终体现在销售上的数字却是如此，不能不说是一个遗憾。

活动的带动效果不明显，一来体现在客单量的带动上，没有出现应有的增长；二来则是附近社区的顾客比例有些过大，这也不是活动的初衷。当然这些都是数字分析的结果，所以企划要走数据说话的路子，这样我们的企划才能够更有针对性，更具合理性，也更有挑战性和实践上的指导意义。

资料来源　佚名．浅议数据企划［EB/OL］．［2006-12-31］．http：//www.sinolook.com.cn/Html/taihuabao0701/200612/31/144811934.shtml.

项目18　全年度促销计划训练

每个供应商为了推广好自己的产品，在年底会制订下一年度的产品推广方案，其中包括了全年度的促销计划以及促销资源的预算安排。供应商对不同业态零售商的服务和策略是不同的，具体表现在对大卖场、超市、便利店等会提供不同的产品和促销品。对某些足够大的零售商，供应商甚至会提供客户化的营销方案。但对同一业态的零售商，大部分供应商会采用相同的促销方案，这里就存在零售商之间对供应商的促销资源的争夺。因为每次促销前夕，采购人员向供应商要求促销支持，供应商就会说时间太紧张、促销商品供应不上，更有甚者说今年的促销经费已经用完、无法大力度支持卖场等，这种情况到了年底旺季的时候尤其严重，所以取得促销资源最好的办法就是零售商必须清楚供应商某季度、某月有什么样的促销安排，提前进行沟通，同时整合所有供应商的建议后形成自己的详细年度促销方案。同样，供应商也可以根据零售商的促销主题和自己的促销推广计划提出促销单品的建议。

一、实训目标

1. 能力目标
- 能够把握年度促销计划安排中的每个特定时间点；
- 能够为每个时期设计相应的活动主题；
- 能够根据卖场特点、活动主题选择促销活动主推商品；
- 能够有针对性地创造性地设计具体促销活动形式；
- 能够完成年度促销计划的制订。

2. 知识目标
- 了解企业全年度促销的规律；
- 了解不同季节商品调整的特殊性；
- 掌握年度促销计划制订流程；
- 掌握年度促销计划的内容及格式。

3. 方法目标
- 掌握促销时机的分析方法；
- 掌握促销目标顾客需求分析方法；
- 掌握促销主题及活动形式创意形成方法；
- 掌握年度促销计划制订方法。

二、场景设计

A 商店是学校所在城市的一家 10 000 平方米的大卖场，又到了年底，公司需要制订明年（因为牵涉到具体日期的计算，请实训指导教师确定是哪一年）的全年度促销计划，如果该商店是一家百货公司，那么其年度促销计划应该怎么做呢？请为其制订明年的全年度促销计划。

三、训练步骤

1. 将学生分组，每 5～8 人为一组，以小组为单位来进行全年度促销计划的制订。

2. 以班为单位，实训指导教师以某个月为例进行促销时机分析示范。

消费者的购买行为深受节令、季节、月份、天气等种种因素所影响，所以如何把握这些机会，乃是店铺"促销活动"成功与否的关键之一。制作全年度促销计划我们必须知道如何把握促销时机，一般来说，我们首先需要做如下分析：

（1）节令。节令常常是很好的"促销"时机，不可忽视，需好好把握以争取提高绩效。所谓的"节令"以 3 种类型来表示，即法定假日（元旦、春节、清明节、劳动节、端午节、中秋节、国庆节等）、非法定假日（情人节、母亲节、父亲节、圣诞节等）和民俗节令（七夕、冬至等）。

（2）天气。以店铺来经营的零售业可以算是靠天气吃饭的行业。因为经营是需要有顾客上门然后才有生意做的，而一般的顾客一碰到天气不好时，就不愿意出门，所以天气不好时，经营者更需小心经营，使营业额的减少降至最小。同时一般顾客在不同的天气所购买的商品也会改变，如在下大雨、天气冷时希望买的商品是热的商品，而在天气酷热时希望买的商品则是凉食、冰品和饮料等。所以经营者对天气的变化要时时留意与应用。

（3）季节。商店所促销的产品大致上还是以生活用品为主，所以季节的更替所引起的天气冷热对于商品的销售产生立即性影响。除了将一年分为春、夏、秋、冬 4 季外，更需将其分为"暖季"及"寒季"，以作为商品销售时间调整的参考及确定重点销售商品的依据。比如以经营食品为主的商店，则在寒季（11月至次年 3 月）以经营暖性商品为主，而暖季（4 月至 10 月）以经营饮料、冰品、果汁等清凉食品为主。

（4）月份。"月份"乃指一年中的 12 个月份，每个家庭在店铺的消费，不管其性质或金额多少，皆会受到天气、假期、开学等影响，所以就会产生所谓的淡季与旺季。而店铺如何在淡季提升业绩，在旺季如何使顾客买得更多，此乃在做促销计划时所应考虑的重大因素之一。我们以 9 月份为例来分析：在 8 月底 9月初的换季折扣优惠活动结束后，经营者大都会趁夏季和秋季交替之际，以改装、调整柜位等方式，让消费者有新鲜的感觉。因此，秋装新品上市，并不急于销售，而是重于柜位的宣传和流行信息的告知，并且推出秋冬流行服饰动态发布秀。不过，为了弥补业绩，多半会在此时举办过季商品特卖会来吸引消费者。此外，传统的中秋节，则是本月的另一个重点，推出时令礼盒、趣味活动，则是必备的基本活动了！

3. 大家共同讨论，列出这个月份常见的促销主题。

任何一个促销活动，皆需针对其内容而设定出具有相当吸引力的"活动主题"，使活动更精彩。能抓住对产品真正有需求的顾客来促销、掌握到正确促销主题的活动，才是成功的促销活动。若广告费用支出没有达到预期的效果，不但浪费公司人力、物力及财力，而且对于公司形象的损害也是相当严重的。因此，如何将季节性的主力产品、主要顾客作为促销重点，设计出十分有创意的促销主题是一项非常重要的工作。所以，承接上文中的 9 月份例子的分析，9 月份一般会考虑如下促销主题：

★中秋节礼品展销。

★敬老礼品展销。

★盘存商品大清仓。

★秋装上市。

★改装开幕，全店同庆。

★初秋日本商品展。

★星光秋月，中秋礼品特刊。

★过季秋冬商品联合特卖会。

★新柜登场。

★秋冬彩妆嘉年华。

★欢乐中秋联欢庆。

★卡友回馈礼。

★中秋感恩庆。

★秋冬流行商品特刊。

……

4. 根据我们对这个月的分析，列出该月份应该推荐的商品。

还是以上文中的 9 月份为例，9 月份可以考虑主推如下商品：

（1）中秋节商品。其一般会发行中秋礼品特刊，内容包括名店的手工月饼、葡萄酒、香皂礼品盒、餐具、瓷器、小家电等，并有中秋烤肉串料、烤具用品特卖来应景。

（2）过季商品。为提升"买气"，此时可谓四季商品杂陈，不但有春夏商品最后出清，还有过季秋冬商品特卖，以吸引那些舍不得花大钱，却想拥有相当品牌服饰的顾客。

（3）新品。其通常以服饰、内衣、彩妆、保养品等流行度较高的新品为主上市，如服饰、内衣举办秋冬新款动态秀；彩妆举办秋冬咨询发表会；为提高试穿试用比率，还有秋冬新品体验会，凡试穿即送精美小礼品；此外，若参加新装票选活动，还有机会将该项新品带回家等。

5. 根据上一步的分析我们可以进一步列出该月份常举行的活动。

还是以上文中的 9 月份为例，可以考虑如下活动：

（1）中秋节。

★月饼制作 DIY 示范。

★分送小月饼，免费试吃。

★吃月饼大赛。

★创意柚子造型秀。

★称斤称两猜柚重。

★民俗技艺展销会。

★嫦娥玉兔征画赛。

（2）新装发布。为带动流行风尚，商店通常会发行秋冬流行新品特刊，以及秋冬流行秀或楼面动态宣传来吸引消费者，招徕生意。

6. 根据这个月份的促销主题以及目前商店的具体情况制订该月的促销计划。

我们以我国台湾地区的某年9月份市场为例，来制作9月份促销计划表（见表6-5）。

表6-5　　　　　　　　　　　　　　9月份促销计划表

日期		1	2	3	4	5	6	7	8	9	10	11	12	13	14	15	16	17	18	19	20	21	22	23	24	25	26	27	28	29	30
星期		四	五	六	日	一	二	三	四	五	六	日	一	二	三	四	五	六	日	一	二	三	四	五	六	日	一	二	三	四	五
节日				军人节																中秋节			市场公休						教师节		
全店大纲		军人节特卖				8/26~中秋礼品展（秋之美味）																		教师礼品展							
卖出计划	超市					8/26~中秋礼品展，烤肉片、肉串大特卖																		教师礼品展							
	百货					8/26~中秋礼品展，围炉、烤肉用品展																	教师礼品展（卡片……）								
	服装		服饰3折单一价																				秋装上市								
	礼品					8/26~中秋礼品展（军人节当日凭军人证优惠）																		教师礼品展							
展示场		军旅文化展			秋冬休闲特卖会																	新西兰文化展览									
文艺广场						电影、休闲、旅游影带放映																								
中庭舞台						军人节特别活动、音乐表演、亲子假期																								
活动			军校乐团表演				五彩风筝赠送													中秋望远镜观月、象棋擂台赛											
宣传	报纸		半版报纸3张				半版报纸2张													半版报纸3张											
	传单		传单10万张									超市传单5万张						传单15万张				超市传单5万张								
			超市传单5万张																												
	装饰		大出清3折起气氛																		秋装气氛										
				中秋节气氛																											

注：8/26指8月26日，8/26~中秋礼品展指从8月26日开始的中秋礼品展活动。

7. 小组独立工作。

各小组根据上述分析思路，以小组为单位来进行全年度促销计划的制订，可以查阅互联网，也可以收集整理相关零售商近几年的 DM 海报，做出每个月的情况说明，列出每个月的常用促销主题，以及每个月的主力商品、各种常用的促销活动，根据这些素材，然后与我们目前场景提供的企业情况结合，做出每个月的促销计划。

8. 计划汇总及评价。

各小组将每个人制作的每个月的促销计划进行汇总讨论，注意同样的促销方式不要重复过多，汇总之后形成该企业全年度的促销计划。各组提交全年度促销计划（包括每一阶段的分析结果）并做发言讨论，实训指导教师点评。

注意事项

> ★ 学校可以请连锁企业促销企划人员来校做一次相关讲座。
>
> ★ 有条件的学校可以参与企业全年度促销计划制订工作的某些活动。

四、相关知识

1. 完整年度促销计划应包含以下几项内容

（1）时间安排。

对于促销时间的选择和安排，应依据具体产品的特性并服务于企业整体营销策略。对消费者促销的年度时间安排要把握以下重点：①销售高峰期间，如饮料的夏季销售高峰期；②节假日；③特定区域的时间安排，如旅游地区的旅游高峰期；④特定渠道的时间安排，如学校渠道的开学时间。

（2）项目主题。

一个促销活动必须有主题，这个主题必须有明确的目标并且简洁、易于传达。另外，在年度促销计划中由于时间原因，促销主题可能不是很符合当时的实际情况，可以在实际操作时进行修正。

（3）责任人。

一个计划必须有一个执行负责人。在安排责任人时，需要充分考虑人员的分工与协作，还要对人员的时间安排进行协调。

（4）前置准备时间。

促销计划中应有足够的时间对促销活动的执行进行准备，同样要考虑的是时间的协调，最实际的问题就是一个人在同一个时间不可能完成太多的工作任务。

（5）具体内容。

对促销活动具体内容的说明。这里的内容不需要像活动计划书那样完备，主要对活动将完成的工作项目进行说明，并具体安排活动将要采用的形式，如买赠或是其他形式。

（6）效果预估。

对每一个具体的促销项目，应对其活动的效果进行估计，这种预估应包含两个方面：①销量，即活动直接产生的销售数量；②参与人数，即参与具体促销活动的消费者数量，这也是促销活动重要的效果之一。

（7）费用。

一个促销活动所包含的费用主要有人员费用、赠品费用、场地费用、物品租金或折旧费用。年度促销计划中的费用只是一个大概数值，而且整个年度促销计划的费用应与整体销量相匹配。

2. 台湾某百货公司上半年（1—6月）计划范例

台湾某百货公司上半年（1—6月）计划范例见表6-6。

表6-6 台湾某百货公司上半年（1—6月）计划范例

档期	节庆	重要性	全店标题大纲	特卖场	特别企划	活动	促销
01-05		※	冬换季7折起 包包特卖会	打包美丽，袋出快乐——包包特卖会 衬衫、休闲服特卖会			欢乐集点送（满5 000元，统统有奖）
01-19		※	家饰、家用品展售会	除旧布喜迎新春——家饰用品展销会 六大品牌特卖会	春节礼品特价分为500元、1 000元、1 500元（南北货、补品、饼干、糖果礼盒）	迎春舞狮，现场送春联、红包，传统技艺展售（捏面人、中国结、童玩草编等）	
01-22		※※	新春一路发——特别抽奖活动 多换季5折起	家饰、家用品展销会	春节礼品城 幸运福袋 春节礼券推广	吉祥迎新年 平安送旧年	
01-29		※※	跨世纪情人节特辑	波隆纳国际儿童图书插画展	情人节礼品特辑 情人节礼物票选 浪漫情人套餐	名人说爱情故事 情歌对唱 情人音乐演唱会	新春大放送（满2 000元参加机车、家电、旅游等抽奖） 卡友回娘家来店礼 生肖扑满
02-12	春节 情人节	※※	焕然"衣"新过春节——新春服饰商品特卖会 冬换季最后出清3折起	新春服饰商品特卖会 童装玩具特卖会	楼面欢乐喜年来活动满额送蛋卷	挥毫迎新年 生肖宝宝玩偶于各楼面分送糖果	
02-26	元宵节		日本商品特卖会（食品、服饰、杂货等） 全店日本商品介绍 换季前3天印花商品上报	日本商品特卖会 青少年和淑女服饰特卖会	日本寿司和渍物制作示范实演 日式花艺花道展	元宵现场制作表演及销售 日本书法和手工艺表演	卡友来店送咖啡杯（凭发票）
03-12	白色情人		春花正舞——新品上市	春夏内衣、睡衣特卖会 杂货饰品特卖会	春夏新品票选活动 顾客试穿送小礼	春夏新妆发表会	
03-26	妇幼春假	※	娃娃联合国——梦想中的儿童节	童装玩具特卖会 挑战百变发明游戏	漂亮宝贝相片征选 环保亲子童玩制作	儿童乐园表演 儿童模仿大赛	童装楼面赠品送代金币

档期	节庆	重要性	全店标题大纲	特卖场	特别企划	活动	促销
04-08			千面芭比——春夏新品上市	世界化妆品大展（保养、保湿、彩妆、香水）化妆品咨询发布会			
04-13			500 元、1 000 元、2 000 元均一价特卖会	男装改装前出清			
04-24		※※	亲亲妈咪满额抽奖 永恒的风华——黄金珠宝展	黄金珠宝展 名牌内衣、睡衣特卖会	夏海正蓝——新款泳装登场和动态发布秀		妈咪大抽奖（满3 000元参加金钻、家电、旅游、健康器材等抽奖）
04-30	母亲节	※※	卡桑——亲亲妈咪 Happy Mother's Day		将妈妈的礼品分类如休闲补品、料理等精选礼品	婆媳默契大考验卡桑歌唱大赛卡桑吃寿司比赛温馨音乐飨宴送康乃馨	
05-14			流行名牌女装特卖会	流行名牌女装特卖会	创意宫廷服饰展	夏日清凉菜教学	
05-19		※※	初夏购物节百货服饰 8 折起，超市特价仅有6 天	流行名牌女装特卖会	楼面自便抽奖活动热浪滚滚，限时抢购凉夏流行，每日巡礼迎战夏日，低价热卖初夏凉水节夏日美人妆特惠新柜登场介绍	学校管乐队表演学校拉拉队表演学校乐仪队表演夏夜星空音乐会宝宝爬行比赛	购物双重送（满3 000元参加机车、黄金、家电、旅游等抽奖摸彩球、现摸现送）
05-26			Men's Collection——衬衫、西裤特卖会	衬衫、西裤特卖会流行休闲特卖会	男人 Relax 特区系列活动（喝咖啡、打撞球、看投资杂志书刊）		

档期	节庆	重要性	全店标题大纲	特卖场	特别企划	活动	促销
06-04	端午节		粽情、舟情、端午情	城乡风貌展示观摩会	端午节礼品、用品（锅、粽子）6月新娘（珠宝）凉夏用品特辑（泳装、防晒品、凉被、电扇、冷饮）	端午趣味立蛋乐 香包教学活动 吃粽子比赛 包粽子快手 白蛇传征画比赛 创意说故事比赛	
06-11			全店大出清——鲜夏特别折扣	名牌内衣和女装联合嘉年华	结束代理特区 考生祈福签活动	夏日礼赞——凭载角来就送	
06/15			万双鞋特卖会	鞋鞋包包特卖会	夏日彩妆特惠组合	直排轮表演	
06-25		※※	千喜感谢庆 夏换季流行服饰7折起	顾客特招会 综合商品联合特卖会 独家自营限量发售品	楼面10元优惠商品 独家魅力化妆品组合 超市发货超值印花 魅力出清 开店限时抢购商品 独家超优惠	欢喜感谢，千万元义卖活动	卡友来店礼（围裙隔热垫）千喜感谢送（购物满5 000元参加汽车、家电等抽奖）

181

五、学生天地

表6-7　　　　　　　　　　全年度促销计划摘要

班级		姓名		实训时间	
组号		成员		主要任务	
请将全年度促销计划摘要贴在此处					
备注					

六、效果评价

表6-8 全年度促销计划制订训练评价评分表

考评人			被考评人	
考评地点				
考评内容	全年度促销计划制订			
考评标准	内　容	分值（分）	评分（分）	
	了解年度促销计划的重要性	20		
	熟悉年度促销计划的制订思路	20		
	熟悉促销时机的分析方法	20		
	熟悉每个月可用的促销主题、主推商品及活动	20		
	能够独立制作全年度促销计划	20		
合　计		100		

注：考评满分为100分，60~70分为及格，71~80分为中等，81~90分为良好，91分以上为优秀。（该表可复印后灵活用于教学）

七、知识拓展

表6-9　2013年2月24日—2014年2月23日××超市全年常规促销计划

促销时间	2013年2月24日至3月14日
促销主题	新学期，新气象
促销内容	针对新学期学生商品开展促销
商品提供	以学生用品、儿童用品为主（学生用具、书籍、随身听、复读机、早餐食品、日常用品、服装鞋帽、书包、休闲食品、饮料、日化洗涤、个人洗护用品、护肤品、儿童用品、玩具等）
促销宣传	西安市内各店门前横幅悬挂（内容：××超市愿所有的学生朋友新学期新收获，费用：约3 000元）
执行分店	所有分店
促销时间	2013年4月10日至4月25日
促销主题	春暖花开时，一切只为您——××超市首届春游踏青用品专卖节
促销内容	针对此段时间的春游踏青活动，开展春游踏青商品专卖活动
商品提供	以春游踏青商品为主（饮料、方便食品、便携熟食类、口香糖、休闲食品、背包、野炊用品、休闲服装和鞋帽、日用品、易耗品、体育用品等）
促销宣传	1. 各店门前横幅悬挂（内容：春暖花开时，一切只为您——××超市首届春游踏青用品专卖节，费用：约3 000元） 2. DM促销（大度16开5万份，费用：约7 500元）
执行分店	西安市内各店，各大区总店

促销时间	2013 年 4 月 27 日至 5 月 10 日
促销主题	劳动创造辉煌，××超市真情奉献
促销内容	针对五一长假，对节日商品进行整体促销及对五一出游商品的促销
商品提供	以节日商品及出游商品为主（礼盒、烟酒、休闲食品、家电、保健品、水果蔬菜、肉类、海鲜类、日用品、饮料、易耗品、早餐食品、防晒护肤品、方便食品、便携熟食类、口香糖、背包、野炊用品、休闲服装和鞋帽、体育用品等）
促销宣传	1. 各店门前横幅悬挂（内容：鲜花献给辛勤的劳动者—××超市，费用：约 4 000 元） 2. DM 促销（大度 8 开 10 万份，费用：约 22 000 元）
执行分店	所有分店
其他要求	各门店应及时联系周边单位劳动节商品的大宗团购业务

#5 月 1 日当日在××超市一次性购物满 51 元的前 51 名顾客，凭购物小票可在收银台换取钥匙扣一个（费用：约 5 000 元）

促销时间	2013 年 5 月 15 日至 5 月 31 日
促销主题	夏季商品特价销售
促销内容	针对即将进入的夏季对夏季商品进行促销
商品提供	以夏季商品为主（夏装、风扇、空调、灭蚊蝇类器具、灭蚊蝇类药物、日常洗护用品、防晒护肤用品、内衣、袜子、方便食品、休闲食品、易耗品、饮料、啤酒、水果蔬菜等）
促销宣传	DM 促销（大度 8 开 10 万份，费用：约 22 000 元）
执行分店	所有分店
其他要求	各门店应及时联系周边单位防暑用品的大宗团购业务

促销时间	2013 年 5 月 28 日至 6 月 4 日
促销主题	愿祖国花朵健康成长
促销内容	针对儿童节，对儿童商品开展促销
商品提供	以儿童商品为主（童装、玩具、文具、少儿书籍、休闲食品、饮料、奶粉、面包蛋糕、儿童百货等）
促销宣传	各店门前横幅悬挂（内容：××超市祝所有的小朋友快乐成长，费用：约 4 000 元）
执行分店	所有分店
其他要求	各门店应及时联系周边幼儿园、小学校儿童节礼品的大宗团购业务

#6 月 1 日进店购物带儿童的顾客，可凭购物小票在收银台换取小玩具一件，限前 50 名顾客（费用：约 5 000 元）

促销时间	2013 年 9 月 5 日至 9 月 10 日
促销主题	老师，您辛苦了
促销内容	针对教师节开展礼品、文化用品等商品专卖活动

商品提供	以教师节礼品、文化用品等商品为主（保健品、烟酒、礼品、礼盒、化妆品、个人洗护品、服饰、首饰等）
促销宣传	各店门前横幅悬挂（内容：老师您辛苦了，费用：约4 000元）
执行分店	所有分店
其他要求	各门店应及时联系周边学校、科研院所的教师节礼品大宗团购业务

#9月10日在××超市购物的教师，可凭购物小票及教师证在收银台领取赠品一件，各店限前50名（费用：约10 000元）

促销时间	2013年9月14日至9月22日
促销主题	但愿人长久，××寄相思
促销内容	针对中秋节商品销售高潮，开展中秋商品促销活动
商品提供	以中秋节日商品为主（盒装月饼、散装月饼、各类中式糕点、烟酒、礼品、保健品、水果蔬菜、肉类、海鲜、休闲食品、易耗品、饮料等）
促销宣传	1. 各店门前横幅悬挂（内容：但愿人长久，××寄相思，费用：约4 000元） 2. DM促销（大度8开10万份，费用：约22 000元）
执行分店	所有分店
其他要求	各门店应及时联系周边单位中秋节月饼等商品的大宗团购业务

#各月饼、中式糕点供应商可在促销期间进行现场促销（品尝、买赠等）活动

促销时间	2013年9月25日至10月10日
促销主题	欢乐国庆欢乐颂，××特价乐翻天
促销内容	针对国庆节长假进行节日商品及出游商品促销
商品提供	以节日商品及出游商品为主（礼盒、烟酒、休闲食品、家电、保健品、水果蔬菜、肉类、海鲜类、日用品、饮料、易耗品、早餐食品、护肤品、化妆品、家用洗涤类、方便食品、便携熟食类、口香糖、背包、野炊用品、休闲服装和鞋帽、体育用品等）
促销宣传	DM促销（大度8开10万份，费用：约22 000元）
执行分店	所有分店
其他要求	各门店应及时联系周边单位国庆节的大宗团购业务

#10月1日在××超市一次性购物满101元的前30名顾客，可凭购物小票在收银台兑换赠品一份（费用：约20 000元）

促销时间	2013年11月1日至11月10日
促销主题	××超市11年，真情相伴到永远
促销内容	针对超市11周年庆开展全场商品惊爆价促销，答谢新老顾客
商品提供	以顾客敏感商品惊爆价销售为主，主要以一线商品为主（中高档生活用品、中高档化妆品、中高档洗护品、中高档烟酒和礼盒、中高档服装鞋帽等）
促销宣传	1. 各店门前横幅悬挂（内容：××超市11年，真情相伴到永远，费用：约4 000元） 2. DM促销（大度8开10万份，费用：约22 000元）

执行分店	所有分店
促销时间	2013 年 11 月 1 日至 12 月 1 日
促销主题	××生活用品超低价风暴月
促销内容	抓住二级市场销售低谷进行生活用品及部分食品超低价促销，改善二级市场销售状况
商品提供	二级市场消费者敏感商品，以二线商品为主（中低档散装饼干和糕点、中低档卫生纸、中低档脸盆、中低档锅碗、中低档生活用品、中低档化妆品、中低档洗护品、中低档烟酒和礼盒、中低档服装鞋帽等）
促销宣传	1. 除西安市内店外其他各店门前横幅悬挂（内容：××生活用品超低价风暴月，费用：约 3 000 元） 2. DM 促销（大度 16 开 5 万份，费用：约 7 500 元）
执行分店	除西安市内店外其他各店

#促销期间在××超市一次性购物满66元的顾客可凭购物小票兑换脸盆一个或水杯一个
（费用：约 10 000 元）

促销时间	2013 年 11 月 18 日至 12 月 5 日
促销主题	迎接冬日，××送温暖
促销内容	针对即将进入的冬季进行冬季商品专卖活动
商品提供	以冬季商品为主（炉具、厨具、日用品、热饮料、手套、口罩、帽子、冬装、电热毯、电暖气、电暖炉、毛毯、其他御寒用品等）
促销宣传	DM 促销（大度 8 开 10 万份，费用：约 22 000 元）
执行分店	所有分店
其他要求	各门店应及时联系周边单位的冬季用品大宗团购业务
促销时间	2013 年 12 月 6 日至 12 月 21 日
促销主题	××暖暖冬日情
促销内容	针对冬至食品和其他冬季商品开展促销
商品提供	以火锅类商品、冬至食品（饺子等）、其他冬季商品为主（散装水饺、袋装水饺、牛羊肉片、肉丸、火锅底料、配料、饮料、白酒类、冬装、被子、休闲食品、海鲜、水果蔬菜、其他御寒用品等）
促销宣传	DM 促销（大度 16 开 10 万份，费用：约 15 000 元）
执行分店	所有分店

#可在市内部分生鲜店进行火锅试吃活动（人员、费用由供应商负责）

促销时间	2013 年 12 月 20 日至 2014 年 1 月 10 日
促销主题	迎元旦庆圣诞，××全场有惊喜
促销内容	针对圣诞节商品、元旦商品进行促销
商品提供	以圣诞节、元旦节日商品为主（礼盒、烟酒、保健品、水果蔬菜、肉类、海鲜类、日用品、饮料、易耗品、洗护品、家用洗涤类、巧克力、圣诞装饰品、圣诞贺年卡、礼品、糖果、音像品等）

促销宣传	DM 促销（大度 8 开 10 万份，费用：约 22 000 元）
执行分店	所有分店
其他要求	各门店应及时联系周边单位圣诞节、元旦的大宗团购业务
#12 月 23 日在××超市一次性购物满 100 元的顾客可凭购物小票兑换圣诞老人帽子或绒制品一个（费用合计：约 10 000 元）	
促销时间	2014 年 1 月 18 日至 2014 年 2 月 9 日
促销主题	来××买年货，享受新年的乐趣
促销内容	抓住 2014 年春节销售高峰进行春节节日商品促销
商品提供	以春节节日商品（年货、礼品）为主（礼盒、烟酒、休闲食品、保健品、水果蔬菜、肉类、调味品类、海鲜类、日用品、饮料、易耗品、洗护品、家用洗涤类、家用清洁类、糖果炒货、礼品、年糕、八宝饭、水饺、汤圆、服装鞋帽、其他年货等）
促销宣传	1. 各店门前横幅悬挂（内容：××超市恭祝大家新年快乐！阖家欢乐！费用：约 4 000 元） 2. 年货类商品 DM 促销（大度 8 开 10 万份，用：约 22 000 元） 3. 新年礼品商品 DM 促销（大度 16 开 10 万份，费用：约 15 000 元）
执行分店	所有分店
其他要求	各门店应及时联系周边单位的春节商品大宗团购业务
促销时间	2014 年 2 月 12 日至 2 月 16 日
促销主题	元宵佳节，乐在××
促销内容	针对元宵节进行节日商品专卖活动
商品提供	以元宵节节日商品为主（礼盒、烟酒、保健品、礼品、汤圆、饺子、年糕、八宝饭、水果蔬菜、肉类、海鲜、饮料、儿童玩具、休闲食品等）
促销宣传	DM 促销（大度 16 开 10 万份，费用：约 15 000 元）
执行分店	所有分店
#促销期间在××超市一次性购物满 100 元的顾客可凭购物小票换取灯笼一个（费用：约 15 000 元）	

表 6-10　　　　　　2013 年 2 月 24 日—2014 年 2 月 23 日

××超市全年常规促销计划基本费用

费用名称	费用合计（元）
DM 印刷费用	236 000
横幅制作费用	33 000
赠品购买制作费用	75 000
费用总合计	344 000

资料来源　作者根据相关资料改编。

项目 19 新开店企划训练

对于发展中的连锁企业来说，开展有效的新闻宣传策略，为新店开张进行舆论造势预热，是非常有必要而且富有卓效的。大多正在连锁扩张中的零售企业，之前只是在某个城市具有较高知名度，地域特征明显，这就为异地连锁扩张的推广造成了一定难度，推广工作就需要切实地解决这些问题，为开展大规模的推广预热，实现推广目的。

一、实训目标

1. 能力目标
- 能够提炼总结门店新开业推广卖点；
- 能够合理选择不同的推广方案；
- 能够选择合适的开业庆典方式；
- 能够制订合理的开业庆典方案；
- 能够制订合理的开业促销方案。

2. 知识目标
- 了解企业新开业企划的目标；
- 掌握门店新开业推广的主要内容；
- 掌握新店媒体的推广策略；
- 掌握新店开业招商策划的重点；
- 掌握开业营业策划的重点。

3. 方法目标
- 掌握门店招商及宣传卖点提炼方法；
- 掌握门店推广媒体选择的方法；
- 掌握门店招商推广的各种方法。

二、场景设计

A购物中心是学校所在城市将要开业的一家百货+超市的购物中心，经营面积4万平方米，地下一层为超市，地上六层为百货商场，第七层公司主要考虑为餐饮、休闲、娱乐功能。在购物中心开业筹备的过程中，有一项非常重要的工作需要做，那就是营销企划工作，尤其是该购物中心首次登陆该城市，各方面对它还不了解，这对它的营销企划工作带来很大压力。因为营销企划工作是该购物中心的喉舌，消费者对其能否认可、供应商是否愿意合作以及理想的潜在员工是否能够加盟该购物中心都需要营销企划部门前期的预热和引导。同时促销活动在开业的那天如何能够一炮打响，也需要企划部门好好安排。公司计划在9月26日开业，现在是7月1日，作为一名连锁经营管理专业的学生请为该购物中心的开业前期以及开业当天的营销企划工作提出系统性的方案。

三、训练步骤

1. 将学生分组，每5~8人为一组，讨论场景设计中的企业此次新开店企划的目的。

　　一定要清楚新开店企划与前两模块促销活动的不同，明确三大目的：在消费者心目中树立良好形象，以吸引消费者；招聘到好员工；为供应商树立信心，选择到好的合作伙伴，采购到好的商品。

　　2. 根据企划目的，制定企划大纲。

　　各小组讨论确定诉求要点，仔细分析学校所在城市的情况，并结合该购物中心的店址，做到诉求的主要对象的锁定、诉求的次要对象的锁定，并做好各种媒体广告的计划以及报纸新闻系列报道的线索制定企划大纲。例如：某百货公司开业前夕列出了如下企划案大纲：

　　开幕主题：巨舰起航，精彩揭幕。

　　（1）造势阶段：自5月15日至9月14日。

　　①报纸广告：ⅰ．招聘广告2次（5月下旬、7月下旬）。

　　ⅱ．开幕预告1次（9月上旬）。

　　ⅲ．名义调查1次（9月上旬）。

　　②主题专访：ⅰ．B置业的背景和发展方向（董事长）。

　　电视报纸：ⅱ．B置业在西部开发的贡献（董事长）。

　　ⅲ．有关Shopping Mall的基本概念（总经理）。

　　ⅳ．A购物中心的筹备状况（总经理）。

　　③公交系统：ⅰ．南关什字的公交站名变更为A购物中心站。

　　ⅱ．主干线公交车辆车身广告预告（南关什字A购物中心，某某市百货业航空母舰，今年秋天扬帆起航）。

　　④外观布置：大楼外立面垂悬幕的张贴。

　　⑤街道灯箱：ⅰ．火车站设立灯箱若干。

　　ⅱ．主要商业街设立灯箱若干。

　　（2）预告阶段：自9月15日至9月22日。

　　①报纸广告：各主要报纸连续7日刊登开幕广告。

　　②电视广告：各主要电视台连续7日每日播放10秒钟广告5~8次。

　　③电台广告：各主要电台连续7日广播开幕预告。

　　④邮政投递：投递100 000份DM。

　　⑤开幕酒会：于开幕前1日召开。

　　⑥过街横幅：各主要商业街和商场附近街道悬挂横幅。

　　⑦外观布置：由专业绿艺景观公司布置对外形象。

　　（3）开幕阶段：自9月23日至10月8日。

　　①开幕剪彩。

　　②模特表演。

　　③购物折扣。

　　④购物赠礼。

　　⑤特价商品。

　　3. 根据所在城市的媒体情况，确定具体的广告计划。

　　该广告计划中应该包括传统媒体广告（需要同时准备系列软文）、户外广告、公交车广告、店内广告（包括店内各种标志物的制作）等的广告时间、广告方式、广告内容及实施的注意事项。

4. 招商手册的制定，其中应该包括：

（1）基础资料：企业简介、外部环境、经营项目、经营布局、商品结构、地址、电话等。

（2）形象展示：企业 LOGO、企业标准色使用、企业名称等。

（3）招商说明：招商范围、招商价格（酌情）、招商政策、招商时间、招商程序等。

（4）理念传播：经营定位、市场发展潜力等。

5. 招商发布会具体方案的制订。

其具体内容包括：场地安排、招商发布会议程、来宾邀请、费用预算，以及重要发言人的发言稿等。

6. 具体开业典礼的策划。

其主要准备工作进度需求时间表，还包括：发放请柬、活动相关项目审批（指市容、交警、气象、航空等相关部门的审批）、红地毯铺设、本次活动停车位的划分、当日活动流程、开业警卫方案、其他项目等。

7. 开业当天的商品促销方案，具体思路可以参照前两个模块。

8. 开业造势费用预估，可采用目标任务法来计算，见表 6-11。

表 6-11　　　　　采用目标任务法预估开业造势费用

序号	内容	次数	费用（元）
1	兰州、甘肃电视台图文广告（开幕预告）	每天 5 次/5 天/2 台	30 000
2	兰州有线、甘肃有线文字广告（开幕预告）	每天 5 次/10 天/3 台	30 000
3	兰州晚报招聘广告	2 次半版	22 000
4	兰州晚报名义调查	1 次半版	11 000
5	兰州晨、晚报开幕预告	2 次半版 2 报	44 000
6	交通广播电台（开幕预告）	每天 5 次/5 天	5 000
7	各台专题采访（交际费）	各约 10 次	20 000
8	公交站名变更	买断 5 年	50 000
9	车身广告（开幕预告）	100 辆/3 月	350 000
10	出租车广告（开幕预告）	1000 辆/3 月	90 000
11	DM（开幕预告）	100 000 份（对开）	80 000
12	亲善活动用礼品	100 000 份/5 次	50 000
13	亲善活动用杂费	5 次	20 000
14	公益活动用杂费	10 次	40 000
15	过街横幅（开幕预告）	200 条/1 月	20 000
16	外立面垂悬幕（2m×2m）	1 块	5 000
17	一楼橱窗包装用材料		4 000
合计			871 000

注意事项

> ★ 开业策划与普通的商业零售策划有很大差别，最主要的地方在于：普通的商业零售策划仅仅在于针对消费者的具体促销活动的安排；而开业策划是一个系统工程，开业前的一系列工作都需要策划，包括对消费者的策划、对供应商的策划、媒体的选择等，其难度可想而知，也正是由于这一原因，所以对于学生策划能力的锻炼和提高具有重大意义。
>
> ★ 有关营销企划的理论很多，但是在与零售企业开业的实际结合上总是不太理想，所以实训指导教师一定要捅破理论与实际运用之间的"隔膜"，尽量突出对学生实战技能的训练。

四、相关知识

1. 新开店企划的针对性

（1）针对消费者的商店形象推广。

由于消费者对即将开业的 A 购物中心不甚了解，因此 A 购物中心进驻该市一定要产生轰动性影响，让它树立该市商界领跑者的形象，并在消费者心中树立品牌意识，产生品牌效应。A 购物中心要向全市人民传达一个全新的消费理念：A 购物中心是该市购物、休闲、娱乐的最佳去处，同时通过新闻炒作，让"A 购物中心"这几个字深入人心，为树立美誉度做好铺垫。A 购物中心必须注重前期宣传与形象塑造、中期宣传与市场炒作、后期宣传与推广强化的宣传力度及宣传频率的合理运用、宣传连贯性与统一性的充分保障，特别在前期宣传，必须一炮打响。

（2）针对供应商的招商推广。

①在宣传主题定位上，必须根据整体性、系统性的要求，体现招商总体效应。

②在宣传内容组织上，必须根据商户对于本项目的思考、疑虑、诉求、渴望，最大限度地明确、表现我方的吸引力及竞争力，使其热点效应与亮点效果得以实现。

③在宣传媒体运用上，必须采用企业形象塑造效果好、宣传成本低、公众接受程度高的宣传媒体，从而保证达到经济、实效、超值的宣传效果。

④在宣传实施过程中，必须与招商工作配合，通过《招商手册》、传单、互联网、报刊、电视、广播等，着重阐述经营定位、经营理念和经营模式，并对市场潜力予以肯定，对本项目招商政策进行必要的解释。

（3）针对员工的招募推广（一定程度上为前两者服务）。

通过门店形象的塑造来吸引优秀员工的加盟，而且许多企业会大力宣传招聘及培训过程中的与众不同，体现企业的优势与特点，为招商以及在消费者心目中树立良好形象起到一定的促进作用。

2. 连锁企业新店媒体推广的原则

（1）取信原则。

新闻报道要实事求是、取信于受众。新闻宣传策划不是目的而是手段，是增

190

强向受众提供最好的新闻报道，以使新闻报道更好地传达到目标受众。有一些百货公司喜欢用虚假数据夸大企业的实力，这样在前期宣传中固然能暂时地提高消费者对企业的认识，但是从长远角度来看，必将得不偿失。

（2）创新原则。

报道策划的价值在于通过精心谋划、周密组织使报道取得不同凡响的传播效果，因此从选题策划到方案设计都要追求标新立异。在策划过程中，突破传统思维方式的创意、集思广益的智力碰撞、源源不断的创作灵感构成了策划的精彩内容，孕育出令人耳目一新的报道。

（3）变通原则。

任何策划都是对未来行动的谋略和规划，媒体推广也是如此。策划者总是在报道客体发展变化的某一点上谋划报道，但客体的这种发展变化并不以人的意志为转移，随时都可能会出现策划者未曾预计到的新情况、新变动。因此，要把握传播的主动权，策划者就要善于审时度势、随时变通。策划报道时应尽可能对各种可能出现的情况进行分析，使方案具有灵活性、应变性；在报道实施过程中，要紧密注视各方面情况的变化，随时对媒体推广方案做出修正和调整。

（4）可行原则。

媒体推广的效果最终要在实践中得到检验，因此媒体推广方案必须具有可操作性，能够准确无误地指导新闻宣传活动，而不是纸上谈兵。在报道策划过程中，要注意对外部环境和内部条件进行分析论证，使每一步骤的设计都切合实际，能够扬长避短，具有可行性。

191

3. 媒体推广时间阶段安排

一般将媒体推广的时间安排为4个阶段，这4个阶段以新店开张的最后日期为锚点：

第一阶段：媒体推广导入阶段，开店前85天开始，时间约为1个月以上，频率稍缓。

第二阶段：媒体推广发展阶段，开店前55天开始，时间约为1个月，频率正常。

第三阶段：媒体推广重点阶段，开店前25天开始，直至开店后5天，时间约为1个月，频率高。

第四阶段：媒体推广巩固阶段，开店后5天开始，时间为1个月，频率稍高。

4. 连锁企业新店的媒体推广阶段性宣传要点

作为新开张的店，媒体推广可以围绕以下几个要点进行：商圈环境、进度、经营、定位、规划、形象、人才、服务、竞争、品牌、发展。以上几个要点按照周期来进行，根据当前各阶段适当安排，凸显重点。

5. 开业媒体的选择分析

一般来说，在不同的阶段媒体的选择要有所侧重，开业广告最好在开业前1个月开始实施，商圈范围较大的大型商店可提前在开业前3个月实施。这样既不花过多的广告费，又能使信息传播相对集中。一般来说，在开业前20天，全面启动电视、报纸、电台三大主要媒体，将企业即将盛装开业的信息告诉消费者。

考虑到媒体效果，开业广告一般适合选用路牌、入户传单等媒体，小范围、高密度地进行信息传播。路牌广告必须设置在商圈范围内，传单可直接送到居民家中。在开业前1个星期，全面启动报纸和电视广告，形成一个全方位宣传报道的态势。印制一定数量的宣传单，把商店的经营品种、开业时间以及开业期间的促销活动告诉消费者，与消费者进行面对面的宣传。如果情况允许：在城区主要干道悬挂横幅，在主要十字路口悬挂氢气球，内容主要是与企业形象宣传和开业促销有关的信息；开业当天邀请乐队演奏（歌曲要求积极向上，具有较强的感染力），为开业助兴，吸引客源；将供货商的祝贺条幅凌空悬挂，显示公司与供货商融洽、团结的关系；租赁一些汽车，并加以装饰，以新的、炫目的形象在市区主要街道来回穿行3天，同时在车上进行广播宣传，将开业信息和商店的概况传给消费者等。

6. 新闻宣传策划工具的运用

新闻宣传策划工具常用的有记者招待会、对外宣传统一资料、新闻通稿以及信息通讯。

（1）记者招待会是一种正式对外发布信息的方式，比起新闻发布会来说，它相对更容易操作，它的好处在于可以一次性地向多个媒体传达同样信息，并通过现场问答，满足媒体方面需要的各种信息。

（2）对外宣传统一资料是企业媒体负责人员必须准备的一项资料，它可以采访提纲问答的形式出现，全面地介绍企业可以向外界提供的信息。它的好处是双方面的：对于企业内部，可以统一企业内部对外宣传的口径；对于媒体方面，它是多层次的，编辑记者可以选择自己需要的内容采用。

（3）新闻通稿是由企业方面准备的，在企业需要新闻策划的时候提供给媒体的资料。一般而言，它由两部分组成：一为新闻稿件；二为相关资料。这样媒体方面就可以根据需要直接选用或者经过简单处理运用。

（4）信息通讯是企业媒体负责人员直接与媒体之间沟通的工具，它及时地把来自企业的信息发送到媒体方面，媒体编辑记者就可以根据实际情况把相关内容安排进新闻报道中。信息通讯应该及时整理、分类发送，以便媒体方面使用。

7. 招商推广卖点提炼

（1）商圈位置。

招商项目所在商圈的位置，是影响招商对象选择的重要因素之一。商圈辐射范围内的目标消费者数量多、有较强的购买力，商圈形象好、交通方便、特色明显，这些因素都是招商推广的卖点。

（2）发展潜力。

招商项目的发展潜力可以表现在其市场定位、创新能力、管理模式、市场网络、品牌形象、顾客服务水平等方面，具有市场前景的项目会得到招商对象的青睐。

（3）差异定位。

招商项目与其他项目的不同特色，是吸引商户的重要因素之一。建立与众不同的项目定位，常用的方法有市场层级重心差异化（例如，选择竞争相对较弱的二、三线市场）、区域重心差异化（例如，将重心倾向本地市场）、经销商合作差异化（例如，重点与强势供应商合作）、促销策略差异化（例如，借助一些新兴或独特的宣传媒介，开展品牌传播与市场推广）。

（4）门店硬件。

门店的硬件环境是基本的招商推广卖点。大到建筑结构，小到指引牌的设计与布局，都是体现招商项目基本素质的因素。

（5）服务机制。

门店的服务机制包括对消费者的服务和对入驻商户的服务，特别是在家居消费趋于个性化、多样化的状况下，能否为商户提供相应的服务也成为招商的卖点。

（6）管理团队。

拥有优秀、高效的管理团队，是招商推广中"人"的卖点，包括管理人员的个体特质、职能分工、组织协同等。

（7）进驻品牌。

进驻品牌的吸引力，也是一大卖点。在招商推广中介绍已与国内外哪些大品牌联盟，它们的入驻时间表等将会对其他品牌商形成吸引力。

（8）经营实力。

优秀门店的经营实力既需要通过资金、场地、门面、广告、营业环境等硬件支持，也需要通过企业文化、品牌、制度、服务等软件展示。

（9）公司品牌。

公司品牌成为吸引招商对象的主要资源。当今市场，知名品牌就意味着基于市场信任的稳定的收益保障；知名品牌也会成为压制竞争者、吸引招商对象的筹码。

8. 招商手册策划

《招商手册》是企业在招商工作中必需的工具之一，可以比较全面地展示企业形象，详细介绍企业经营布局、经营模式、商品结构以及招商政策等。对《招商手册》必须给予高度重视，认真研究《招商手册》的宣传切入点，研究其所要达到的实际效果，仔细推敲每一个环节，制定出切实可行的策划书。

9. 招商推广组织实施

（1）招商推广前期的准备。

招商推广前期准备工作包括招商项目市场调研，确定市场定位，选择目标客户（品牌），制订招商方案（制定租金标准、制定优惠政策、绘制各经营区招商平面布置图、进行优势分析、设计招商公告或简章、对招商方案进行论证），完善招商资源（宣传资料的完善，招商手册、招商处、样板间的完善，招商团队的组建及培训）。

（2）制订招商推广计划。

招商推广计划制订工作包括招商推广方式、区域划分、时间、地点、人员安排、线路、步骤设计、客户考察方案、客户确定方案、管理及各环节衔接流程的确定、信息反馈和传递的方式确定、建立招商人员竞争机制、强化招商人员行为规范、理顺驻守人员和外出人员的配合等。

（3）招商广告策划。

招商广告策划工作包括：广告诉求点确定；企业项目标志、基准色与广告语设计；广告媒体和途径选择，广告时间、频次、段位安排；招商广告物（招商书、报纸软文、礼品袋、名片等）设计；网络招商（建立招商网站），设有客户信息留言板和预订信息栏含后台数据库；招商处环境包装（含控台、接待区、人员形象、服装、胸牌等）、招商处门前和项目沿街广告物（拱门、横幅、昭示布等）布置；创意策划（比如公益活动、文体比赛、新闻发布会、客户座谈会、问卷调查等）；外出驻地招商处布置和设计等。

（4）招商推广实施。

实施招商推广工作包括：各类宣传，吸引客户上门；主动出击，寻找目标客户；接待客户，做好客户资料的整理归档工作；与意向客户进行商务洽谈；审查客户资质；签订租赁合同；跟进对已成交客户的服务等。

（5）招商推广后期的交接。

招商推广后期交接工作包括：办理商户进场手续，预收租金、管理费及其他费用；业户装修安排及商品进场安排；筹备项目开业宣传及开业典礼等。

（6）开业后持续招商推广。

开业后持续招商推广工作包括：因商户退租出现空置铺面而开展的补充招商推广；因公司主动调整经营业态类型而开展的招商推广等。

10. 招商发布会筹划

招商发布会拟邀请与商店已签订合作意向的供应商参加，同时邀请还没有签订意向书的供应商参加，通过招商说明会供应商深入了解该商店的业态，了解它在定位、经营、管理方面的种种优势，促使供应商与该商店合作，在与宣传媒体沟通的同时对招商业务起到实质性的推动作用。同时，针对目前本项目进度，对于已经签订合作意向书的供应商通过招商发布会可以增强其合作的信心，更有助于相互的了解。

（1）确定会址。

招商发布会不仅仅是一个业务工作内容，同时也是企业形象的一个展示，一般应在当地较高档次的酒店举行，易于对政府领导、新闻界、供应商的邀请，是公司一个重要的亮相。

（2）部门分工。

①采购招商部。根据市调、商品分类、规定品项数等，列出供应商名录，在确认时间后向供应商发出邀请函，要求有回执，包括单位名称、参会人员、职务、参加总人数。

②总经理办公室。负责外联并邀请当地政府、银行、管理部门的领导及其名单确定，公司与会领导名单确定，领导发言稿确定。

③企划部。

a. 招商大会印刷品：吊带式胸牌、供应商手册、会场导向牌制作等。

b. 确定会场布置方案：协调会务组准备条幅、公司标志、座位牌、人名牌、照片展板、签到簿、签字笔、照相和录像安排落实等，提前一天会场布置到位。

c. 新闻单位邀请及新闻通稿准备。

④会务组。确定接送领导车辆、食宿安排、礼仪接待、人员安排、礼品准备与发放、重要领导的午宴或晚宴准备。

（3）大会程序（议程按 8：00—12：00 计划）。

①会务工作人员到场。

②会场准备就绪，公司人员到场。

③供应商签到时间（30 分钟）。

④主持人宣布开会，并介绍来宾：当地政府领导、行政主管部门领导、大型企业和知名品牌代表介绍。

⑤公司领导发言，介绍企业基本状况、经营特色及发展方向，致辞。

⑥当地政府领导发言。

⑦供应商代表发言。

⑧业务介绍（运营、财务工作流程等）。

⑨商务洽谈、签约。

⑩结束。

（4）费用预算。

费用预算包括场租费、新闻媒体广告费、会场道具制作费、公关费（记者发稿费、礼品费）、交通费、餐费、印刷费、冲洗费、其他费用及不可预见费用。

11. 开业典礼仪式策划

选择开业典礼仪式的形式时，要考虑到企业良好形象的树立。常用的开业典礼仪式的形式见表 6-12。

表 6-12　　　　　常用的开业典礼仪式的形式

形式	活动内容	优点	缺点
一般型开业典礼	致辞与剪彩	易于控制、操作费用少	公关作用较差、消费者不易参与
公关型开业典礼	现场服务咨询、赞助公益事业、演出、消费者联欢	新闻宣传性强、易造成轰动效应	现场安全不易控制与把握
实惠型开业典礼	无正式开业仪式，可用酬宾、特卖、抽奖等活动代替	省费用、消费者易参与、较实惠	传播作用较弱

无论选择哪种形式的开业典礼仪式，都必须进行精心准备。尽管重点不同，共同的工作还是有的。

（1）邀请嘉宾。

嘉宾的构成及出席率是影响开业典礼是否成功的重要因素。超市开业典礼邀请的嘉宾应是业内有影响力的人物，社区内各居委会的成员也应成为邀请的对象，此外还有工商、环保、公安、城管、税务、银行等的相关人员，请柬一般应提前 1 周发出。

（2）拟订程序。

开业典礼的一般程序是：宣布典礼开始、介绍到场来宾、致开幕辞、致欢迎辞、读来宾贺电、剪彩、进店。这里需确定致辞人员，准备好简短的发言稿，还必须确定好剪彩人员。

（3）布置好现场。

开业典礼一般在店前举行，要事先安排好现场，确定各种接待人员及服务员，负责客人签到、领取奖品、休息、就餐等。同时还要安排好剪彩、摄影、播音、音乐等各方面的人员。

（4）准备好相应的警卫方案。

一般商店开业客流量会比较大，如果促销力度大可能会发生特殊事件，所以要提前做好警卫方案。

12. 开业前检查与试营业

（1）开业前必备检查工作。

①各种所需物品与商品的检查。

商店开业前，要检查营业所用的各种必备物品是否齐全。这些物品包括货架、空调、计算机、冷藏柜、收款机、名片、店章，以及为开张所准备的各种促销物品和商品等。各种所要出售的商品是否已经全部采购齐全，所卖商品是否已经全部上架，商品在仓库是否储备齐全。对于这些物品和商品在开张前一定要仔细检查，以免有所疏漏，给商店顺利开张和营业带来不必要的麻烦。

②水、电、空调等设备的检查。

在检查完各种物品和商品的到货状况后，接着就要检查一些常用设备的功能状况是否运行良好。例如，供水设备是否正常、水质状况，供电设备是否运行良好，各种制冷设备的运行情况等。这些设备运行得好坏直接影响到门店的营业成果，同时也会影响到顾客对门店的评价。

③各岗位人员是否到位、到齐。

开业前必须对全部人员进行一次全面检查，检查项目包括：检查营业人员是否全部到位；检查营业人员的仪表仪容；检查营业人员的行为举止；检查营业人员的销售用语能力；检查营业人员的礼貌用语情况等。对于人员的检查非常重要，营业人员代表了商店的形象，其礼仪、用语、举止等都会影响商店形象，进而影响顾客的购买决策，所以力求营业人员在上述方面做到统一和规范。

（2）试营业。

当一切都准备妥当后，商店不一定立即就开业，最好是在正式营业前，留出一段时间进行试营业。在试营业期间，不需要做太多广告，更多的是通过试营业让营业人员熟悉各项业务流程、熟悉各种业务技能；同时发现在试营业过程中的不足，并听取顾客的各种意见和建议。通过试营业，就会使门店内部的各项工作衔接有序，营业人员训练有素，商品搭配合理，从而为商店的正式营业奠定良好基础。

①试营业的内容。

试营业的目的是保证正式开业的圆满成功。试营业期间，可让顾客自由进入商店选购，也可邀请部分嘉宾光顾，凭请柬入场。在试营业后，商店应用3～5

天的时间进行总结。表6-13为某商店试营业计划表。

表6-13 某商店试营业计划表

时间	营业内容
12：20—12：30	营业人员进入卖场
12：30—12：45	清洁卖场和整理商品
12：45—12：55	各部门召开例会并进行服务演练
12：55—13：00	各就各位准备营业
13：00	开始试营业
13：00—13：30	贵宾参观
13：30—14：30	记者招待会
16：30—18：00	晚餐
19：50—20：00	关门预告
20：00	试营业结束
20：00—20：30	结账及卖场清理
20：30—21：00	安全检查
21：00	清场下班

②试营业要注意的问题。

只有将试营业视同正式营业，才能达到试营业的目的，存在的问题才会暴露并得到及时修正。试营业应注意以下问题：一切活动按正式营业加以约束和要求，不应有丝毫例外和特殊。如营业员必须按规定路线行走，穿着制服，佩带工作牌等；在试营业前的部门例会中，必须提高全体员工对试营业的认识，讲明注意的事项；对试营业中暴露出来的问题要随时记录，并加以具体说明，以作为正式营业的参考；营业员与收银员各就各位，按规范的操作和动作要求开展工作，并摸索相应的工作量情况；试营业期间，各种设备都要启动起来。对设备进行安全检查时要仔细，要一项一项核对与检查，特别是照明、防火、防盗设施。

五、学生天地

表6-14 A购物中心开业企划方案摘要

班级		姓名		实训时间	
学号		组号		主要任务	
备注					

六、效果评价

表 6-15 开业企划推广能力评价评分表

考评人		被考评人	
考评地点			
考评内容	开业企划推广能力		
考评标准	内容	分值（分）	评分（分）
	了解零售企业开业策划的模块	20	
	了解零售企业针对供应商的宣传点	20	
	了解零售企业针对消费者的宣传点	20	
	了解零售企业开业策划的常用媒体	20	
	了解零售企业开业当天促销活动的策划	20	
合计		100	

注：考评满分为100分，60~70分为及格，71~80分为中等，81~90分为良好，91分以上为优秀。（该表可复印后灵活用于教学）

七、知识拓展

198

紫荆百货开业庆典活动方案

一、前言

鉴于本商场"引领时尚消费，倡导精致生活"的经营理念，如何有针对性地吸引高端消费者、如何将活动形式和活动内容同商场的高端定位及高端消费人群的消费形态相契合，就成了本次活动的关键。在策划过程中，我们着重考虑将开业庆典、促销活动和树立商场高端形象有机结合；活动主题尽可能艺术化地"扯虎皮做大旗"，淡化促销的商业目的，使活动更接近于目标消费者，更能打动目标消费者。把举办第一届"紫荆"杯高尔夫友谊赛的开幕式作为本次活动的亮点及持续的新闻热点，力求创新，使活动具有震撼力和排他性。从前期的广告宣传和活动中的主题风格，我们都对特定的消费人群的定位进行了全方位考虑。在活动过程中为尽量避免其他闲杂人等的滞留，庆典场面不宜盛大、时间不宜过长，隆重即可。

二、活动主题

1. 开业庆典。

2. 第一届"紫荆"杯高尔夫友谊赛开幕式。

三、活动风格

隆重、高雅。

四、活动目的

1. 面向社会各界展示紫荆百货高档品牌形象，提高紫荆百货的知名度和影响力。

2. 塑造海南第一高档精品商场的崭新形象，塑造紫荆百货精品氛围。

3. 通过本次开业庆典活动和"紫荆"杯高尔夫友谊赛开幕式，开拓多种横向、纵向促销渠道，掀起"国庆黄金周"的促销高潮和持续的新闻热点，奠定良好的促销基础和社会基础。

五、广告宣传

1. 前期宣传。

（1）开业前 10 天起，分别在海南日报、海口晚报及各高档写字楼的液晶电视传媒网等媒体展开宣传攻势，有效针对高端目标消费人群。

（2）周边各高档社区及高档写字楼内做电梯广告，有效针对周边高端消费人群，有效传达紫荆百货开业及其相关信息。

（3）以各高尔夫球场为定点，给各高尔夫球场的会员及高尔夫球界名流、精英发放设计精美的邀请函，邀请其参加紫荆百货开业庆典暨第一届"紫荆"杯高尔夫友谊赛。

2. 后期宣传。

（1）开业后 5 日内，分别在海南日报、海口晚报及各高档写字楼的液晶电视传媒等媒体进一步展开宣传攻势，吸引目标消费者的眼球，激起目标消费者的购买欲。

（2）进一步跟踪报道"紫荆"杯高尔夫友谊赛，掀起持续的新闻热点。

六、嘉宾邀请（由主办方负责出面）

嘉宾邀请是仪式活动工作中极其重要的一环，为了使仪式活动充分发挥其轰动及舆论的积极作用，在邀请嘉宾工作上必须精心选择对象，并设计精美的请柬，尽力邀请有知名度人士出席，制造新闻效应，提前发出邀请函（重要嘉宾应派专人亲自上门邀请）。

嘉宾邀请范围：

（1）政府领导；上级领导、主管部门负责人。

（2）主办单位负责人、协办单位负责人。

（3）业内权威机构、高尔夫球界权威和精英。

（4）知名人士、记者。

（5）赞助商家、大型企业老总。

七、活动亮点

1. 以开业庆典为平台，举行第一届"紫荆"杯高尔夫友谊赛开幕式。

以海南各高尔夫球场的会员为主要参赛对象，给每个会员发放邀请函，并附上参赛的相关事项。商场内各商家为赞助商，还可邀请海口市内知名品牌的高尔夫用具商为赞助商或协办单位；邀请海南各高尔夫球会为协办单位。凡参赛者均可在商场开业当天获得精美礼品，优胜者可按名次获得现金奖励及商场内各世界品牌提供的高档礼品。凡参赛选手在商场内购物可获得相应优惠，在协办单位消费也可获一定礼遇等（或到场嘉宾可当天加入紫荆 VIP 会员）。在良性的联合运作状态下，使主办方、协办方及赞助方三方在合作中获得共赢。

2. 千份 DM 杂志免费赠送。

为了扩大商场的开业效应和品牌影响力，发行 DM 杂志（紫荆百货《精致生活指南》）赠阅消费者。此 DM 杂志为大 16K、68P、4 色铜版纸印刷，发行量为 1 500 册，主要发行方式为在开业庆典上作为所有到场者的礼品和开业促销期间商场赠阅。

本杂志的主要内容分为 3 个板块：

（1）"引领时尚消费，倡导精致生活"——介绍紫荆百货的经营理念、购物环境及其他相关信息。

（2）"品牌故事"——介绍紫荆百货各品牌（内附各品牌代金券）。

（3）"高尔夫享受"——介绍高尔夫的相关知识及协办单位的相关信息（内附各球会优惠券）。

3. 在气氛渲染方面，以高雅的模特走秀和钢琴演奏代替庆典仪式中常用的军乐队、锣鼓、醒狮队等，令每位来宾耳目一新、难以忘怀，并且能有效地提高开业仪式的新闻亮点和宣传力度。在庆典活动中注入高雅文化，并且与紫荆百货的高端定位及目标消费人群的理想生活形态有机契合。

4. "明星"巧助阵：邀请高尔夫球界权威和精英，使圈内人士慕名而至；邀请某品牌代言人到场助兴表演 1 ~ 2 个节目，掀起会场的又一个高潮，整个活动在高潮迭起中落幕，令人回味无穷。

八、活动程序

2012 年 9 月 25 日 9：00 典礼正式开始（暂定）。

8：30 播放迎宾曲，礼仪小姐迎宾，来宾签到，为来宾佩戴胸花、胸牌、派发礼品并引导来宾入会场就座，贵宾引入贵宾席。

8：35 模特高雅的时装表演开始，展示国际著名服饰品牌魅力，在嘉宾印象中深化紫荆百货的高端定位，也可调动现场气氛，吸引来宾的目光。

9：00 时装表演结束，五彩缤纷的彩带、彩纸从空中洒下，主持人上台宣布开业仪式正式开始，并介绍贵宾，宣读祝贺单位贺电、贺信。

9：05 紫荆百货高层领导致欢迎辞。

9：10 政府领导致辞。

9：15 协办单位（美视高尔夫）领导致辞。

9：20 参赛选手代表讲话。

9：25 体育部门领导致辞并宣布第一届"紫荆"杯高尔夫友谊赛开幕，鸣礼炮、放飞和平鸽（典礼会场达到第一个高潮）。

9：30 钢琴演奏（曲目略）。

9：35 宣布剪彩人员名单，礼仪小姐分别引导主礼嘉宾到主席台。

9：40 宣布开业剪彩仪式开始，主礼嘉宾为开业仪式剪彩，嘉宾与业主举杯齐饮、鸣礼炮、放飞小气球、让彩屑缤纷（典礼会场推向第二个高潮）。主持人宣布正式营业，消费者可进场购物。

9：45 活动进入表演及相关互动活动。

10：00 整个活动结束。

九、会场布置

现场布置与开业庆典的主题结合，力争做到"细心、精心、认真、全面"，将高雅文化进行到底。遮阳（雨）棚、T 形台、背景板的设计能充分突出会场的高雅和隆重的风格。

1. 现场布置所需物料。

（1）［彩旗］

数量：80 面。规格：0.75m×1.5m。材料：绸面。

内容："引领时尚消费，倡导精致生活"。

布置：广场周围插置。

印制精美的彩旗随风飘动，喜气洋洋地迎接每位来宾，能充分体现主办单位的热情和欢悦景象。彩旗的数量能体现出整个庆典场面的浩势，同时又是有效的宣传品。

（2）［横幅］

数量：若干。规格：1.5m×10m。内容：紫荆百货隆重开业。

布置：高空气球下方。

（3）［贺幅］

数量：20 条。规格：0.8m×20m。内容：各商家及合作单位祝贺。

布置：广场及超市楼体。

（4）［和平鸽］

数量：188 只。布置：宣布第一届"紫荆"杯高尔夫友谊赛开幕时放飞。

（5）［小气球］

数量：2 000 个。材料：进口 PVC。布置：主会场上空。

剪彩时放飞，使整个会场显得隆重、祥和，更能增加开业庆典仪式现场气氛。

（6）［高空气球］

数量：6 个。规格：气球直径 3 米。内容：祝贺及庆祝语。

布置：现场及主会场上空。

（7）［充气龙拱门］

数量：2 座。规格：跨度 15 米/座。材料：PVC。

布置：主会场入口处及车道入口处。

（8）［绸布］

数量：100 米。布置：商场入口处两旁的门柱。

（9）［签到台］

数量：签到台 1 组。

布置：主会场右边桌子铺上红绒布，写有"签到处"，以便贵宾签到用。

（10）［花篮］

数量：30 个。规格：5 层中式。布置：主席台左右两侧。

带有真诚祝贺词的花篮五彩缤纷，使庆典活动更激动人心。

（11）［背景板］

数量：1 块。规格：10m×5m。材料：钢架、喷绘。

内容：主题词，其风格与本活动的主题风格一致，能体现高雅与隆重的主题。

（12）［T 形台］

数量：1 座。材料：钢管、木板、红地毯。

（13）［红色地毯］

数量：200 平方米。布置：主会场空地，从入口处一直铺到主席台。

突出主会场，增添喜庆气氛。

（14）［音响］

数量：1 套。说明：专业。位置：主会场。媒体配合：（略）。

（15）［其他］

①剪彩布 1 条，根据剪彩人数扎花。

②签到本 1 本、笔 1 支。

③椅子 150 张。

④胸花 150 个。

⑤胸牌 150 个。

⑥绿色植物 300 盆。

⑦盆花 200 盆。

⑧彩屑若干。

2. 气氛营造。

（1）［礼仪小姐］

人数：10 位。位置：主席台两侧、签到处。

礼仪小姐青春貌美，身披绶带，笑容可掬地迎接各位嘉宾并协助剪彩，是庆典会场上一道靓丽的风景。

（2）［钢琴演奏］

人数：1 位。规格：著名钢琴师。位置：主席台上。

在迎宾时和仪式进行过程中，演奏各种迎宾曲和热烈的庆典乐曲，使典礼显得隆重而高雅。

（3）［专业模特队］

人数：18 人。

位置：庆典开始前在 T 形台上表演，调动现场欢快的气氛且与活动主题有机契合。

十、附件（所有的平面设计都以体现隆重和高雅的活动主题为基础）

附件 1：主会场效果图（略）。

附件 2：主席台及背景板设计（略）。

附件 3：邀请函设计（略）。

附件 4：DM 杂志设计（略）。

附件 5：条幅、贺幅、彩旗设计（略）。

附件 6：××展架设计（略）。

附件 7：庆典物料明细及费用预算（略）。

附件 8：目标消费群消费形态分析及相应前后期广告宣传措施（略）。

十一、后记

1. 本草案中各项活动内容均为暂定，方案所略之处及其他未尽事宜或因时间问题或需同主办方进行更深入的沟通和研讨才能决定，所以在本案中未能体现，敬请谅解。

2. 关于第一届"紫荆"杯高尔夫友谊赛的详细事宜将做另案处理，在本案中未做阐述。

3. 一般情况下，开业日期应选在法定休息日，以便于嘉宾和消费者出席，而主办方现定的时间 9 月 25 日刚好是周一，建议再做决定。

4. 我公司十分重视本次活动的策划及承办，希望能与主办方在深度的沟通和合作中使本次庆典活动取得圆满成功——取得良好的促销效益和广泛持久的社会效益及新闻效益。

资料来源　佚名．紫荆百货开业庆典活动方案〔EB/OL〕．〔2006-09-23〕．http：//www.qxciw.com/cimkt/yxch_ chsl/yxch_ chsl_ kych/2006-9/23/.

第四部分

进阶技能阶段

模块七 商品采购管理

项目20 连锁企业商品采购流程模拟训练

要提高采购业务部门的工作效率，就需要规范化、标准化的管理，采购业务流程的规范化与程序化是连锁企业采购系统高效运作的基本保证。

一、实训目标

1. 能力目标
- 能够设计各种单据业务表格和采购合同；
- 能够组织实施供应商进场和订单单据管理；
- 能够组织实施供应商结款、退换货、撤场。

2. 知识目标
- 掌握连锁企业的商品采购流程；
- 掌握连锁企业的退换货流程；
- 掌握连锁企业的供应商管理；
- 掌握采购谈判的着眼点与谈判技巧；
- 掌握采购过程中所用到的各种表格。

3. 方法目标
- 掌握供应商调查的二手资料搜集法；
- 掌握角色扮演法。

二、场景设计

某罐头生产厂家，其产品主要在西南地区销售，有一定品牌知名度。该厂为将产品推销到华东地区，首选某市为目标市场，预先找一家连锁企业合作，借助其连锁销售网络逐渐向其他地区推进。在新品上市之初，该厂家分析了当地市场：该城市目前有大卖场A、B、C、D、E。其中A、B是全国性的大卖场，在全国门店有上千家，但此前由于进场费等一些问题没有与之合作；C是区域性大卖场，主要在华东地区发展，其门店有近千家，主要业态为超市和便利店；D是当地发展起来的企业，主要在该市及周边地区发展，在当地占有一定的市场份额。经过分析，该罐头厂家决定与C谈进场上柜事宜。你作为C的一名买手负责该品类商品是否进场等事宜。请根据C的工作流程及市场分析，做好与供应商的谈判、商品进场试销、商品转正、供应商结款、商品淘汰等工作。

三、训练步骤

1. 根据场景设置，实训指导教师指导学生上网查询有关类似C卖场企业的相关资料。

2. 学生上网或实地查询超市里罐头品类情况，并根据品类不同分别收集各种资料作为谈判时所用的资料。如必须了解该品类目前在市场上的代表性品牌，零售商与供应商可能的合作方式、账期、利润分配，可能的费用，供应商的类型等，并确定商品以及供应商的评估标准。

3. 将学生分组，每 6 ~ 8 人为一组。学生可分别扮演以下角色：

厂商人员（负责销售、谈判）-------------------（1 或 2）人；

采购人员（负责接洽厂商、谈判）-------------（1 或 2）人；

采购主管（负责审查谈判事项）-----------------（1）人；

采购部经理（负责审核代销合同）---------------（1）人；

质检部（负责价格审核、样品质量检验）--------（1）人；

总经理（合同审批）-----------------------------（1）人。

4. 以小组为单位，上网查询有关经销合同、代销合同、联营合同、租赁合同的文本，以及各种需要填写的业务单据表格，要求学生打印出需要使用的各种单据表格以及合同，以备下一个阶段的模拟使用。

5. 要求学生分别根据自己所扮演的角色进行零售商与供应商双方谈判模拟，要求有比较详细的相关表格的记录，谈判成功之后双方签约，有 MIS 系统的院校，可以在 MIS 系统中进行相应的信息处理，做好供应商信息、商品信息以及合同信息的更新工作。在谈判的过程中实训指导教师要全程监控，以便最后做点评。

6. 按照一般商品采购实操流程进行演绎。

（1）商品资料审查备案

①凡新商品开发，采购员必须要求供应商提供样品（无法提供样品的商品需提供详细的中文说明书和附图样的商品目录）。采购员在看样并初步达成引进意向后，根据不同结算方式、不同商品大类要求供应商分别打印标准格式的"商品报价单"（含供应商编号、条形码、品名、销售规格、运输规格、销售单位、产地、单价、外包装尺寸、结算方式；其中服装、床用、针棉织品、箱包、鞋类等需注明原材料及成分），并根据质检部要求填制"供应商法规自查备忘录"，生鲜熟食的配菜类商品开发必须提供"配菜商品原材料成本核算表"。自采商品"商品报价单"由采购员自己填制并签字。

②商品报价单商品品名填制的规范，中括号部分的内容可选择使用。

a. 食品：品牌+［功能/特性］+名称（如克宁高钙奶粉）；

b. 日杂：品牌+［原料/功能］+名称（如碧丽珠家具护理喷蜡）；

c. 服装：品牌+面料+名称［+货号］（如绅浪全毛西裤 B112）；

d. 化妆品：品牌+名称［+功能/特性+容量］（如碧斯羊胎素美白保湿霜）；

e. 床用品：品牌+名称+规格（如雅兰枕套 48cm×74cm）；

f. 玩具、钟表、灯饰：品牌+名称+货号（如英纳格机械表 2582Ab3）；

g. 电器：品牌+名称+货号、型号（如美的电饭煲 40-2）；

h. 鞋、箱包：品牌+面料+名称+货号（如嘉辉童布鞋 2901）；

i. 体育用品：品牌+名称+货号/规格（如英发泳衣 825）。

③采购员将拟定进价、商品大小类编号填入"商品报价单"后，将样品及

"商品报价单"交综合组传单员传采购部主管审核，如属购销商品须经采购部经理审核。审核完毕后转传单员在电脑中查询是否属新供应商，如是新供应商，传单员应在"商品报价单"上按顺序编排供应商编号，同时录入供应商资料，包括名称、地址、电话、传真、EDI号、联系人。供应商名称的录入必须准确、完整，对于超出25个字的供应商名称方可采用减称。缩减名称的原则是：选取贴近名称的县市级地名以及公司名称。如："广州市经济技术开发区中山理科保健品有限公司深圳经销部"缩减为"广州经济技术开发区中山理科保健品有限公司深圳经销部"。

④采购部录入员在"商品立项预制清单"界面将审核后的"商品报价单"的所有内容详尽录入电脑（商品自带码必须用扫描仪扫入电脑），并打印出"商品立项预制清单"（电脑根据公司对该类商品的加价率及拟定进价自动生成拟定售价）。对于自带码能扫描录入电脑的，扫描后录入员应在验讫栏内加盖验讫印鉴。

录入时若电脑资料中有同条形码商品，则电脑自动显示其进价、售价、供应商、库存数、大小类别等，录入员打出"同条形码商品资料清单"，返还采购员。采购员需将商品资料进行对比：如新商品进价高于原商品，则需在单上注明原因，一并上报；如新商品进价低于原商品，则予以引进，同时将原商品清退。另外，原电脑中有记录但未引进的商品，采购员需了解未引进原因，并加以分析，如仍须引进的应在单上注明原因后一并上报，不需引进的给予退回。

⑤商品立项资料一经电脑录入储存即作为长期备查参考档案，任何人不得随意消除、修改。

（2）立项审批

①采购员详细复核"商品立项预制清单"并与样品实物核对无误后，填制"合同立项预审表"交采购部综合组报批。

②传单员传采购部主管和经理于当天审核完毕后，将全套报批资料传物价质检部，质检员根据国家规定对"供应商法规自查备忘录"情况进行审核并在预审表上签注意见；物价员根据市场调查情况和公司规定的加价率将建议售价填入"商品立项预制清单"内，并在预审表上签注意见并于两个工作日内传回采购部。

③采购部传单员将上述资料传财务部，财务部审核进场费、商品类别、结算方式等合同内容并签注意见后一个工作日内返回采购部，由传单员报总经理审批。

④立项审批文件包括合同立项预审表、商品立项预制清单、供应商加盖公章的商品报价单，未套打的合同文本、供应商资料（含营业执照、税务登记证复印件、印模、商品质检、物价资料等）。

（3）合同签订

①立项审批文件经总经理审批签字后，采购部录入员将审批后的"商品立项预制清单"内所有数据资料详尽录入电脑，确认后打印出完整的"商品立项清单"，并在合同打印界面套打相应合同文本，同时将

合同立项预审表中的月销售预计情况和暂定试销期录入"商品立项清单"。

②合同由总经理授权签约人签字后，经传单员报总办根据"合同立项预审表"及"商品立项清单"报批原件加盖公章，合同随即生效。

③采购部传单员将签字盖章的合同文本第一联留存，第二联传财务部，第三联交供应商，第四联传采购支持后续部门。

7. 供应商进场及零售商订货单据流程模拟

某供应商与零售商签约之后，假设它们采取了代销的合作方式，零售商要发出订单，请填写相关单据并模拟该流程，直至商品上货到模拟货架上，并且价签到位。有 POS 设备的院校，可以在 MIS 系统中进行相应的信息处理，直至模拟货架上的模拟商品能够扫描销售。

8. 供应商结款、退换货、撤场的业务流程模拟（此环节可以由各学校实训指导教师选择是否进行模拟）。

9. 学生写出实训总结报告，实训指导教师点评。

注意事项

★ 尽量做到所扮演的各角色都能够贴近在实际商业运作中的各角色形象。

★ 要清晰各种零售商与供应商合作方式的细节，多收集模拟谈判品类的资料，避免模拟谈判的空洞。

四、相关知识

1. 一般采购业务管理总流程参考

一般采购业务管理总流程如图 7-1 所示。

2. 新供应商商品引进流程参考

新供应商商品引进流程如图 7-2 所示。

3. 旧供应商新商品引进流程参考

旧供应商新商品引进流程如图 7-3 所示。

4. 新商品转正流程参考

新商品转正流程如图 7-4 所示。

5. 联营及代销供应商引进流程参考

联营及代销供应商引进流程如图 7-5 所示。

6. 供应商分析淘汰流程参考

供应商分析淘汰流程如图 7-6 所示。

7. 租赁结算流程参考

租赁结算流程如图 7-7 所示。

8. 联营供应商结算流程参考

联营供应商结算流程如图 7-8 所示。

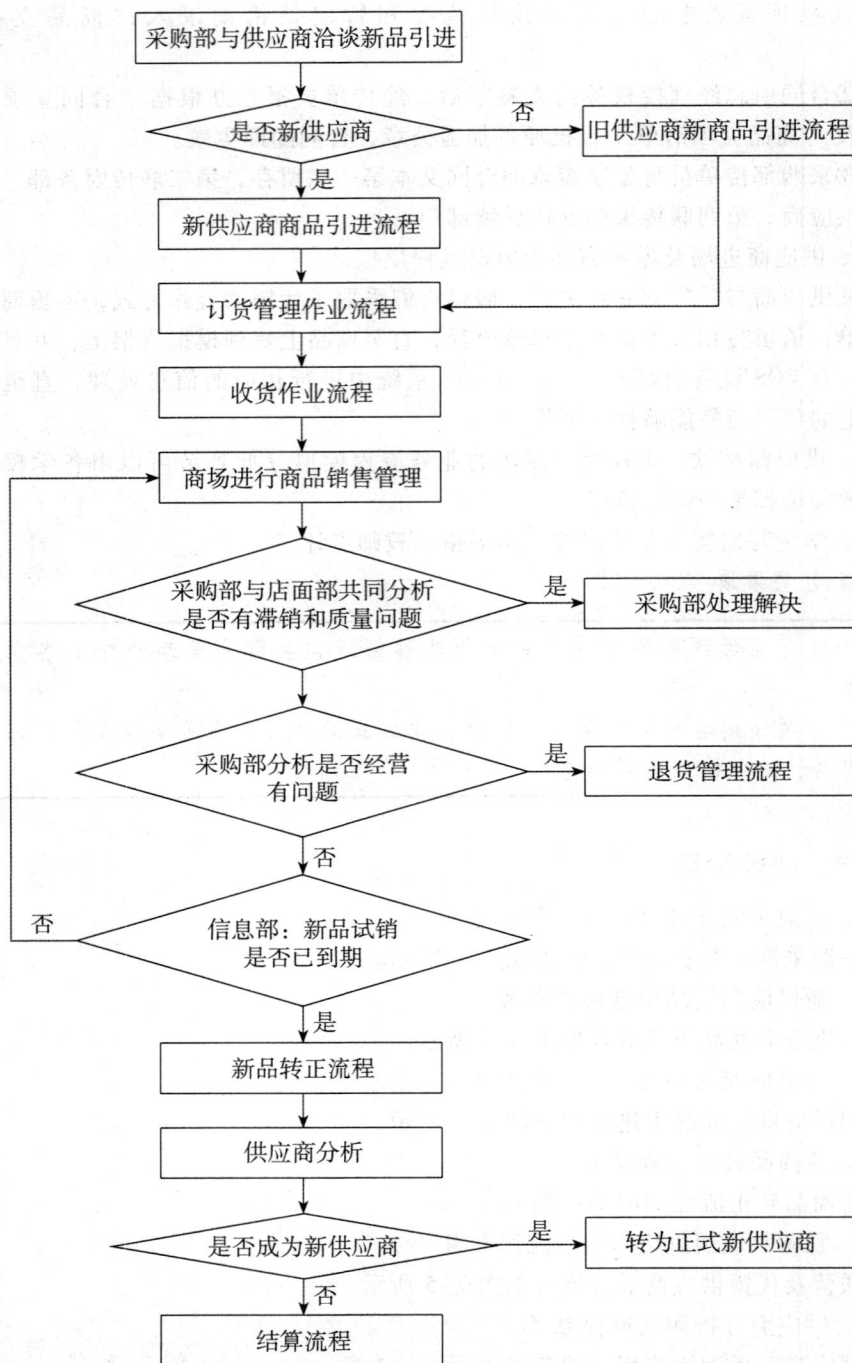

图 7-1　一般采购业务管理总流程

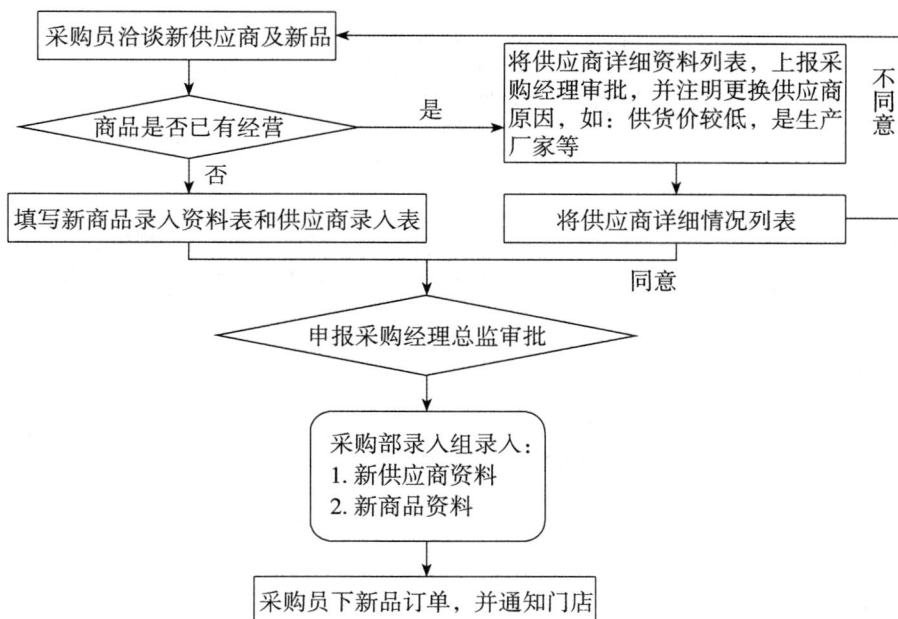

图 7-2　新供应商商品引进流程

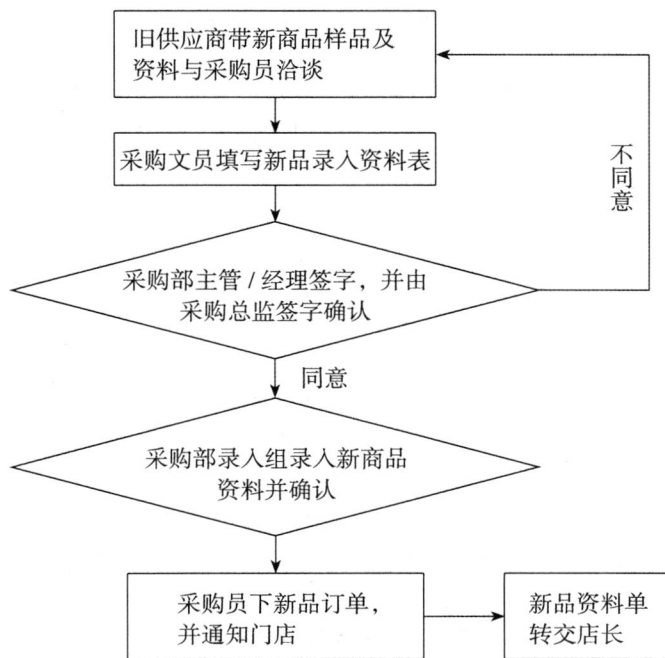

图 7-3　旧供应商新商品引进流程

信息部每周一次检查，试销已到期新商品

↓

信息部列出需淘汰的已到期新商品明细表 ——— 类别、品名、规格、进价、售价、毛利、单品平均日销、类别平均日销、名次、进货

↓

采购部、卖场考评给出书面意见

第一次

↓

采购总监审阅签字

第二次

保留 → 通知采购部及信息中心商品转正

淘汰

↓

采购部将商品基础资料属性改为：不可订、不可进

通知信息部淘汰及退货期限

未退货通知

↓ ↓

退货流程

信息部检查到期是否已退货

↓ 已退货

财务部结清余款及费用

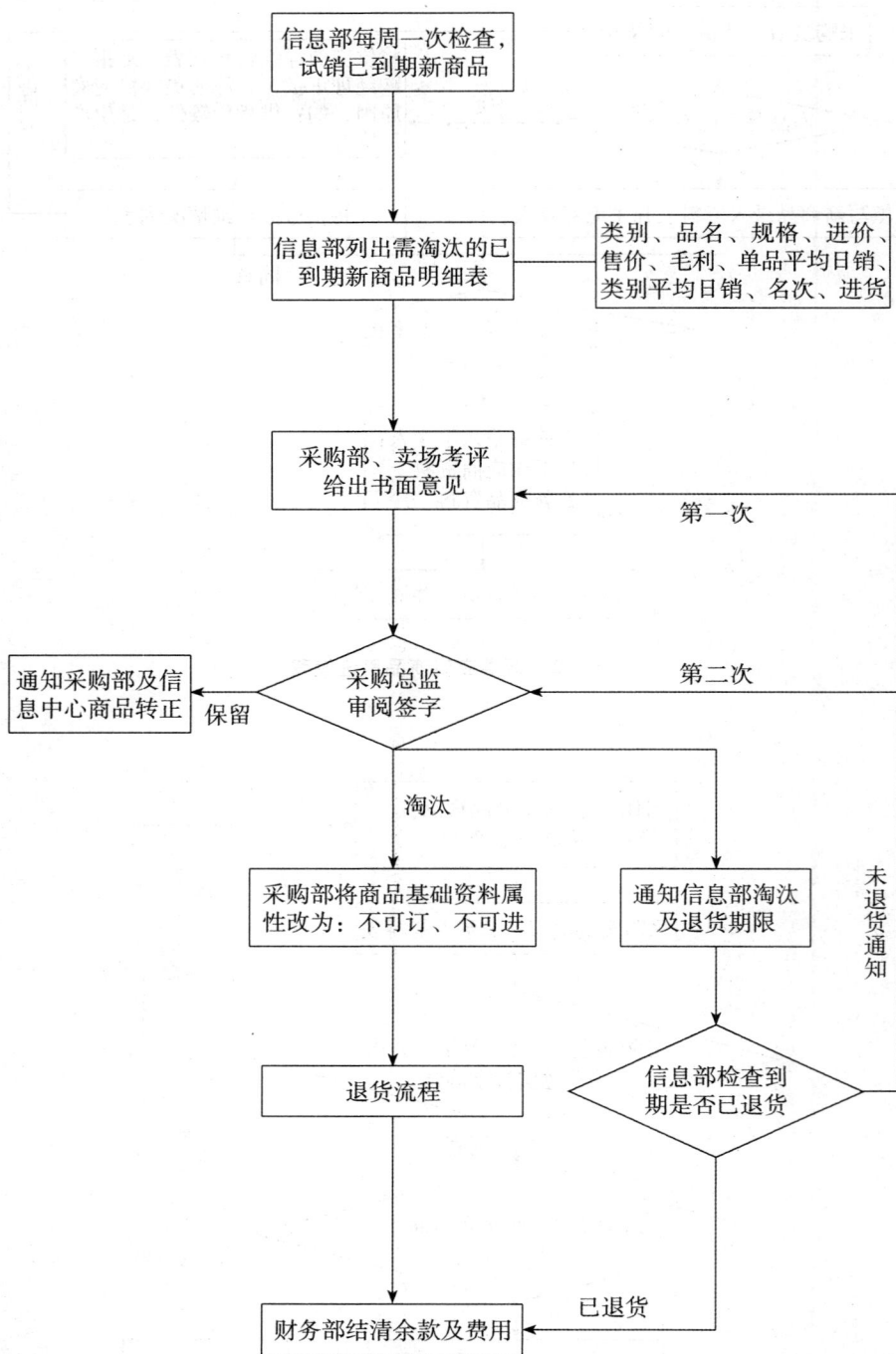

图 7-4 新商品转正流程

```
                    ┌─────────────────────┐
                    │ 采购部和供应商协商    │◀──────────┐
                    │ 联营或代销条件       │           │
                    └──────────┬──────────┘           │ 不同意
                               │                      │
                               ▼                      │
                    ┌─────────────────────┐           │
          ┌────────▶│ 采购主管和供应商      │◀────────┐ │
          │         │ 草签联营或代销合同    │         │ │
          │         └──────────┬──────────┘         │ │
          │                    │                    │ │
          │                    ▼                    │ │
          │            ◇─────────────────◇          │ │
          │          ╱ 供应商在合同上签名、╲         │ │ 不同意
          └─────────◇  盖公章，交采购经理   ◇────────┘ │
                     ╲ 和采购总监审核      ╱           │
                      ◇─────────────────◇            │
                               │ 同意                 │
                               ▼                     │
                       ◇─────────────◇               │
                      ╱ 总经理签名     ╲──────────────┘
                      ╲ 是否同意       ╱
                       ◇─────────────◇
                               │ 同意
                               ▼
                    ┌─────────────────────┐      ┌──────────────┐
                    │ 采购主管与供应商合同  │─────▶│ 供应商留底    │
                    │ 签署备案（一式三份）  │      └──────────────┘
                    └──────────┬──────────┘
                      ┌────────┴────────┐
                      ▼                 ▼
              ┌──────────────┐   ┌──────────────┐
              │ 采购部留底    │   │ 财务部留底    │
              └──────┬───────┘   └──────┬───────┘
                     ▼                  ▼
          ┌──────────────────┐   ┌──────────────┐
          │ 采购文员填写新品录入│   │ 整理费用收取单 │
          │ 资料表和供应商资料表│   └──────────────┘
          └──────┬───────────┘
                 ▼
          ┌──────────────────┐
          │ 采购部录入小组供应商│
          │ 和商品资料，进入订 │
          │ 货程序            │
          └──────────────────┘
```

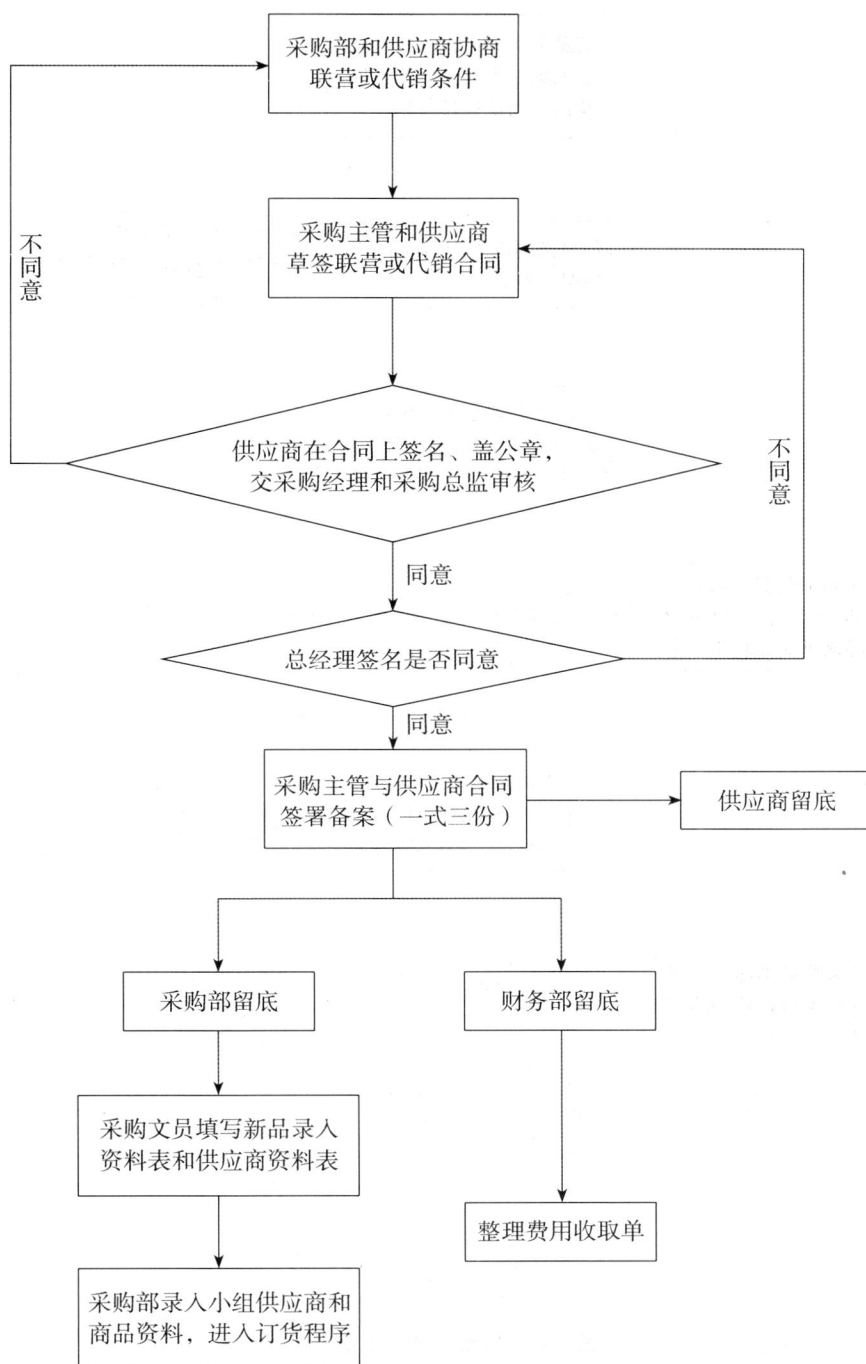

图 7-5　联营及代销供应商引进流程

信息部每周进行一次检查，已入场三个月供应商，以及供应商销售排行榜

↓

信息部列出供应商商品经营情况一览表 ——— 编号、供应商名称、进场日期、品种数、平均日销、结款方式、库存金额……

↓

采购部签署是否保留意见，并交采购总监签字确认

↓

总经理签字是否保留

是 → 通知采购部、信息部、营运部、财务部该供应商转正

否 ↓

采购部将该供应商基础资料属性订为：不可订、不可进

通知信息部淘汰供应商名单及最后期限

↓

退货流程

信息部检查是否按时完成

否 → 通知采购及总经理

是 ↓

采购部书面填报各厂家特别费用清单 → 财务部汇总并收取厂家各项费用

↓

财务部结清供应商余款

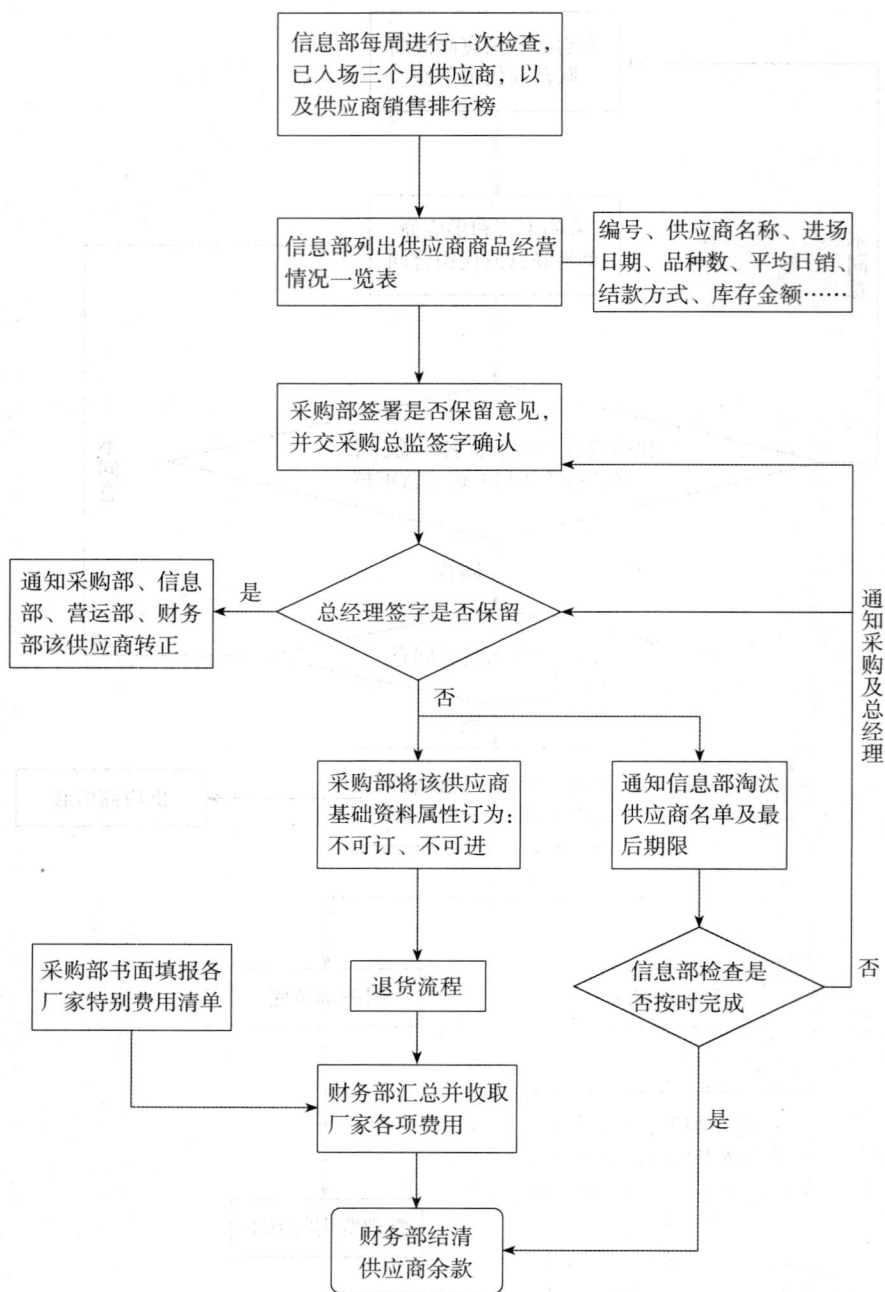

图 7-6 供应商分析淘汰流程

```
┌─────────────────────────┐
│ 每月指定交款日期，租     │
│ 赁供应商到财务部交款     │
└───────────┬─────────────┘
            │
            ▼
┌─────────────────────────┐          ┌─────────────────────────┐
│ 财务部根据合同           │◄─────────│ 采购部书面填报各供应商   │
│ 查验应收租金额           │          │ 特别费用清单             │
└───────────┬─────────────┘          └─────────────────────────┘
            │
            ▼
┌─────────────────────────┐          ┌─────────────────────────┐
│ 收取租赁供应商各种       │◄─────────│ 财务部汇总采购部及营运   │
│ 杂费及租赁费用           │          │ 部各项费用，列明细单     │
└───────────┬─────────────┘          └─────────────────────────┘
            │
            ▼
┌─────────────────────────┐
│ 财务部列未交款供应商     │
│ 明细，交采购部催交       │
└───────────┬─────────────┘
            │
            ▼
┌─────────────────────────┐
│ 本月收款工作到期后，财务部将各 │
│ 表交至指定部门：         │
│   已交款供应商明细表     │
│   未交款供应商明细表     │
│   合同已到期供应商明细表 │
└───────────┬─────────────┘
```

总经理	采购总监	采购部	营运部

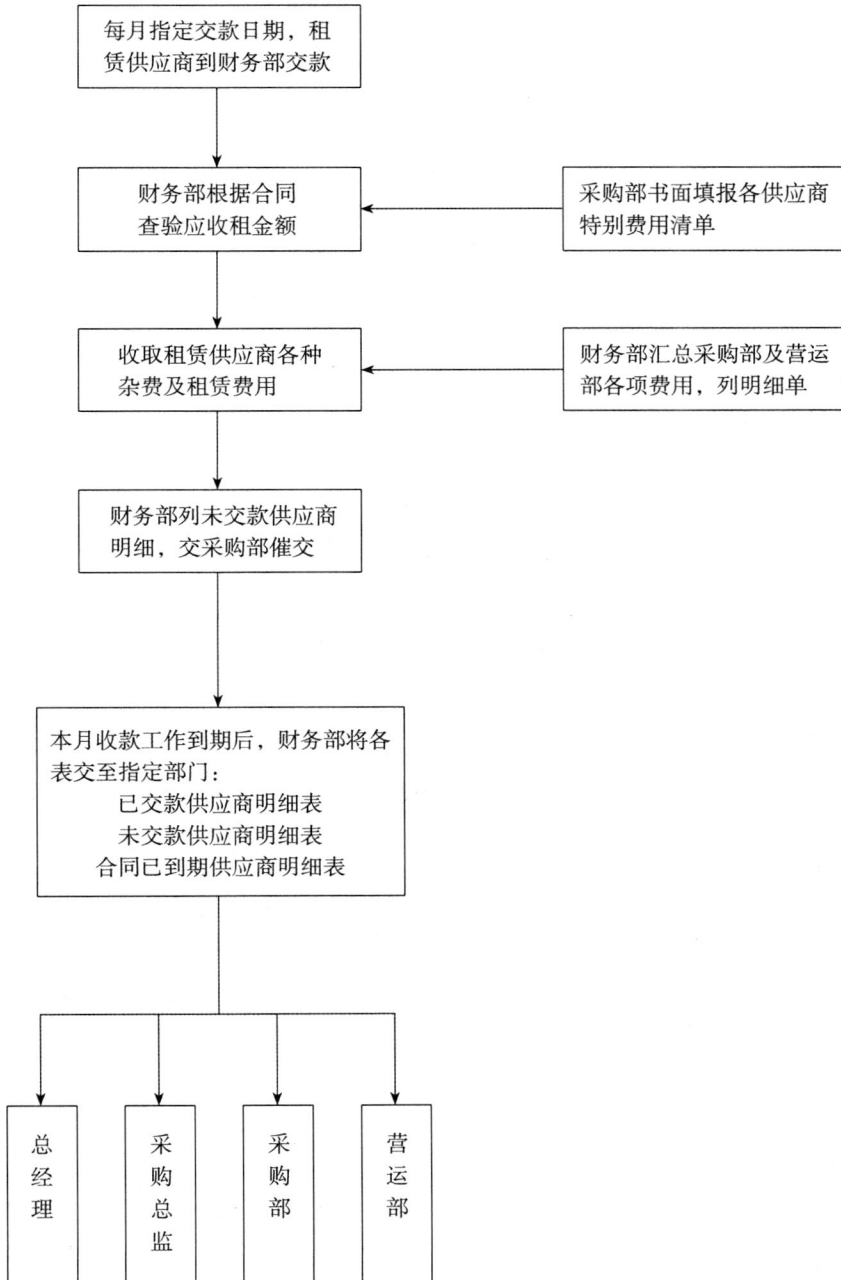

图 7-7　租赁结算流程

```
                                    每月指定对账日期，联营供
                                    应商到财务部查询销售额及
                                    可结款金额
                                                          采购部书面填报各供
                                                          应商特别费用清单

         与财务部对           否
         账，核对柜  ←────  结算组对账员审核
         组每日交款          结算金额是否正确          财务部汇总采购部及营运
         项（营业额）                                  部各项费用，列明细单
                                    │是
                              收取联营供应商各种杂费  ←────

                              财务部根据合同查验收取
                              分成额是否超出保底额
                    否
         采购部经理签名              │是
         提出处理意见
                              通知联营供应商开
                              发票到财务部结算

                    是                                本月结算到期后，财务部将以下
         采购总监审核意见  ────→  财务部确认发票日          各表交指定部门：
         是否保留该供应商          期，出纳员付款              已结款供应商明细表
                    否                                      未结款供应商明细表
         总经理签名同意                                      合同已到期供应商明细表

         通知采购部、营运部、
         财务部淘汰该供应商                          总    采    采    营
                                                    经    购    购    运
         该供应商结算                                理    总    部    部
                                                          监
```

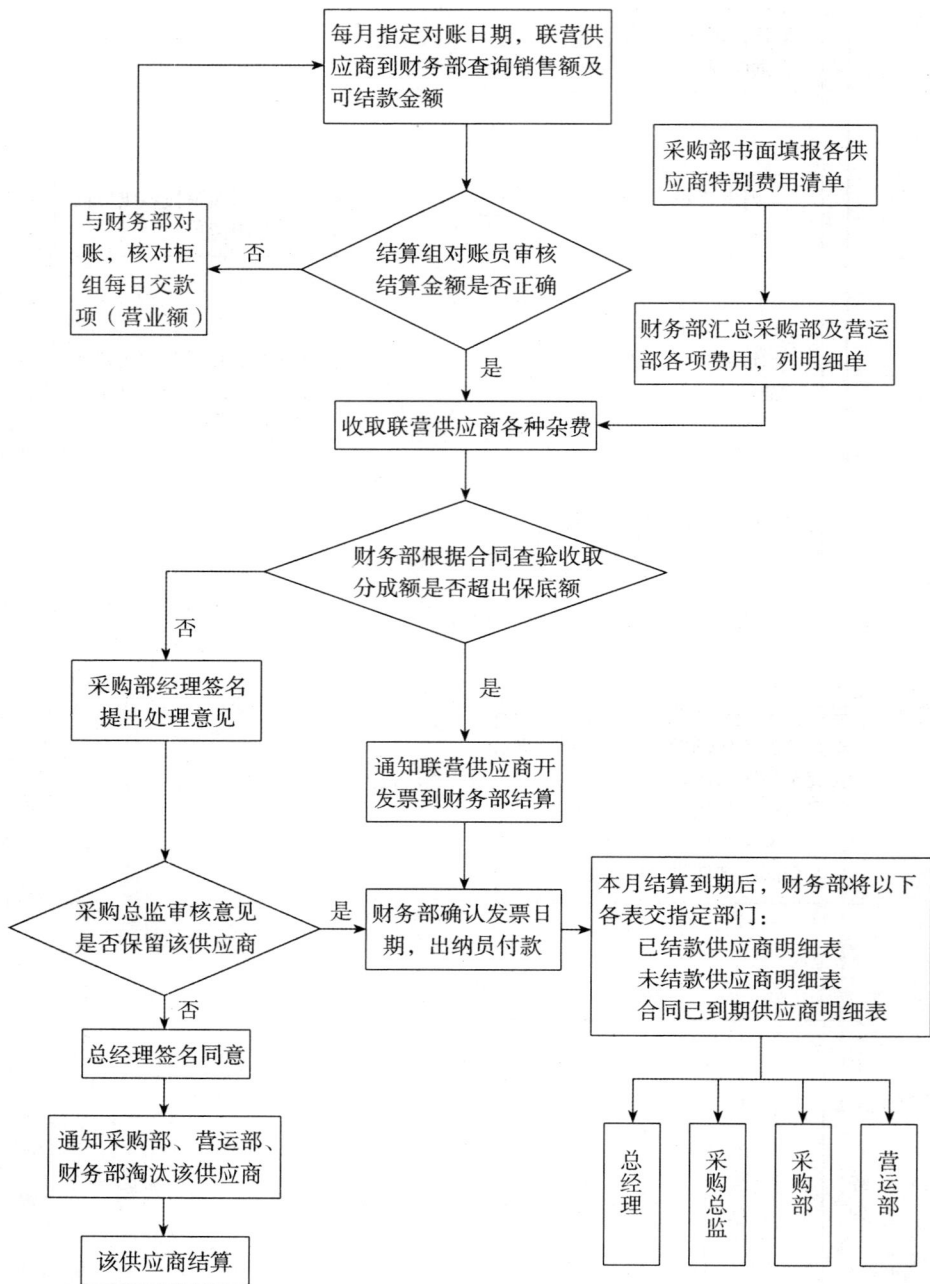

图 7-8　联营供应商结算流程

9. 代销结算流程参考

代销结算流程如图 7-9 所示。

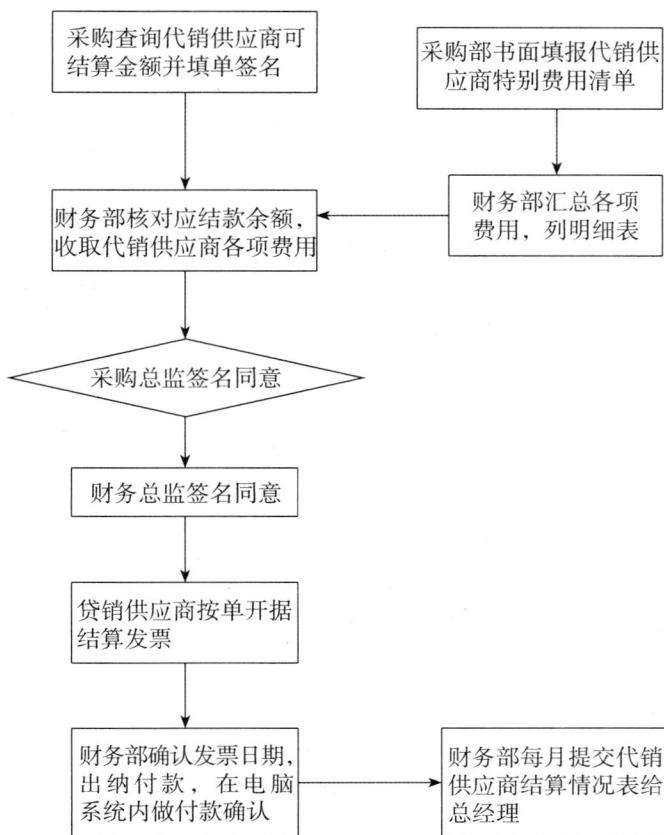

图 7-9　代销结算流程

五、学生天地

表 7-1　　　　　　商品采购流程模拟实训总结报告

班级		组长姓名		调查时间	
组号		成员		主要任务	
备注					

六、效果评价

表 7-2 　　　　　　　商品采购流程模拟训练评价评分表

考评人		被考评人	
考评地点			
考评内容	商品采购流程模拟训练		
考评标准	内　　容	分值/分	评分（分）
	熟悉连锁企业采购流程	20	
	熟悉不同的零售商与供应商合作模式	20	
	掌握不同合作合同的制定	20	
	熟悉连锁采购谈判的方法	20	
	熟悉采购谈判的索证工作	20	
合计		100	

注：考评满分为 100 分，60~70 分为及格；71~80 分为中等；81~90 分为良好；91 分以上为优秀。

七、知识拓展

采购谈判中较常见的异议应对法

如果采购人员充分研究谈判的技巧及异议的处理原则，采购人员将发现下列常有的异议可被顺利地化解。

（1）我们如果低价卖给你们，对原有的经销商或客户无法交待。

（2）你们的售价太低，会影响其他商场的销售意愿。

（3）这个价格已经是最低的，不可能再低了，这已经接近成本了。

（4）我们无法再给其他的折扣了，再给就亏本了。

（5）我们没有广告预算可以赞助你们的快讯。

（6）我们无法生产其他的包装。

（7）我们给谁的价格都一样。

（8）我们公司的制度不可能配合你们的作业。

（9）我们从来不做促销活动，或我们不对连锁店做促销活动。

（10）我们卖给你们这个价格是没有售后服务的，我们也不能接受退货，否则价格还要加一成。

（11）我们没有送货的服务，我们的客户都是自己来拉货的。

（12）我们必须货到付款。

（13）我们不能更改包装，如果改成挂钩式的，每个要加 5 元。

当然采购人员在实际谈判时，会听到更多的异议，但是请记住：供应商的异议，并非拒绝，而是它真正的需求尚未明白表示出来，采购人员应利用各种技巧，试探它真正的需求，不要去回答自己所不了解的事情，以退为进，进而满足供应商真正的需求。

资料来源 佚名.鲜食品物流总程序［EB/OL］.［2011－10－15］.http：//www.doc88.com/p-14061001368.html.节选.

📖 项目21 商品结构分析调整训练

一旦销售额下降，国内许多超市店长首先想到的就是：如何调整货架、调整布局，如何促销……美国国际零售集团总裁 Alice 却指出：超市销售不理想，80% 的原因都是由于商品本身有问题造成的！超市销售发生问题，我们第一个应该考虑的就是：商品构成是不是有问题？毕竟顾客是来买东西的，东西本身不好的话，你怎样布局、怎样促销都是空的！那么，如何来诊断分析商品构成的问题以及由商品构成所直接引发的其他问题呢？

一、实训目标

1. 能力目标
- 能够合理选择商品结构分析的指标；
- 能够给出滞销品淘汰的建议；
- 能够给出畅销品引进的建议
- 能够给出季节性商品引进建议。

2. 知识目标
- 掌握商品结构分析调整的原因；
- 掌握商品结构分析调整的原则；
- 掌握畅销商品与滞销品；
- 掌握季节性商品的调整思路。

3. 方法目标
- 掌握 ABC 结构分析法；
- 掌握价格带分析法；
- 掌握 20/80 分析法；
- 掌握畅销商品的统计分析辨识法；
- 掌握历史资料统计法；
- 掌握数据统计分析法。

二、场景设计

A 公司为广东省知名连锁集团，拥有独立的干货及生鲜配送中心，经营业态涵盖食品加强型超市、生鲜超市、大卖场及以大卖场为内核的区域型购物中心等数十间门店，营业面积 2 000 到 20 000 平方米不等，年营业额逾 10 亿元。其门店主要覆盖地是以珠江三角洲为核心、辐射至华南各省市。目前公司正在加速圈地扩张，但由于超市行业竞争越来越激烈，公司出现整体竞争力下降的问题，尤其是开业一年以上的门店营业额、毛利额都达不到预期指标。在进行诊断分析后，发现 A 公司当前营业绩效不理想的根本原因在于：超市的内核——商品构成本身出了问题。企业老总表示，他很喜欢去巡查卖场，几乎每天都能在各卖场看见他的身影。但是他遇到的一个麻烦是，"卖场里面商品琳琅满目，怎么能看出哪块的商品构成有问题呢？比如服饰和家庭用品类，我这几年看着它们越卖越低档，直觉告诉我，这肯定是商品有问题，但怎么去找出问题，找出问题后该怎么办？"请你告诉他如何分析商品结构中存在的问题。

三、训练步骤

1. 数据准备。

由于商品结构分析所需的数据过多，在更多情况之下是以单品销售的情况出现的，表比较大，而且最好是电子格式的（否则还需要录入电脑才可以进行数据整理分析），因此本书不方便给出，所以建议实训指导教师自己准备或联系关系较好的零售商以做好数据准备工作。数据格式见表7-3。

表7-3 数据格式

条码	品名	厂商	品牌	价位	规格	销售量	进价	售价	毛利

2. 对数据进行分析。

（1）商品细分类的分析。通过对厂商、品牌、子类、价格带的分析找出品类的主要推动者，主要的途径是根据POS数据进行厂商排名、品牌排名、次品类/品类细分类分析以及价格带分析。

（2）单品数与销售额占比分析。上一步我们从厂商、品牌、子类以及价位等方面进行了分析，找出了最好销售的品牌，但是否这个品牌的商品都好销呢？答案是不一定。这就要做单品效率分析，及单品数与销售额占比分析，看单品数与销售额的关系，发现小类之中的滞销单品。

（3）进行20/80分析或者进一步的ABC分析（厂商、品牌、单品等）。

（4）确定商品淘汰名单：综合考虑销售量、销售额及毛利，对每个单品进行排名。分配权重系数可以根据品类角色及品类策略确定，一般可以考虑销售量为30%，销售额为40%，毛利为30%。根据排名的95%的删除线确定淘汰名单。

（5）市场赢家、输家分析。

（6）手工调整，考虑其他因素保留部分单品，包括：新品入场时间过短，有较大的潜力；填补市场空白，无替代品；特殊原因缺货的商品。

（7）得出商品结构优化调整的建议。

注意事项

★ POS数据的选取不能少于3个月，而且要剔除商品的大宗购物数据。
★ 实训指导教师最好能收集相关品类市场销售情况的数据给学生进行分析。

四、相关知识

1. 外在客层分析

我们以一个案例展开。A超市集团总店位于高校区附近，其5到10公里内的潜在商圈客层构成如下：居民占70%，高校学生占30%。然而根据顾客调查和店长现场观察，在该卖场消费购物的顾客中学生占60%以上，居民不足40%。这些数据表明什么？其实目前该店遇到了一个典型的商品构成问题：商品结构到底应如何倾斜？应该选择哪类客层为主流目标顾客？如果还是选择居民作为主流目标客层，则其在市场调查的基础上，必须对商品构成重新进行检讨，为什么居民不喜欢该店的商品？如果该店发现既然在争取居民顾客方面争不过竞争对手店，还不如做好自己既有客层——高校学生，可采取的对策有两个：一是重新评估卖场经营面积，因为占商圈潜在客层30%的高校学生可能根本支撑不了这么一个大店；二是重新定位商品构成，全部商品构成以学生为核心，缩小以家庭主妇为对象的商品构成，扩大学生消费品。

2. 畅销商品的统计分析辨识法

统计分析辨识是根据帕累托法则得出的"少数中的多数"而来的，即20%商品的销售额可实现总销售额的80%左右，而剩下的80%商品的销售额则只实现总销售额的20%左右。商品品种百分比与相对的销售额百分比之间存在的20%：80%关系的规律性现象称之为80/20原则。其中占销售额最大份额的20%的商品，称之为畅销商品。

（1）畅销商品的统计辨识

畅销商品的统计辨识方法有历史资料统计法、竞争对等法和数据信息统计法等。

①历史资料统计法。历史资料统计法又称经验法，是指商店参照历史同期的销售额统计资料，在总的商品品种中选择出销售额排名靠前的20%的品种作为畅销商品。

②竞争对等法。竞争对等法是指商店通过调查并统计竞争对手的畅销商品的情况而确定自己的畅销商品。如商店刚成立不久，历史同期销售额统计资料缺乏或不全，可采用竞争对等法来选择畅销商品。

③数据信息统计法。数据信息统计法是指商店根据本企业POS系统汇集历史同期的销售信息来选择畅销商品的方法。这些信息资料主要是销售额排行榜、销售比重排行榜、周转率排行榜、配送频率排行榜。这4个指标之间存在密切的正相关性，核心指标是销售额排行榜。根据销售额（或销售比重、周转率、配送频率）排行榜，挑选出排行靠前的20%的商品作为畅销商品。数据信息统计法是规模较大商店选择畅销商品的首选方法。

（2）畅销商品的调整

由于畅销商品具有鲜明的季节性特点，加上消费需求和供货因素的不确定性，商店畅销商品并不是一成不变的，而是不断变化的，所以辨识了畅销商品之后也不是万事大吉了，而应随时进行不断调整。

①按季节变化调整。随着季节的变化，商店畅销商品目录在一年的春、夏、

秋、冬至少要做 4 次重大调整，每次调整的畅销商品约占前一个目录总数的 50% 左右，即使在某一个季节内，不同的月份由于气候、节庆假日等影响，畅销商品也会存在一定差异，每个月畅销商品调整幅度一般会超过 10%。

②按商品生命周期调整。例如，当某种商品的生命周期由导入期进入成长期、成熟期时，它可能会被引入畅销商品目录，而当它由成熟期转入衰退期时，它必然会在畅销商品目录中被删除。

③按顾客需求变化调整。如某一位有号召力的明星正在为某种商品做大规模宣传广告，预计会对消费者偏好和消费时尚产生巨大的影响与推动时，这种商品很可能会进入新的畅销商品目录。

上述 3 种变化调整中，从变化的规律性和预测的准确性角度看：季节变化的规律性最强，调整的准确性最高；而顾客需求变化的规律性最不易掌握，调整的难度最大；商品生命周期的规律性介于两者之间。

此外畅销商品目录的调整需要剔除一些干扰因素和虚假现象。如某一次性处理商品在短期内可能销售额很高，这种虚假升值不能作为该商品进入畅销商品目录的依据；又如，某些销售情况一贯很好的商品，在某一短期内，可能由于资金、配送不到位，造成供货不足，销售额大幅度下降，这种虚假降值的商品在畅销商品调整时，要慎重决定是否在目录中删除。

（3）畅销商品的管理

畅销商品在商店经营中占有绝对的地位，是商店管理的重点，为了使畅销商品真正畅销起来，不缺货，卖场应做好如下工作：优先采购、优先存储、优先配送、优先上架、优先促销、优先结算。

3. 滞销商品淘汰管理

由于卖场空间和经营品种的有限，所以每导入一批新商品，就相应地要淘汰一批滞销商品，滞销商品可看做商店经营的"毒瘤"，直接侵蚀超市的经营效益。选择和淘汰滞销商品成为商店商品管理的一项重要内容。

（1）滞销商品的选择标准。

①销售额排行榜。以销售额排行榜为淘汰标准，在执行时要考虑两个因素：一是排行靠后的商品是否是为了保证商品的齐全性才采购进场的；二是排行靠后的商品是否是由于季节性因素才销售欠佳，如果是这两个因素造成的滞销，对其淘汰应持慎重态度。

②最低销售量或最低销售额。实施这一标准时，应注意这些商品销售不佳是否与其布局与陈列位置不当有关。

③商品质量。对被技术监督部门或卫生部门宣布为不合格的商品，理所当然应将其淘汰。

为了保证商店经营高效率，必须严格执行标准，将滞销商品淘汰出卖场。一个经验型的建议是，如果新品引进率不正常地大大高于滞销品淘汰率，那么采购部门的不"廉洁"采购是可以确定的。

（2）商品淘汰的作业程序。

①列出淘汰商品清单，交采购部主管确认、审核、批准。

②统计出各个门店和配送中心所有淘汰商品的库存量及总金额。

③确定商品淘汰日期。公司最好每个月固定某一日期为商品淘汰日，所有门店在这一天统一把淘汰商品撤出货架，等待处理。

④淘汰商品的供应商货款抵扣：到财务部门查询被淘汰商品的供应商是否有尚未支付的货款，如有，则做淘汰商品抵扣货款的会计处理，并将淘汰商品退给供应商。

⑤选择淘汰商品的处理方式（详见下一部分）。

⑥将淘汰商品记录存档，以便查询，避免时间一长或人事变动等因素将淘汰商品再次引入。

（3）退货的处理方式。

退货的处理方式是滞销商品淘汰的核心问题之一。传统的退货处理方式主要有以下两种：一是总部集中退货方式；二是门店分散退货方式。目前连锁公司通常采取的做法是在淘汰商品确定后，立即与供应商进行谈判，商谈 2 个月或 3 个月后的退货处理方法，争取达成一份退货处理协议，按以下两种方式处理退货：一是将该商品做一次性削价处理；二是将该商品作为特别促销商品。

4. ABC 分析法

（1）ABC 分析法的含义。

ABC 分析法来源于 80/20 分析，但是比 80/20 分析更为细化，它按照一定标准对管理对象进行排序分类，区别重点与一般，从而确定投入不同管理力量的一种科学方法。它一般把管理对象分成 A、B、C 3 类，所以称为 ABC 分析法。ABC 分析法可以应用在从库存单位到部门的任何一级商品分级上。在商品管理中应用 ABC 分析法，就是对库存商品进行排队分类，根据各类商品的重要程度，投入不同的管理力度，采用不同的管理方式。A 类商品是最重要的商品，应重点管理；B 类商品是非重点商品，可进行一般管理；C 类商品是次要的商品，可投入少量的管理力量。

ABC 分析表有两种形式：一种是全部品种逐个列表的大排队分析表；另一种是对各品种进行分层的分析表。大排队的 ABC 分析表适用于品种数不太多的分析项目，它是按销售额大小，由高至低对所有品种按顺序排列。分层的 ABC 分析表是在品种数较多、无法排列于表中或没有必要全部排列的情况下，先按商品类别进行分层，以减少品种栏内的项数，据此进行分析。

（2）ABC 商品的结构分析。

在正常情况下，将累计销售额（或者综合贡献）在 50% 的商品划为 A 类；将累计销售额在 40% 的商品划为 B 类；将累计销售额（或者综合贡献）在 10% 的商品划为 C 类。正常的比较合理的商品结构一般如图 7-10 所示：10% 的商品创造了 50% 的销售额，这 10% 的商品属于 A 类商品；30% 的商品创造了接下来的 40% 的销售额，这 30% 的商品属于 B 类商品；剩下 60% 的商品仅仅创造了 10% 的销售额，这 60% 的商品属于 C 类商品。一般来说，A 类商品主要由促销商品、应季商品以及一线品牌的主流商品构成，而在这 3 者中只有应季商品的利润率高，其余两者利润率都比较低。C 类商品属于销售比较差的商品，但是又不能一概而论，因为 C 类商品如果不是在运营上出现问题（如缺货）而导致销售差的话，那么 C 类商品一般包括结构性商品（如价格结构、功能结构等）、新品

223

（正处于缓慢的市场导入期）、等待淘汰的商品（如衰退期的商品、长期导入不成功的商品等）。

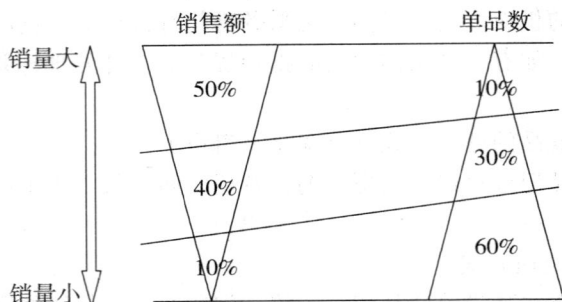

图7-10 科学合理的商品ABC结构

但是不是所有的零售企业都有这种科学合理的商品结构，当运用ABC分析法分析的时候，零售企业的销售业绩可能呈现如下结果：

①同等的商品产生同等的销售业绩。如50%的商品贡献了50%的商品销售，接下来40%的商品贡献了40%的商品销售，这属于绝对的平均化，即存在门店主力商品销售不突出，各种商品都能销售一点的情况，由此造成了门店无主力商品可以推广的问题。此时门店需要寻找有待挖掘的主力商品，调整主力商品销售的陈列和与供应商的合作关系，共同将主力商品提升上去。

②最小的商品产生了最大的销售业绩。5%的商品贡献了50%的商品销售额，如图7-11所示，从结构图直观来看，明显是A类商品过少。这种情况产生的原因多是主力商品过于集中，甚至是在门店中只有一小部分商品在吸引消费者，此时不宜再拿A类商品做进一步促销，由此产生的后果可能会引发门店的运营危机，如果有竞争对手针对门店的A类商品即主力商品进行竞争，那么门店可能将会面临灭顶之灾。另外还要看门店是大店还是小店：如果是小店，门店还有机会慢慢调整，毕竟小店由于其商圈范围较小，竞争对手较少，被竞争对手拿着该店A类商品做恶性竞争的几率小一些；但是如果是大店，那么只要周边的几个竞争对手分别拿出该门店的A类商品做恶性竞争，那么该门店的销售必然一落千丈。但是好的一点是B类商品比例相对合理，可以选取部分B类商品做促销，促销之后部分B类商品会上升至A类商品，以充实A类商品，这样B类商品的比例会减少，所以需要C类商品来补充，此时建议在所有的促销选品的100%中，从B类商品中选择40%，从C类商品中选择60%。

③从图7-12来看，C类商品过多，占到了70%，说明滞销品较多，麻烦较大。另外A类商品占比为15%，比起标准结构的10%略微多了一些，说明主力商品还是有些不够突出，在促销的时候可以选择A类商品做促销，以便突出A类。但是这还不是最麻烦的，最麻烦的是B类商品过少，A类商品加上B类商品才占比30%，还小于标准结构10%，所以应该从C类商品中培养出一部分发展壮大为B类商品，所以现在的问题不是用B类商品做促销充实A类商品的问题，而是B类商品不做促销，直接将应用在B类商品上的促销品全部放在C类商品上，此时建议在所有的促销选品的100%中，从A类商品中选择30%，从C类商品中选择70%。

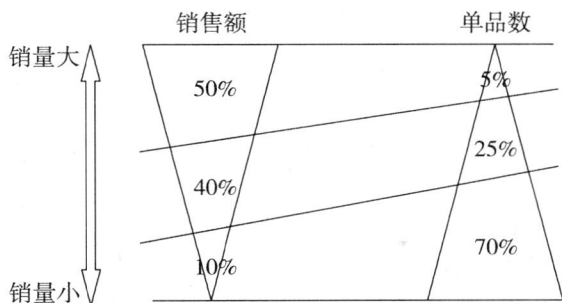

图 7-11　不合理的商品 ABC 结构（一）

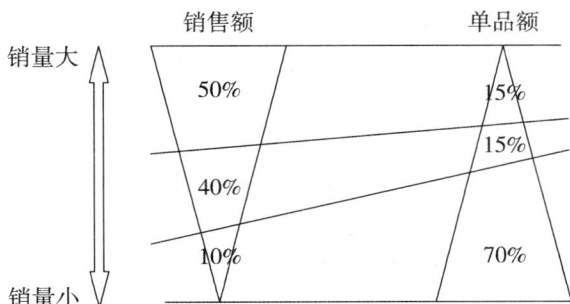

图 7-12　不合理的商品 ABC 结构（二）

④从图 7-13 来看，该门店的商品结构非常麻烦，A 类商品过少，一旦 A 类商品出现一点风吹草动，门店随时有销售大幅下滑的可能，作为 A 类商品后备军的 B 类商品又过少，A 类商品加上 B 类商品也仅仅占比 18%，远低于健康结构的 40%，也就意味着一旦 A 类商品出问题，B 类商品中又没有合适的商品可以顶上来，销售必然大幅下滑。此时一定不能再拿 A 类商品和 B 类商品做促销。C 类商品占比高达 80% 以上，意味着货架上充斥着大量的滞销商品，所以此时最重要的是从 C 类商品中通过促销等办法培养发展壮大部分商品，逐步缓解这种结构问题。

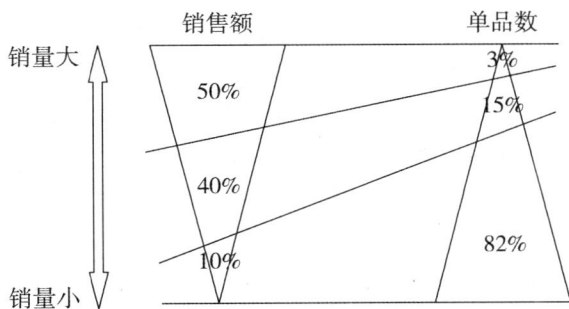

图 7-13　不合理的商品 ABC 结构（三）

（3）从 ABC 分析法到双 ABC 分析法。

将商品分为 A、B、C 3 类，有效了解商品结构和商品现状。如果将商品结构连续两年的 ABC 分析进行汇总分析，将会进一步了解商品今年和去年的状况，有效指导门店销售策略，这种方法叫双 ABC 分析法。通过双 ABC 分析法可以将商品划分为 12 个类型（在字母的排序上前一个字母表示该商品今年的类型，后一个字母表示该商品去年的类型，如果只有一个字母，表示该商品去年没有，唯一的字母表示今年的商品类型）：

①A：是今年新品，可能是新上市的大力度促销商品；

②AA：在今年和去年都是 A 类商品，可能是一线明星商品、强季节商品、促销商品；

③AB：在去年是 B 类商品，今年是 A 类商品，呈上升趋势；

④AC：在去年是 C 类商品，今年是 A 类商品，是培养潜力很大的商品；

⑤B：在今年是新品，销售不错；

⑥BA：在去年是 A 类商品，今年是 B 类商品，销售有所下滑；

⑦BB：在今年和去年都是 B 类商品；

⑧BC：在去年是 C 类商品，今年是 B 类商品，可见去年和今年都没大力度促销，可培养；

⑨C：在是刚上市商品，没有经过促销，有待观察；

⑩CA：在今年是 C 类商品，去年是 A 类商品，下滑严重，需要删除；

⑪CB：在今年是 C 类商品，去年是 B 类商品，有所下滑，需要删除；

⑫CC：在今年和去年都是 C 类商品，可能是结构性商品，不能删除。

5. 小分类分析

（1）根据图 7-14 分析可知：

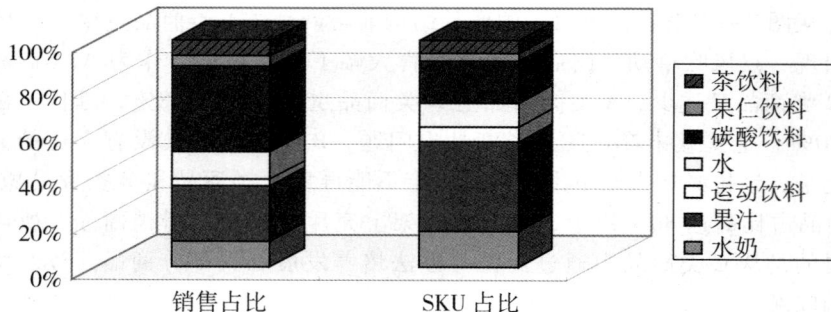

图 7-14　饮料小分类销售分析

根据图 7-14 分析可知：

①饮料销售的主体是碳酸饮料、果汁，占饮料销售的 61.95%，SKU 数占饮料 SKU 的 57.94%。碳酸饮料的销售效率较高，SKU 占饮料总 SKU 的 18.69%，却带来了 37.52% 的销售额。相比之下，果汁的销售效率略低，SKU 占饮料总 SKU 的 39.25%，只带来了 24.43% 的销售额。

②水奶等乳酸饮料的 SKU 占比为 15.89%，但销售只占饮料销售的 10.9%，销售效率略低。但从数值上看，只有 16 个 SKU 对于水奶这个类别不是多了，而是少了，由于水奶的个性化需求特点明显，造成顾客可选择余地少，因此销售不高。

（2）改进建议如下：

①进一步提高果汁的单品销售效率，优化其商品结构；

②对水奶等乳酸饮料的商品结构进行市场调研，包括商品的品种、价格以及

包装大小，使这一类别能够达到平均销售水平。

③运动饮料是比较时尚的商品类别，只有在促销上下工夫，才能刺激销售。

6. 品牌分析

品牌销售额排名分析如图 7-15 所示。

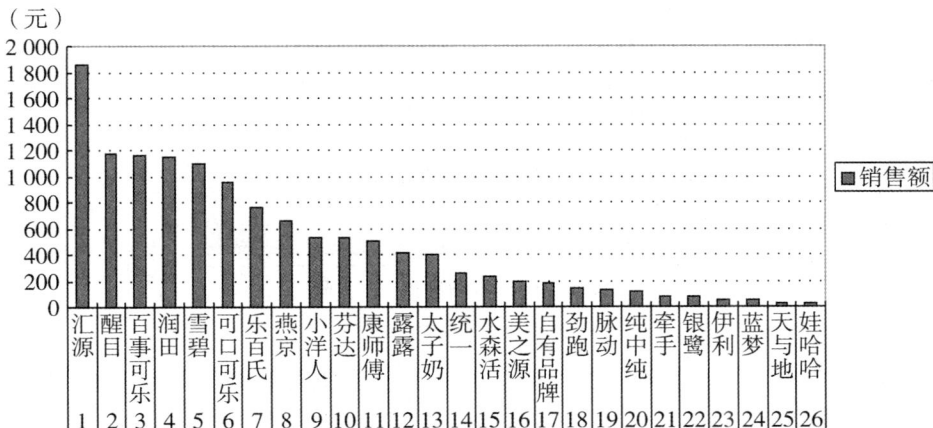

图 7-15　品牌销售额排行分析

（1）图 7-15 中销售额处于前 5 名的饮料品牌见表 7-4。

表 7-4　　　　　　　　销售额处于前 5 名的饮料品牌

排名	品牌	销售额（元）	销售占比（%）
1	汇源	1 855.9	14.51
2	醒目	1 174	9.18
3	百事可乐	1 158.8	9.06
4	润田	1 150	8.99
5	雪碧	1 101.2	8.61

（2）图 7-15 中销售额处于后 5 名的饮料品牌见表 7-5。

表 7-5　　　　　　　　销售额处于后 5 名的饮料品牌

排名	品牌	销售额（元）	销售占比（%）
22	银鹭	77.5	0.61
23	伊利	52.8	0.41
24	蓝梦	48	0.38
25	天与地	31.2	0.24
26	娃哈哈	30.4	0.24

★分析：饮料部门共有 SKU 数是 107 个，却有 26 个品牌，显然是品牌过剩，导致销售分散；处于销售额后 5 名的品牌绝大多数是著名品牌，其商品并未达到衰退期，因此出现销售额过低的原因应进一步研究，比如在商品的品种、包装、价格、促销频率以及是否出现缺/断货上找原因。

★改进建议：选择大众广泛认可的品牌，重拳出击，将小品牌淘汰。

7. 象限分析

象限分析如图 7-16 所示。

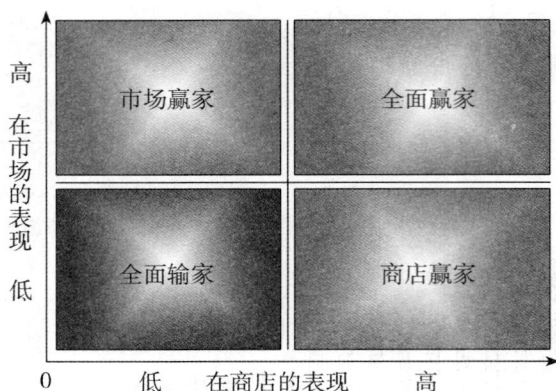

图 7-16　象限分析

20/80 分析主要是针对零售商的自身数据进行商品表现的分析。为了更科学地做出商品的淘汰与保留决定，必须参考商品在市场上的表现情况。以商品在商店的表现为横轴，以商品在市场的表现为纵轴，可以绘出如图 7-16 所示的象限图，将商品分为 4 个部分。

（1）全面赢家。

在市场和商店的表现均优于平均水平的商品，这部分商品往往是前 20 的商品，简称 20 商品，是商店必须高度重视的一部分商品。

（2）商店赢家。

在商店的表现优于平均水平，但在市场的表现却较差的商品，这部分商品有可能是商店的自有品牌，也可能是商店投入过多的资源使其表现超常的商品。例如，某零售商将 30% 的货架资源和一半的货架堆头卖给了某品牌卫生巾，使该品牌的销售跃居首位，超过市场份额高的苏菲和护舒宝。这部分商品要进行关注，因为其超常表现可能带来主力品牌生意的下降，从而导致整个品类生意的下降。这部分商品还可能是商店的目标性商品或差异化商品，需要进行分析以确定其真实状况，以制订下一步行动计划。

（3）市场赢家。

在市场上的表现优于平均水平，在商店的表现却较差的商品，这部分商品由于有较好的群众基础，是很有潜力提高销量的，是商店的机会商品。对市场赢家的商品，需要找出在商店表现不佳的原因，从而推动这部分商品在商店的表现。市场赢家中有一种极端情况，即市场表现优于平均水平的商品，但在商店的商品列表中却不存在该商品，也就是商店没有销售该商品。对这部分商品，商店可以考虑作为新品引进。

（4）全面输家。

在市场和商店的表现均落后于平均水平的商品，这部分商品是可替代性商品。落在该象限的商品可能是新品，也可能是因为各种原因脱销的商品。对这种特殊原因的商品，要适当考虑给其更长时间的表现期，以公正地评估其真实水平。

五、学生天地

表7-6 商品结构优化调整的建议

班级		组长姓名		实训时间	
组号		成员		主要任务	
调整建议：					
备注					

六、效果评价

表7-7 商品结构调整实训评价评分表

考评人			被考评人	
考评地点				
考评内容	对连锁零售企业商品数据分析调整			
考评标准	内　容	分值/分	评分（分）	
	掌握畅销品及滞销品的识别及处理方法	20		
	熟悉商品结构分析的操作流程	20		
	掌握20/80分析方法	20		
	掌握赢家输家象限分析法	20		
	掌握单品效率分析的方法	20		
合计		100		

注：考评满分为100分，60~70分为及格；71~80分为中等；81~90分为良好；91分以上为优秀。

七、知识拓展

某超市门店经营数据分析案例分享

企业背景简介：该企业处于某省县级市，目前经营着20多家连锁门店，主要业态为便利店。

经营数据提供：该企业提供了某单个门店2014年8月份的单品销售数据报表，主要内容包括所有单品的名称、规格、销售额、毛利额、损耗额、库存额以及单品的大、中、小分类描述等，并提供了该企业的销售预算和去年同期的实际销售情况。

根据以上提供的极为有限的销售数据线索，数据分析专家依照行业一般销售规律为该企业编制了一份《经营数据分析报告》。

（一）8月份实际销售额与目标销售额对比（见图7-17和表7-8）

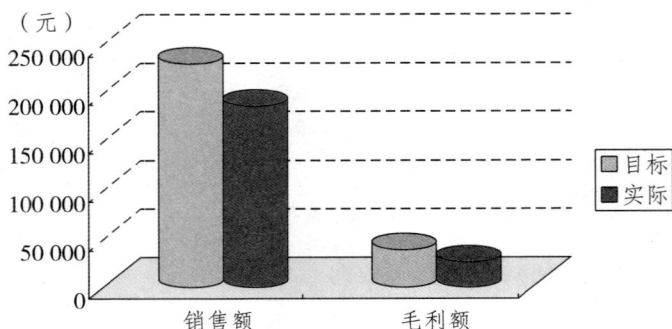

图7-17　8月份实际销售额与目标销售额对比

表7-8　　　　　　　　8月份实际销售额与目标销售额对比　　　　　　　金额单位：元

	销售额	毛利额	毛利率	损耗额	库存额	库存周转天数
目标	227 965	36 474	16.00%	911.86	85 000	13.3 天
实际	185 190.64	24 909.10	13.45%	751.44	79 499.5	14.9 天
完成率	81.24%	68.29%	-2.55%	82.41%	93.53%	1.6 天

8月份实际销售额为18.52万元，完成目标销售额的81.24%；实际毛利额为2.49万元，完成目标毛利的68.29%；毛利率低于目标2.55%。

★ 分析：

（1）销售额、库存额的目标完成情况均超过80%，业绩比较理想。

（2）毛利额的目标完成率较低，导致毛利率低于目标2.55%。

（3）表面看损耗低于目标值，但是目标损耗率是0.4%，而实际损耗达到0.44%，预算内的实际损耗应是740.76元，因此损耗并不是在目标允许范围内，而是高于目标值10.68元。

（4）库存周转天数比目标多1.6天，应结合供应商平均账龄做进一步的研究，做好库存控制。

（二）8月份实际销售额与去年同期对比（见图7-18和表7-9）

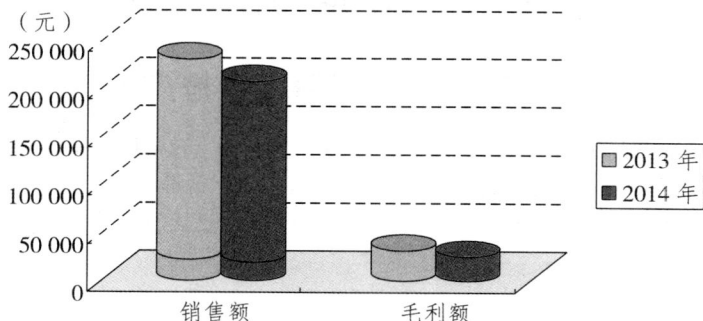

图 7-18　8 月份实际销售额与去年同期对比

表 7-9　　　　　　　　　　**8 月份实际销售额与去年同期对比**　　　　　　　　金额单位：元

	销售额	毛利额	毛利率	损耗额	库存额	库存周转天数
2013 年	204 124.96	31 395.2	15.38%	911.86	99 829.99	17.3 天
2014 年	185 190.64	24 909.10	13.45%	751.44	79 499.5	14.9 天
差异	−9.28%	−20.66%	−1.93%	−17.59%	−20.37%	−2.4 天

★分析：

（1）销售额比 2013 年同期有所下降，其中生鲜比 2013 年同期下降 17.41%，食品比去年同期下降 15.94%，导致销售整体滑坡。

（2）百货销售比 2013 年同期提高 15.17%，从数据上看是联营的销售大幅度提高缘故，但同时百货其他类别均出现销售滑坡现象，从一般销售经验看应与联营的策略有关。

（3）损耗率比 2013 年同期有所下降，如将损耗的类别细分，比如是偷盗、破损、过期等，就能判断造成店内损耗的主要原因在哪里。

（4）库存周转天数比 2013 年同期缩短了 2.4 天，周转速度加快。

★ 改进建议：

（1）对食品/保健、家居文体用品的商品结构进行进一步精简，提高销售效率。

（2）烟酒/饮料/调味品、针纺/服装/鞋帽、家居文体用品、厨房/家用电器的库存周转天数均超过 25 天，尤其是厨房/家用电器更是达到了 51 天，应对比供应商的平均账龄，对以上相关供应商的结算情况进行仔细分析，库存积压而货款已经结算的情况最好不要发生，这是很危险的。

资料来源　佚名．品类管理课后题目分析［EB/OL］．［2013-10-09］.http：//www.docin.com/p-709458285.html.

231

模块八　特许经营管理

项目22　特许经营体系推广训练

特许经营体系的推广是特许经营总部为实现特许经营体系的总体战略发展目标（该战略发展目标已经在总体规划中制定），依据总部年度经营计划，在特定的市场区域内和特定的时间段内开设一定数量的加盟店而组织与开展的一系列活动。

一、实训目标

1. 能力目标
- 能够进行特许经营准备分析；
- 能够进行特许经营体系的基本设计；
- 能够进行特许经营加盟体系的设计和营建。

2. 知识目标
- 掌握特许经营权的构成、特许经营的授权模式和特许经营的费用；
- 掌握特许经营体系的推广宣传手段；
- 掌握特许经营企业对加盟商的资质要求；
- 掌握加盟申请表、加盟指南、加盟意向书、特许经营合同等推广文件的内容。

3. 方法目标
- 掌握特许经营准备的方法；
- 掌握特许经营体系构建的方法；
- 掌握督导特许经营体系构建的方法。

二、场景设计

某连锁餐饮企业一直以来采取直营连锁的方式发展，由于目前餐饮企业竞争非常激烈，该企业想通过快速扩张来增强自己的地位，但是资金和人员有限，所以决定采取特许连锁的方式扩张。请为该企业设计特许经营体系推广方案，并通过模拟招募发布会现场招募加盟商。

实训指导教师也可根据院校所在城市连锁企业的具体情况选择一家企业作为实训对象，如经济型酒店、快递、家政服务、商务服务、教育培训、干洗、便利店、专卖店、中小型超市等。

三、训练步骤

1. 查询资料
根据场景设置，实训指导教师指导学生上网查询餐饮企业中其他企业的特许经营相关资料，尤其是重点搜集主要竞争对手的特许经营模式和特许经营费用。

2. 学生分组
（1）实训指导教师担任此项活动的总指导和总指挥。

（2）将学生分成若干组，每组 4~5 人，设组长一名。

（3）各组明确小组成员的分工和任务。

3. 实地考察

学生考察该餐饮企业的总部和门店，了解总部对特许经营体系推广的思路和想法，了解门店的具体运营情况。

4. 设计特许经营体系推广方案

学生分工完成该餐饮企业特许经营推广方案的设计。在此过程中学生要注意：

（1）推广方案的主要内容。

①特许经营的加盟模式。

特许经营的加盟模式主要包括特许经营权的构成（产品）、特许经营的授权模式（产品销售方式）和特许经营的费用（产品的价格）。

②特许经营体系的推广。

特许经营体系的推广主要包括加盟商的资质、推广工作流程、推广手段、推广时间安排，并制作加盟申请表、加盟指南、加盟意向书、特许经营合同作为推广方案的附件。

（2）推广方案为 Word 版，注意方案内容的完整性、合理性。严格按照实训指导教师制定的排版要求进行方案的美观设计。

（3）实训指导教师对每组方案进行指导，学生根据实训指导教师意见进行修改。

5. 模拟招募发布会

以特许经营体系推广方案为依据，制作招募发布会使用的 PPT，并在课堂做招募发布会的现场展示。当一组在展示时，其他小组作为潜在加盟商在每组介绍完成之后，就疑惑问题或未说明问题进行提问，现场决定是否有意愿加盟，并对该组表现打分（打分标准：内容的完整性、合理性；PPT 的制作水平；现场展示学生的表现），满分 10 分，不得对自己所在小组打分，平均分作为该组的学生打分分数。实训指导教师对每组表现情况进行评价，并打分。实训指导教师与学生各占 50% 的权重作为招募发布会打分的最后分数。PPT 的内容要包括以下几方面：

（1）企业介绍。

（2）加盟费。

（3）加盟方式。

（4）对加盟商的要求。

（5）加盟流程。

（6）投资回报分析（投资金额、营业额预估、营运费用、投资回报率、投资回收周期）。

（7）加盟后对加盟商的支持和帮助。

6. 修改 PPT

每组学生根据实训指导教师的意见和其他小组成员的意见对推广方案与招募发布会使用的 PPT 进行修改。

7. 提交材料

实训指导教师选择最好一组的方案和 PPT 提交给该餐饮企业，并请他们批评指正。

8. 意见反馈

实训指导教师将该餐饮企业的意见反馈给学生。

❀ 注意事项

> ★ 学生外出调研，必须听从指挥，遵守纪律，注意交通安全，并要表现出良好的礼貌、礼节，维护学校形象。
>
> ★ 撰写方案前必须上网、现场搜集该餐饮企业的资料，必须去该餐饮企业现场调查，了解该餐饮企业对此次推广的要求和思路。
>
> ★ 调查前必须提前与考察企业联系，并获得企业配合、支持。
>
> ★ 任务完成中发挥团队精神，紧密配合、协同作战。

四、相关知识

1. 特许经营权的构成

特许经营权的构成如图 8-1 所示。

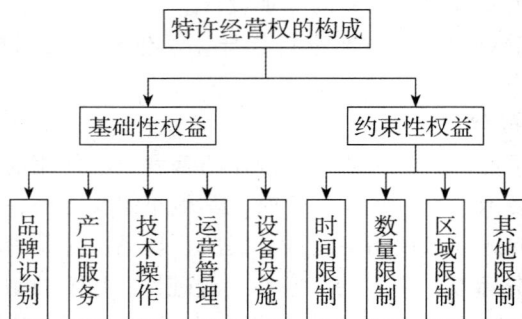

图 8-1　特许经营权的构成

2. 特许经营的授权方式

（1）单店特许。

单店特许是指特许人赋予被特许人在某个地点开设一家加盟店的权利。特许人与被特许人直接签订特许合同，被特许人亲自参与店铺的运营，被特许人的经济实力普遍较弱。目前，在该类被特许人中，相当一部分是在自己原有网点基础上加盟的。单店特许适用于在较小的空间区域内发展特许网点。

优点：特许人直接控制被特许人；对被特许人的投资能力没有限制；没有区域独占；不会给特许人构成威胁。

缺点：网点发展速度慢；特许人支持管理被特许人的投入较大；限制了有实力的被特许人的加盟。

单店特许在具体形式上包括如下形式：

★普通单店特许。

★熟店转让。

熟店转让是不从零开始，即特许人把一个正在营业的已经盈利的门店转让给受许人。

★托管特许。

托管特许是指特许人把门店转让给受许人，但门店的管理由特许人负责，门店除签订特许经营合同外，还要签订一份委托管理协议，受许人要支付特许人一定托管费用。

（2）区域特许。

区域特许是指特许人赋予被特许人在规定区域、规定时间开设规定数量的加盟网点的权利。由被特许人投资、建立、拥有和经营加盟网点；该被特许人不得再行转让特许权；被特许人要为获得区域开发权交纳一笔费用；被特许人要遵守开发计划。该种方式运用得最为普遍，适用于在一定的区域（如一个地区、一个省乃至一个国家）发展特许网络。特许人与区域被特许人首先签署开发合同，赋予被特许人在规定区域、时间的开发权；当每个加盟网点达到特许人要求时，由特许人与被特许人分别就每个网点签订特许合同。

优点：有助于被特许人尽快实现规模效益；发挥被特许人的投资开发能力。

缺点：在开发合同规定的时间和区域内，特许人无法发展新的被特许人；对被特许人的控制力较小。

（3）二级特许。

二级特许又被称为分特许，特许人赋予被特许人在指定区域销售特许权的权利。二级特许者扮演着特许人的角色；对特许人有相当的影响力；要支付数目可观的特许费；是开展跨国特许的主要方式之一。特许人与二级特许人签订授权合同；二级特许人与二级被特许人签订特许合同。

优点：扩张速度快；特许人没有管理每个被特许人的任务和相应的经济负担；二级特许人可根据当地市场特点改进特许经营体系。

缺点：把管理权和特许费的支配权交给了二级特许人；过分依赖二级特许人，特许合同的执行没有保证；特许收入分流。

（4）代理特许。

特许代理商经特许人授权为特许人招募加盟者。特许代理商作为特许人的一个服务机构，代表特许人招募被特许人，为被特许人提供指导、培训、咨询、监督和支持。它是开展跨国特许的主要方式之一。特许人与特许代理商签订代理协议是跨国合同的，必须了解和遵守所在国法律；特许代理商不构成特许合同的主体。

优点：扩张速度快；减少了特许人开发特许网络的费用支出；对特许权的销售有较强的控制力；能够对被特许人实施有效控制而不会过分依赖特许代理商；能够方便地终止特许合同；可以直接收取特许费。

缺点：特许人要对特许代理商的行为负责；要承担被特许人起诉以及汇率等风险。

3. 特许经营的费用

特许经营费用总的可以分为三类：特许经营初始费、持续费以及其他费用。

（1）特许经营初始费。

特许经营初始费指的是受许人向特许人交纳的加盟金，即加盟费。这是特许人将特许经营权授予受许人时所收取的一次性费用。它体现的是特许人所拥有的品牌、专利、经营技术诀窍、经营模式、商誉等无形资产的价值。

加盟费是受许人进入特许人特许经营体系的门槛费，即使受许人悔约，此费用也不予退还。一个特许经营加盟期限需要且仅需要交纳一次加盟金，特许经营合同到期后，如果双方续签，那么受许人需要再为下一个特许经营期限交纳一次加盟金。

（2）特许经营持续费。

特许经营持续费指的是在特许经营合同的持续期间，受许人需要持续地向特许人交纳的费用，主要包括两类：特许权使用费和市场推广及广告基金。

特许权使用费又称权益金、管理费等，受许人在经营过程中按一定的标准或比例向特许人定期支付的费用。它体现的是特许人在受许人的经营活动中所拥有的权益。

市场推广及广告基金指的是特许人按受许人营业额的一定比例向受许人收取的全国广告基金，该基金由特许人统一管理，受许人使用该基金时向特许人提出申请，由特许人审批。

（3）其他费用。

特许经营费用除了上两类最基本的费用外，还会有一些其他形式的费用。需要注意的是，这些费用并不是特许经营这种模式所独有的费用，即使在其他契约式的经营模式里，比如经销、代理等，这些费用也是不可避免的。所以，这些其他的费用并不是每个特许人都要收取的，因特许人的不同而不同。

这些费用有履约保证金、品牌保证金、培训费、特许经营转让费、合同更新费、设备费、原料费、产品费等。

4. 特许经营体系推广的相关文件撰写

（1）加盟申请表。

加盟申请表的基本内容包括：

★申请人基本资料：姓名、性别、年龄、婚否、籍贯等。

★申请人联系方式：E-mail、电话（办、宅）、传真、手机等。

★申请人详细地址、邮政编码。

★申请人是否已有单店，若有，则此申请表里应包括该店的一些基本情况，比如营业面积、店址、拥有人、经营业务、房产情况（产权者还是租用者）、盈利状况等。

★申请人欲以何种方式加盟，即加盟后企业性质：私营、合资、股份制、国营等。

★申请人学习和工作简历。

★申请人欲加盟信息：计划的店址、计划的签约时间、准备的投资额、加盟后的商业计划等。

★特许人的调查：你从何种渠道知道本特许经营体系的？你对特许的希望是什么？等等。

★其余：有的加盟申请表可能还会要求申请人提供一份简单的申请人对于欲加盟地区的大致市场调查结果等。

（2）加盟指南。

加盟指南通常被特许人制作成印刷非常精美的寥寥数页的小册子或彩色折叠纸，其特点是语言精练、内容重点突出、图文并茂。它特别受到特许人的重视。特许人也会花费相当的文笔、图案设计等来绞尽脑汁地制作它，以便特许人能以最少的内容、最生动形象的形式和在最短的时间内使潜在受许人的心里形成强烈的好印象。

其主要内容分为三大部分：正文文字、图案和通常被作为附件的加盟申请表。其具体内容包括：

正文文字部分包括：

★特许人简介（名称、历史等）及联系方式；

★特许人特许经营体系的优势及其所提供的支持；

★一些宣传口号或企业文化的摘录（通常为企业理念即 MI 部分）；

★已有的加盟店及本招募文件所要招募的受许人数量和地区；

★对合格受许人的要求；

★常见问题回答，即 Q&A；

★特许经营相关费用的介绍；

★单店投资回收预算表，即单店投资回报分析表；

★加盟流程。

需要注意的是，各个特许人可以根据自己的特殊情况进行上述主要内容的增删。比如在特许经营刚出现在中国时，鉴于许多人并不了解特许经营的状况，许多特许人还在其招募文件上花费较大篇幅来介绍什么是特许经营、特许经营的由来、特许经营的优势等，以期给潜在受许人一个关于特许经营的现场"启蒙教育"。

图案部分包括：

★特许人的商标、LOGO 等；

★特许人的单店不同角度视图或照片；

★单店营业现场；

★特色的产品、设备或服务等；

★本体系或某些加盟店获得的荣誉证书、牌匾等；

★作为"现身说法"的成功受许人的有关照片。

（3）加盟意向书。

一般来说，在双方签订正式的特许经营合同之前都要签署一份《特许经营加盟意向书》，其目的是为了给潜在受许人一定的时间来慎重考虑最后加盟的决心，在此期间，特许人不能再将潜在受许人意欲加盟的区域单店特许权再授予他人。

通常，潜在受许人在签署加盟意向书时会向特许人交纳一个费用——保证金。加盟后从加盟费中扣除，违约则不予退还。

（4）特许经营合同。

特许经营合同又可分为单店加盟合同与区域加盟合同，两者条款事项大致相同，只是具体内容上有所差异，但我们可以把区域加盟商视为一个特殊的单店加盟商并以此来改写特许经营的单店加盟合同为区域加盟合同。此处仅以特许经营单店加盟合同为例说明特许经营合同的结构及要描述的内容。

目前，国内的特许经营单店加盟合同大致可以被分为四个组成部分：合同引言、合同中关键用语释义、合同的主体部分以及合同的附件部分，具体主要包括的内容和条款如下：

①合同引言，主要说明的是特许人的特许权内容、声明特许人的商标是已经注册过的合法商标，以及本合同的意图。

②合同中关键用语释义，说明下文中的一些简略词的准确全称，比如合同里常用的"甲方"、"乙方"、"非独占许可"、"特许人的标志"、"特许业务"、"生效日"、"加盟店店长"等。

③合同的主体。

第一，特许授权的内容，说明该特许权的授予对象、内容、时间期限，以及合同续约等事项。

第二，加盟店的所在地点，说明加盟店的具体地址与要求，以及加盟店地址的变更办法、程序、条件等。

第三，特许费用，主要说明应交纳的特许经营费用的名称、内容、数额、交纳具体办法以及未交惩罚措施等。

第四，特许人的权利，主要是说明特许人的对于受许人的监督和收取相应特许经营费用等的权利。

第五，特许人的义务，主要说明特许人在受许人开业前后所应尽的义务，比如培训、开店指导、商品配送、广告宣传等。

第六，受许人的权利，主要包括受许人有权使用特许人授予的特许权，获得特许人提供的支持、指导和帮助的权利等。

第七，受许人的义务，主要包括受许人按规定支付特许经营费用、按特许人CIS及手册规定建设单店、按特许人约定运营单店、维护特许人的商标及声誉、遵守特许人单店手册的运营规定、接受特许人的监督与管理、保守商业秘密、同对特许人的商标侵权做斗争等义务。

第八，特许人声明，主要是确认特许人在本合同中的关于商标、合同限定内容以及对签约人的授权等。

第九，受许人的声明，主要是确认受许人对单店地址、加盟意图、遵守手册、对签约人的授权、对合同的认识等方面。

第十，当事人关系，旨在说明受许人是且应为一个独立的缔约方，且本合同中任何规定不得解释为在特许人和受许人之间建立代理人、联营关系或共同投资人关系。除非本合同另有规定，特许人或受许人皆不得以对方的代理人或代表人的身份开展活动，或承担对方的各项债务及相关财产责任。未经特许人的许可，受许人不得为他方的债务提供保证。

第十一，合同权益的转让，说明受许人转让该合同时的条件、程序、交纳给特许人的费用等有关特许经营合同的转让事宜。

第十二，特许人保留的权利，主要是阐明并确认特许人关于其特许权内容的权利，比如在受许人确认及同意的条件下，特许人有权随时修改和补充其按照本合同授权受许人使用的特许经营体系模式，以及在本合同有效期内，对特许经营体系所做的任何及所有改进应归特许人所有并以特许人名义就该改进部分取得相应的工业产权和/或知识产权。

第十三，合同的终止，主要是说明不同的合同终止方法的缘由及相应的程序、结果措施等，既包括特许人的终止也包括受许人的终止，既有正常的终止也有非正常的终止。同时本条款还对在合同的不同终止情况下特许人和受许人各自应负的责任进行说明。

第十四，合同终止后受许人的义务，主要是说明本合同因故（包括期满或提前终止）终止时，受许人应尽的义务以及未尽义务时的惩罚办法。受许人的义务比如有应付清特许人的所有特许费用、立即并永远停止使用所有特许人特许经营体系的工业产权和/或知识产权、在规定期限内将含有特许人标记的物项退还特许人、尽快并永远停止以特许人加盟店名义进行对外活动等。

第十五，违约责任，主要是说明特许人和受许人各自在不同情况下的违约时所应承担的责任。

第十六，不可抗力，主要是对不可抗力进行定义，并说明在发生不可抗力事件时各方应采取的措施以及合同的部分或全部义务可能被免除的有关规定。

第十七，争议的解决。主要说明双方在发生争议时的解决原则、办法、程序等。

第十八，可分割性，主要是说明如果本合同的某一或若干条款在任何方面无效、非法或无法执行，这些无效、非法或无法执行的条款或部分将视为从未包括在本合同中。其他条款的效力不变，同时具有法律效力，并可执行。

第十九，通知，主要是说明在本合同项下应发出的通知的格式、时间、方式等要求，以及特许人和受许人各自的接收通知的具体地址的邮编、传真号、收件人以及地址变更的应对事项。

第二十，对合同的弃权，主要是说明特许人和受许人对于弃权的约定，比如规定：合同中的任何一方对于对方任何违反本合同规定的弃权不应当视为对任何后续违约或其他类似违约的弃权。

第二十一，对合同的修改，说明合同修改的条件、内容及程序等要求。

第二十二，其他约定事项，包括附件说明、本合同适用法律，合同的有效期、份数、解释权等。

④合同的附件。

合同的附件通常包括：特许人单店的经营范围及工作程序、特许人的部分手册目录、加盟设计图及照片等。

5. 特许经营的推广手段

（1）候选加盟者来源。

要分析特许经营体系的推广手段首先要了解候选加盟者的来源，可以变成加盟者的通常有：

★可以转变成加盟者的现有同行业者；

★来自公司的雇员及其亲属朋友；

★打算增开新店面的现有加盟者；

★了解本行业的准备开店的投资者；

★终端客户（消费者）。

（2）推广手段。

★在面向目标区域的固定媒体上发布通用招募信息；

★参加全国性和地区性特许经营展览会；

★在特定的区域性媒体上发布；

★召开地区性的招募发布会，现场发布加盟信息；

★建立企业的网站，发布电子招募加盟信息；

★委托信息公司、咨询顾问、代理经销、营销中介等；

★电话营销；

★邮寄营销，包括普通信件邮寄、电子邮件（E-mail）等；

★鼓励已有加盟商或受许人推荐；

★鼓励企业的合作伙伴和关系户推荐；

★现有的直营店和加盟店。

五、学生天地

240　　表8-1　　　　　　　　**某餐饮企业特许经营体系推广方案**

班级		组号（组名）		时间	
小组成员（学号、姓名）				主要任务	
推广方案：					
备注					

六、效果评价

表 8-2   **特许经营体系推广能力评价评分表**

考评人		被考评人	
考评地点			
考评内容	特许经营体系推广能力		
考评标准	内　容	分值（分）	评分（分）
	推广方案的科学性和可行性	30	
	招募发布会 PPT 内容的全面性和可行性	20	
	团队合作能力	10	
	Word 的操作能力	10	
	PPT 的制作水平	20	
	课堂展示能力	10	
合计		100	

注：考评满分为 100 分，60～70 分为及格，71～80 分为中等，81～90 分为良好，91 分以上为优秀。（该表可复印后灵活用于教学）

七、知识拓展

关于肯德基加盟

"不从零开始"的加盟模式

肯德基在中国采取"不从零开始"的特许经营模式。"不从零开始"的特许经营就是将一家成熟的肯德基餐厅整体转让给通过了资格评估的加盟申请人，同时授权其使用肯德基品牌继续经营，即加盟商是接手一家已在营业的肯德基餐厅，而不是开设新餐厅，加盟商不需要从零开始筹建，避免了自行选址、筹备开店、招募及训练新员工的大量繁杂的工作。选址往往是事业成功的关键，从中国百胜接手一家成熟的肯德基餐厅，加盟商的风险会大大降低，提高成功的机会。

根据肯德基加盟发展规划，我们从现有的肯德基餐厅挑选适合的"备选加盟店"。针对通过了资格评估的加盟申请人，我们会在"备选加盟店"范围内推荐餐厅供其评估。加盟申请人不可指定某一家餐厅，或者某一个城市进行加盟。目前北京、上海、无锡、苏州及浙江全省、西藏自治区暂不开放加盟，即不会从上述区域选择"备选加盟店"。目前仅开放"不从零开始"的加盟模式，我们暂不受理指定在某一地区开新店的加盟申请。

肯德基采取单店加盟形式，所有的特许加盟商都不享有区域性的或商圈的专有权。如果申请人资金不足，可以找合伙人一同申请，但自有资金比例必须大于30%。在加盟成功后，主申请人需担当"主要经营者"角色，即负责处理日常经营事宜及亲自管理餐厅，合伙人将不参与餐厅的日常经营管理。

强大的支持体系

肯德基强大的支持体系如图 8-2 所示。

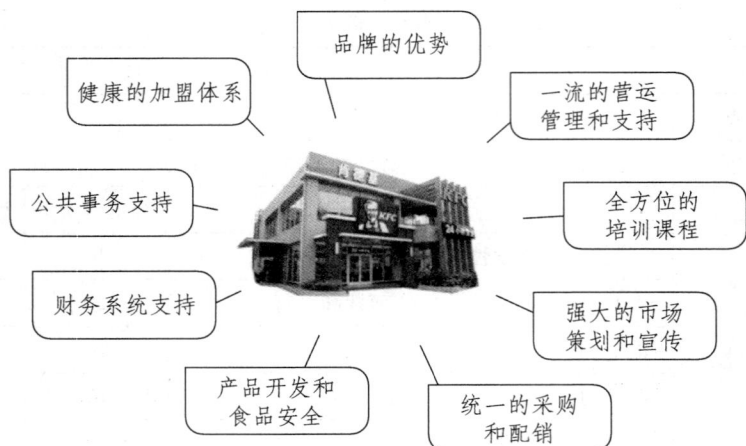

图 8-2　肯德基强大的支持体系

理想的加盟商

肯德基理想的加盟商要求如图 8-3 所示。

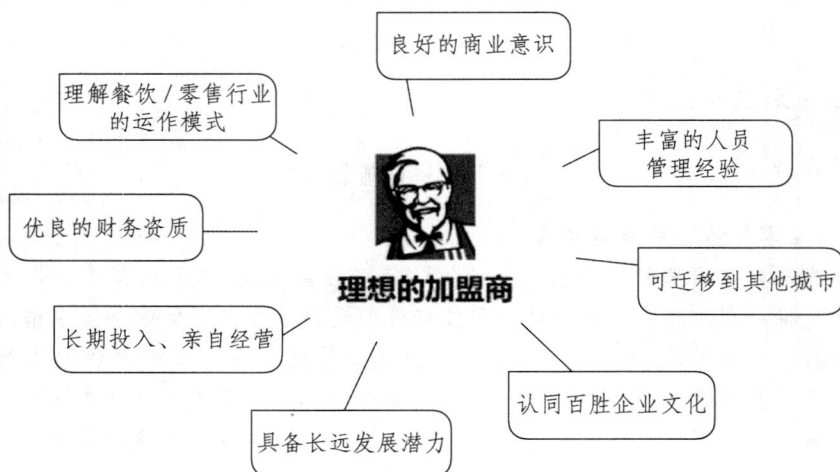

图 8-3　肯德基理想的加盟商要求

加盟费用

加盟初始投入：

- 加盟初始费；
- 接店前 13 周的餐厅操作和基本管理培训费；
- 人民币 200 万元以上的餐厅购入费。

持续经营期间需缴纳费用：

- 特许经营持续费：按餐厅营业额的 6%；
- 广告及促销费用：不低于餐厅营业额的 5%。

每个餐厅的购入费会根据该餐厅的具体情况进行计算。加盟商可自行安排一定比例的贷款，但是加盟商在该项目中投入的自有资金的比例不能少于 50%。

申请流程

这将是一项重大的投入和长期的合作，双方都应慎重评估。在我们收到您填写的申请后，我们就将按以下流程（如图8-4所示）对加盟申请进行评估。

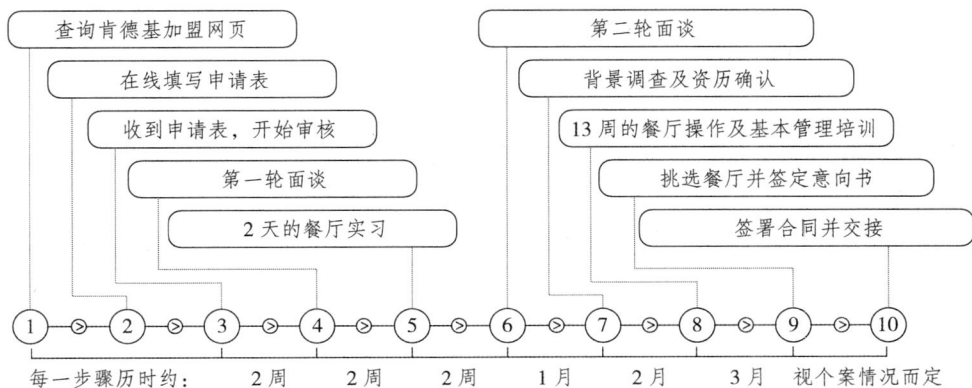

图8-4　特许加盟流程

常见问题

问：从我提出申请到成为加盟商需要多久时间？

答：肯德基在收到网上的加盟申请表约2周的时间会通过 E-mail 或电话方式回复申请人。加盟申请的初期审核包含面试、餐厅实习、背景调查等环节。后期挑选餐厅及转店等流程所需时间要依个案情况而定。

问：申请人没有餐饮业经验可以加盟吗？

答：申请人不一定要从事过餐饮业，但我们理想的加盟商必须有丰富的管理经验，有良好的商业意识和以客为尊的服务理念。

问：申请人的年龄、国籍有什么要求吗？国外的人可不可以申请？

答：我们对于加盟商的年龄和国籍没有限制，但要求加盟商有很好的中文沟通能力、学习和适应能力，并期望加盟商可以与我们一起完成10年加10年的特许经营许可合约。

问：申请加盟后，若没有时间经营，我是否可以找他人帮助我经营？

答：不可以。处理日常经营事宜及亲自管理餐厅是加盟申请的基本要求，加盟商必须全职参与餐厅的经营管理。如果申请人为合伙申请，主要的申请人即主要经营者必须全职参与今后餐厅的经营管理。

问：加盟投资购入费是指什么？具体金额是多少？什么时候缴纳？

答：购入费包括了餐厅的所有设备、装修，但是不包括餐厅的房产租赁费用。该费用数额主要是基于该餐厅经营状况评估而定的。该费用必须在餐厅正式交接前一次性支付。

问："特许经营初始费"是什么费用？

答："特许经营初始费"是加盟商获得10年特许经营权的初始费用。该费用是一次性的费用，会根据美国当年的物价指数做一些相应的调整。

问：加盟后还有哪些持续的费用？

答：加盟商接店经营后还需按合同缴纳的费用包括特许经营持续费（按餐厅营业额的6%）、广告及促销费用（不低于餐厅营业额的5%）和相应的服

243

务费。

问：我的资金不够，肯德基可以提供贷款吗？

答：肯德基不会提供直接的贷款，但是肯德基可以协助你向商业银行提出贷款的申请。

问：我可以和其他人合伙申请加盟吗？

答：你可以找合伙人，但是你的合伙人也必须与你一同进行申请流程，接受我们的面试与第三方公司的独立调查，而且主要经营者的资金比例必须大于30%。合伙人只是作为投资者，不参与餐厅的日常经营管理。

问：加盟投资回报状况是怎样？

答：每家餐厅的状况都不同，在你通过资格审核进入餐厅评估流程时，我们会提供该餐厅过往的财务报表供你做专业评估。

问：我是否可以选择指定的城市或指定的餐厅？

答：我们无法开放选择指定的城市或餐厅进行加盟。根据肯德基加盟发展规划，我们从现有的肯德基餐厅挑选适合的"备选加盟店"。针对通过了资格评估的加盟申请人，我们会在"备选加盟店"范围内推荐餐厅供其评估，因此申请人对加盟的地域或餐厅不能太过局限。

问：13周的餐厅操作和基本管理培训包含什么内容？在哪里培训？时间怎么安排？可以找人代替我去参加培训吗？

答：13周的餐厅操作和基本管理培训的内容主要包括营运操作及基础值班管理。培训地点由肯德基根据实际情况就近安排。加盟商需在转店前完成培训内容。主要经营者必须亲自参加培训，不可由他人代替。

问：加盟肯德基后，加盟商是否一定要用肯德基规定的供应商？

答：是的。为保证肯德基统一产品品质与服务，加盟商只可向百胜核准的供应商采购统一标准的食品原料、包装和设备设施。

问：加盟商可以自己开发新产品吗？可以自行调整价格吗？

答：不可以。为保证肯德基品牌的健康发展和统一的系统标准，新产品的开发和价格调整将由百胜根据市场情况统一确定。依据加盟合同约定，加盟商不得在餐厅销售未经百胜许可的任何产品，也不得随意调整价格。

问：加盟期限是10年，10年经营期满还会续约吗？

答：加盟合同为期10年，如果加盟商在经营期内达到了各项评估标准，可申请续签10年。

问：加盟商可以获得怎么样的行销支持？

答：肯德基一直致力于产品的开发和改良，并提供全国性的广告支持和行销策划。加盟商将按照肯德基单店行销手册的指引，自行安排单店行销活动，加盟餐厅所在市场的肯德基企划部门将为之提供专业的辅导和支持。

问：加盟肯德基后，餐厅财务由加盟商管理吗？需要使用指定的财务系统吗？

答：加盟商作为独立的法人公司，需自行负责加盟公司的财务管理，我们建议加盟商使用专业的财务管理工具。

问：除了肯德基，我可以加盟另一品牌必胜客吗？

答：目前，我们仅开放肯德基加盟。

资料来源　肯德基．肯德基特许经营［EB/OL］．［2012-06-07］．http：//franchisee. kfc. com. cn/index. html. 节选.

📖 项目23　特许经营加盟训练

一、实训目标

1. 能力目标
- 能够比较全面地收集特许人的信息；
- 能够进行特许项目的科学评估；
- 能够选择购买的特许经营加盟形式。

2. 知识目标
- 掌握特许经营加盟的流程；
- 掌握预选特许经营体系的考察评估内容和方法；
- 掌握预选特许经营体系所在行业的考察信息；
- 加盟意向书、特许经营合同推广文件的内容；
- 掌握选址分析要考虑的因素；
- 掌握门店投资分析的内容；
- 掌握加盟谈判的流程。

3. 方法目标
- 掌握二手信息的搜集法；
- 掌握实地观察法（观察法和访谈法）；
- 掌握门店投资费用计算方法；
- 掌握投资回收周期分析法。

二、场景设计

将项目22特许经营体系推广实训中任务完成最好的一组作为总部，其他小组作为意向加盟商，模拟加盟商阅读加盟指南、填写加盟申请表和加盟意向书、去总部和门店实地参观、进行加盟谈判、签订加盟合同整个加盟流程。

三、训练步骤

1. 各意向加盟商仔细阅读总部的推广方案、招募发布会 PPT 和加盟指南，在总部的指导下填写加盟申请表和加盟意向书，并提供相关证明材料。

2. 总部分析审核意向加盟商的加盟申请表以及相关证明材料，在审核过程中，总部要特别关注意向加盟商提供的证明材料的真实性，考核意向加盟商的加盟资质。

3. 意向加盟商搜集行业信息，重点考察行业内各特许经营体系特许经营权的构成，特许经营的授权模式，特许经营的费用，门店营运期间总部给予的培训、督导和帮助，门店的投资总额、投资回报率和投资回收周期。

4. 意向加盟商考察总部和门店，门店有两种：一是总部的样板店；二是加

245

盟商所在城市已开业门店。重点考察后家，而且尽量选择与自己拟加盟门店店址类似的店铺。总部的考察内容：总部的真实性、信誉、经济实力和产品。门店重点考察：通过观察法考察门店的客流量、门店环境、门店的商品和服务、门店的管理水平；通过观察各时段的消费者入店状况和商品进货状况以及阅读门店销售数据考察门店的客单价、门店的销售额；通过访谈法考察消费者对门店的满意状况。

5. 各意向加盟商在总部指导下对拟开门店撰写选址分析报告和进行投资分析。投资分析包括门店的投资金额、门店营运费用、销售额的预估，以及投资损益和投资回收周期分析等。

6. 总部与各意向加盟商签订加盟意向书。

7. 总部与各准加盟商就加盟问题进行模拟谈判，在情况允许下可以考虑对模拟谈判过程进行全程录像，谈判时要注意每个人的角色和分工。谈判的过程：（1）开局，在此阶段注意基本的商务礼仪（握手、介绍、寒暄等）和话题的选择，创造良好的谈判氛围；（2）正式谈判，谈判内容为合同中需要商定的条款。

8. 签订特许经营合同。

9. 实训指导教师对每组的表现进行点评和打分。

📝 注意事项

> ★ 模拟谈判前一定要去总部和门店考察，考察前提前与门店和总部联系，取得对方的支持和帮助。
>
> ★ 学生外出考察，必须听从指挥，遵守纪律，注意交通安全，并要表现出良好的礼貌、礼节，维护学校形象。
>
> ★ 模拟加盟谈判过程中，注意谈判不是战场，追求的是双赢，不是你死我活，注意不要把谈判变成辩论赛。
>
> ★ 模拟谈判前各准加盟商要仔细阅读特许经营合同，如有问题请教总部和实训指导教师。
>
> ★ 任务完成中发挥团队精神，紧密配合，协同作战。

四、相关知识

1. 选择加盟特许经营体系的步骤

加盟商选择加盟特许经营体系可按照以下 4 个步骤（如图 8-5 所示）来进行。

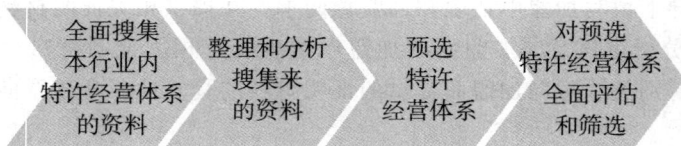

全面搜集本行业内特许经营体系的资料 → 整理和分析搜集来的资料 → 预选特许经营体系 → 对预选特许经营体系全面评估和筛选

图 8-5　特许加盟步骤

2. 本行业内的特许经营体系分析

（1）行业的宏观环境和微观环境。

（2）整个行业中共有多少个特许经营体系。

（3）各特许经营体系目前直营店以及加盟店的数目。

（4）各特许经营体系组织建立的时间。

（5）各特许经营体系开始特许经营的时间。

（6）各特许经营体系加盟金、特许权使用费等收费的标准。

（7）各特许经营体系开店所需投资总额。

（8）各特许经营体系加盟店投资回报率以及投资回收期。

（9）各特许经营体系给予受许人的培训和支持。

3. 预选特许经营体系评估内容

（1）特许经营体系组织发展的历史：起因及主要创始人的简历。

（2）特许经营体系发展历史：何时开始特许经营，加盟店成败比率和原因，是否曾有欺诈加盟商的记录，加盟店的数目变化轨迹，曾受到的处罚和奖励等。

（3）特许经营体系的整体现状如何？市场份额、经营绩效、规模等。

（4）特许经营体系的经营理念。

（5）特许经营体系的总体发展战略。

（6）单店的客户定位。

（7）单店的商品/服务组合。

（8）单店的获利模型。

（9）总部对单店的战略控制。

（10）单店的利润平衡点（客单价、客流、固定成本）。

（11）单店的客流状况及选址定位。

（12）单店的日（月）平均营业收入及季节波动。

（13）单店的运营管理主流程。

（14）单店客户关系管理系统。

（15）单店的组织架构。

（16）单店的投资回报率。

（17）总部的配送系统。

（18）总部的培训和督导系统。

（19）总部的技术支持。

（20）总部的市场支持。

（21）现有加盟商对特许经营体系的评价。

（22）顾客对特许经营体系的评价。

（23）合作者、供应商、政府管理部门、竞争者、社区公众等特许经营体系的利益相关者对特许经营体系的评价。

（24）特许人对加盟商的要求条件。

（25）其他。

4. 预选特许经营体系门店和总部评估方法

（1）直接拜访总部，索要特许人基本信息披露文件（根据《商业特许经营管理办法》）。

（2）参观样板店并直接向店长、店员以及顾客询问有关内容。

（3）访问现有的加盟商，询问有关内容。

（4）访问相关行业协会、顾问公司等中介机构询问有关内容。

5. 财务状况分析

门店选址分析和投资收益等财务状况分析在项目 24 中有涉及，因此本项目将不再重复。

6. 加盟谈判流程

（1）开局。

开局指双方坐下来到正式谈判之前的阶段，此阶段的任务是为接下来合同内容的谈判创造良好的开局气氛。

（2）磋商。

双方亮明各自的谈判条件之后，就开始进行讨价还价。在这一阶段关键的是如何迫使对方让步和如何做出最高境界的让步：以小换大。可以通过戴高帽、借恻隐、磨时间、发抱怨、下通牒、激将法、竞争法等方式说服对方做出让步接受己方的条件。在此阶段准加盟商和总部都要明白为了达成协议，让步是必需的，但必须在最需要的时候才让步，并把让步变成一种不同条件的交换，同时要让对方明白己方每次做出的让步都是重大的让步。

（3）谈判的结束。

当双方的条件接近时，也就意味着谈判快要结束。这个时候，为了以后的长期合作，双方要采取措施使双方能在愉快的氛围中结束谈判。

五、学生天地

表 8-3　　　　　　　　餐饮行业特许经营体系分析报告

班级		组号（组名）		时间	
小组成员（学号、姓名）				主要任务	
分析报告：					
备注					

表 8-4　　　　　拟加盟特许经营体系总部和门店考察报告

班级		组号（组名）		时间	
小组成员（学号、姓名）				主要任务	
分析报告：					
备注					

表 8-5　　　　　拟加盟门店选址分析报告与投资回报分析

班级		组号（组名）		时间	
小组成员（学号、姓名）				主要任务	
备注					

六、效果评价

表 8-6   特许经营加盟评价评分表

考评人		被考评人	
考评地点			
考评内容	特许经营加盟能力		
考评标准	内　容	分值（分）	评分（分）
	加盟申请表内容的合理性及证明材料的完备性	20	
	餐饮行业的考察评估	20	
	拟加盟特许经营体系的考察评估	20	
	选址分析报告的撰写	10	
	模拟加盟谈判能力	20	
	团队合作能力	10	
合计		100	

注：考评满分为 100 分，60～70 分为及格，71～80 分为中等，81～90 分为良好，91 分以上为优秀。（该表可复印后灵活用于教学）

七、知识拓展

连锁加盟需要注意的十大问题

第一，应要求加盟总部出示服务标章注册证。因为所谓加盟，就是总部将品牌授权给加盟店使用，换句话说，总部必须要先拥有这个品牌，才能授权给加盟店。也就是说，总部必须先取得中国台北"中央标准局"所颁发的服务标章注册证才行。前一阵子即发生某中式餐饮连锁体系的纠纷案，新旧两个体系闹进公平交易委员会，后来败诉的一方被迫更改品牌名称，连带使已经加盟该体系的加盟店也被迫改名，真是何其无辜啊！所以加盟者在加盟前，务必要先确认总部的确拥有此品牌，才能放心地加盟。

第二，权利金的支付方式。一般而言，总部会向加盟者收取三种费用，分别是加盟金、权利金及保证金。所谓的加盟金，指的是总部在开店前帮加盟者做整体的开店规划及教育训练所收取的费用。权利金指的是加盟店使用总部的商标，以及享用商誉所需支付的费用。这是一种持续性的收费，只要加盟店持续使用总部的商标，就必须定期付费。支付期限可能是一年一次、按季或是按月支付。至于保证金，则是总部为确保加盟者会确实履行合约，并准时支付货款等所收取的费用。其中，由于权利金是持续性的收费，某些加盟总部会在签约时，要求加盟者一次开出合约期限内全额权利金的支票，例如合约期限为五年，权利金采取年缴方式，某些总部便要求加盟者将五年的权利金一次开齐五张支票交总部。后来曾有这样的案例发生，某一体系的加盟者开店二年，因为生意不佳而关门大吉，但是却早在签约时，已将五年权利金的支票交给总部了。按理说，后面三年既然已经关店不再使用总部的商标、商誉，就不需再支付权利金，然而总部却仍将已收取的支票轧进银行取款又退还，害得这位加盟者，不仅赔了二年生意，还得另外支付这些已开出的支票金额！所以，加盟者若遇总部要求一次开齐合约期限内全部权利金的支票面额时，务必记得在合约上加注一点，当加盟店关店时，总部必须退回未到期的权利金，以保障自身的权益。

第三，总部供货的价格问题。一般的加盟合约中，总部都会要求加盟者一定要向总部进货，不得私下进货。这点往往是总部与加盟者纷争最多的一环。因为加盟者经常认为总部的供货价格偏高，于是纷纷自行向外采购。但是总部基于连锁体系品质的一致性，不得不要求加盟者必须统一向总部采购，于是争端便产生了。较为合理的方式是加盟者在签立合约时，即应事先要求总部供货的价格不得高于市场行情，或是高出市场行情百分之多少是可以接受的，以免事后双方为了价格问题争执不休。

第四，商圈保障问题。通常加盟总部为确保加盟店的营运利益，都会设有商圈保障，也就是在某个商圈之内不再开设第二家分店。因此，加盟者对商圈保障的范围有多大，必须十分清楚。不过常见的情形是，总部在商圈保障以外不远处的距离再开设第二家店时，影响到原有加盟店的生意而引发抗议。其实，总部若是将新店开在商圈保障以外的地方，加盟店并没有抗议的权利。但值得一提的是，某些连锁加盟体系因为加盟店增多或已达饱和状态时，在商圈的保障下已很难再开新的加盟店，于是便取巧发展第二品牌，即使用另一个新的品牌名称，而营业内容与原来的品牌完全相同，这样就可以不用受限于原有品牌的商圈保障限制了。例如曾有某个房屋中介连锁加盟体系就是如此，最后当然就会招致加盟店的群起抗争。因此，加盟者为保障自身权益，在签约时，最好载明总部不得再发展营业内容完全相同的第二品牌。

第五，竞业禁止的条款。所谓竞业禁止，就是总部为保护经营技术及知识产权，不因开放加盟而外流，要求加盟者在合约存续期间，或结束后一定时间内，不得从事与原加盟店相同行业的规定。此规范旨在保护总部的知识产权，并无可厚非，公平交易委员会亦认为此举不致违法。但是竞业禁止的年限究竟应该多久才合理？如果太长，恐会影响加盟者往后的工作权益。对此，曾有某连锁加盟体系的竞业禁止条款规定年限为三年，被加盟店告进公平交易委员会，公平交易委员会认为竞业禁止条款乃属合理，唯认为三年是否过长？后来该总部也很识相地把三年改为一年。所以加盟者在签约时必须考虑清楚，以免影响日后生计。

第六，管理规章的问题。一般的加盟合约内容少则十几二十条，多则七八十条上百条，不过通常都会有这样一条规定："本合约未尽事宜，悉依总部管理规章办理。"如果加盟者遇到这样的情形，最好要求总部将管理规章附在合约后面，成为合约的附件。因为管理规章是由总部制定的，总部可以将合约中未载明事项，全纳入其管理规章之中，随时修改、为所欲为，届时加盟者就只好任由总部摆布了。

第七，关于违约罚则。由于加盟合约是由总部拟定的，所以对总部较为有利，在违反合约的罚则上，通常只会列出针对加盟者的部分，而对总部违反合约部分则只字未提。加盟者对此应可提出相对要求，明确规定总部违约时的罚则条文，尤其是对总部应提供的服务项目及后勤支援方面应要求总部确实达成。

第八，关于纠纷处理。一般的加盟合约上都会列明管辖法院，而且通常是以总部所在地之地方法院为管辖法院。为的是万一将来有需要时，总部人员来往附近法院比较方便。值得一提的是，曾有某加盟总部在合约中规定，加盟者欲向法院提出诉讼前，需先经过总部的调解委员会调解。遇此状况时，应先了解调解委员会的组成成员为哪些人？如果全是总部的人员，那么调解的结果当然会偏袒总部，而不利于加盟者。碍于合约，加盟者又无法忽略调解委员会而直接向法院诉讼。因此笔者建议加盟者在遇到类似的条款时，应要求删除。

第九，合约终止处理。当合约终止时，对加盟者而言，最重要的就是要取回保证金。此时，总部会检视加盟者是否有违反合约的情况或是积欠货款，同时，总部可能会要求加盟者自行将招牌拆下，如果一切顺利且无违反合约的情况和积欠货款，总部即退还保证金。但若发生争议时，是否要拆卸招牌往往成为双方角力的重点。某些总部甚至会自行雇工拆卸招牌，加盟者遇此情况，需视招牌原先是由何者出资而定。若由加盟者出资的话，那么招牌「物」的所有权就应归加盟者所有，总部虽然拥有商标所有权，但不能擅自拆除。若真想拆，就必须通过法院强制执行；如果总部自行拆除，即触犯了毁损罪。

第十，这是最后一点应注意事项，就是在合约签立之后，双方务必要各执一份。曾经有某商超连锁加盟体系总部与加盟者签约之后，总部留二份合约，并未留一份给加盟者，后来被一状告到公平交易委员会才改正。所以加盟者一定要切记自己保留一份，才能清楚了解合约内容，确保自身权益。

所谓的连锁加盟，就是该企业组织将该服务标章授权给加盟主，让加盟主可以用加盟总部的形象、品牌、声誉等在商业的消费市场上招揽消费者前往消费。而且加盟主在创业之前，加盟总部也会先将本身的 know-how、技术等经验，教授给加盟者并且协助其创业与经营，双方都必须签订加盟合约，以达到事业之获利为共同的合作目标；而加盟总部则可因不同的加盟性质向加盟主收取加盟金、保证金以及权利金等。

资料来源　佚名. 连锁加盟需要注意的十大问题［EB/OL］.［2011-03-30］. http://china. findlaw. cn/gongsifalv/zhaoshang/jmzs/nsjm/49810. html.

模块九　连锁门店开发

项目24　连锁门店选址训练

对于商店的经营来说，选址正确与否是个关键。店址也是商店策略中灵活性最小的因素，因为店址一般有较长的租期，且需要大量的投资。商店的选址不能只凭感觉和经验，无论是改造旧店址成为新商店，还是重新选址，都要用科学的方法。

一、实训目标

1. 能力目标
- 能够提炼不同门店的选址标准；
- 能够设计可行的选址调研方案；
- 能够组织实施小型调研方案；
- 能够根据调研结果撰写选址调研报告。

2. 知识目标
- 熟悉商业区域的类型及不同类型的特点；
- 熟悉商业区域人口、购买力及购买欲望；
- 掌握客流规律分析的重点；
- 掌握顾客购买力分析的重点；
- 掌握顾客消费习惯分析的重点；
- 掌握竞争对手分析的重点；
- 掌握店址物业条件评估的重点。

3. 方法目标
- 掌握从目标顾客生活方式推导出选址标准的方法；
- 掌握从门店运营需求的角度分析选址标准的方法；
- 掌握判断不同位置商业价值优劣的方法；
- 掌握门店销售额预测的基本方法；
- 掌握门店盈亏平衡点分析基本法。

二、场景设计

假设品牌 Only 女装计划在南京市江宁区附近开一家女装旗舰店，备选的商业区域有 4 个：第一个为新近开业的百货——万尚商城（中高档）；第二个是欧尚购物广场一楼外租区；第三个是传统的步行街——东山步行街；第四个是位于江宁大学城的文鼎广场奥特莱斯。请学生以 Only 女装拓展人员的身份对这 4 个商业区域进行分析，从中选出一个适合 Only 女装旗舰店入驻的商业区域，并在所选的商业区域中选择一个最佳的门店位置，撰写分析报告。

注：各位实训指导教师也可以让学生自己确定一个具体的连锁公司门店，在所在城市具体的商业街上进行该项目训练。

三、训练步骤

1. 讨论并确定选址标准

根据自身业态及发展战略确定选址标准，如社区购物中心及社区型综合超市选址标准：

（1）社区购物中心。

商圈要求：消费者步行到达店址所需时间在 10 分钟以内的范围为核心商圈，所需 10 ~ 30 分钟的范围为边际商圈；商圈内具有固定住所的常住人口为主体的现有及潜在人口总数要求在 15 万 ~ 20 万人，且周边人口具有一定的增长趋势。

物业要求：面积在 10 000 ~ 20 000 平方米之间，楼层不超过 3 层，层高以 5 米为最佳，净高不低于 3.2 米，柱距以 8×8 米为宜，物业纵深以 30 ~ 50 米为佳。

（2）社区型综合超市。

商圈要求：消费者步行到达店址所需时间在 20 分钟以内的商圈范围；商圈内具有固定住所的常住人口为主体的现有及潜在人口总数要求在 5 万 ~ 8 万人，且周边人口具有一定的增长趋势。

物业要求：面积在 2 000 ~ 6 000 平方米之间，以单层面积不少于 2 000 平方米、楼层数不超过两层为最佳，层高以 5 米为宜，净高不低于 3.2 米，柱间距以 8×8 米为宜，物业纵深要求以 30 ~ 40 米为佳。

2. 确定备选位置

最好选择目前真实的商业地产项目，可以与企业共同完成，这样可以增加调研的实战性，而且企业可以帮助提供相关资料和费用。在地点的选择上出于对费用的考虑，许多实训指导教师将调研项目放在了校内执行，实际上这是最省钱但同时也是效果最差的选择，因为校内的环境与校外的环境纯粹是两个不同的环境，校园内部的东西在校外往往不具有参考价值。好一点的选择是将学校附近的商业地产项目作为我们调研的对象，这样既能节省成本又能接近实际情况。

3. 调研方案制订

确定备选位置之后，每个学生都需要制订详细的调研方案，具体包括：

①确定此次商圈调研的目的。

②确定此次商圈调研的对象。

③确定此次商圈调研的内容。

④确定此次商圈调研的方式。

⑤确定资料整理分析的方法。

⑥确定此次调研的时间和预算。

⑦确定报告提交的方式。

每个学生都做完调研方案之后，全班讨论，汇总出一份最佳的调研方案，作为下一步执行的调研方案。

4. 人员分组及培训

考虑到该实训项目的复杂性，建议全班同学共同来运作该调研项目，所以需要分工协作，可以考虑分成如下小组：

政府组（负责收集从政府部门获得的资料）——————（　　）人；

交通组（负责统计交通和问卷）——————————（　　）人；

街道组（负责了解街道两旁商业、商户）——————（　　）人；

居民区组（负责了解各居民区居民）——————（　　）人；

企业组（负责了解周边企业）——————————（　　）人；

汇总组（汇总所有市调结果形成电子文件）——————（　　）人；

机动组（依据调研情况临时进行人员调配）——————（　　）人。

5. 调研方案执行

（1）确认街道时一定要：将每一条街道（包括小巷）走完，记下固定距离（500米、1 000米、1 500米）的位置与特殊位置（大型商业中心、人流集散地）的距离；弄清楚各居民区（单位）出入口的位置、距离。绘出草图，并以时间计算所有距离。绘出的地图要尽量详细。

注意：问卷发放要针对目标，切实做到每一张问卷具有代表性，不得浪费问卷。

（2）政府组：负责向政府相关部门，如统计局、商业局、发改委、经贸委等部门收集商圈调研所需的政府统计数据。

（3）交通组：观察人流动向并分析来源和去向（可询问目标），记录每一目标的尽可能详细资料（包括年龄、住址、工作单位、行动目的、交通方式），分析并估出同类比例。

注意：目标一定要尽可能涵盖所有特征人群和方位，不得有针对性设定目标，尽量扩大目标数量。估值时，要负责、科学的估计，并认真分析结果的可靠性。

（4）居民区组：进入每一个居民区，观察楼房数、门洞数，按照表格所需内容询问、数出并记录准确数据和内容，同时注意居民区内的特殊情况并记入"其他"栏。

注意：①观察数出的数据一定要向居民或有关单位询问确认；询问数据不得直接记录，一定要亲自观察（无法观察时，要多询问几次）并分析确认方可记录。②调研中要分不同的年龄层、性别、职业、地点抽查统计分析。③居民区调研时要注意居民出入流向，居民区的门口方向和门口与竞争店的距离来界定商圈的范围。

（5）街道组：沿路线观察，分析并记录商业的业种、大小、经营现状、位置、距离和相关数据。

注意：尽量准确的统计、计算各数据，注意街道全方位、全天候的变化和存在的特殊情况。

（6）企业组：走访各企业，询问并记录企业的规模、经营现状、职工家庭情况、企业重大时间和相关情况。

注意：对每一项结果要认真分析；尊重被走访企业自身的文化和有关

规定。

（7）汇总组：整理、汇总、分析各组调查结果，形成文件。由于汇总在调查之后，所以该组除了专业的数据分析人员之外，一般成员可以由上述各调查组成员中抽调过来的人员组成。

（8）机动组：观察各组运作情况，发现问题和不足时提出补充；随时调配。

6. 数据整理及投资回报分析

在此部分比较难做的是投资回报分析，尤其是投资分析，这就要求实训指导教师必须比较专业，能够给出目前该超市的投资及费用价格，此处列出可能的投资项目以供参考：

（1）场地租金。

（2）设备：冷冻冷藏设备、空调、收款机、水电设施、车辆、后场办公设备、仓储设备、卖场陈列设备等。

（3）工程：内外招牌制作工程、空调工程、水电工程、冷冻冷藏工程、保安工程。

（4）设计装修费用，分为内外设计费用、装修费用。

（5）商店的经营费用，可分为固定费用和变动费用。固定费用是与销售额的变化没有直接关系的费用支出（如工资、福利、折旧、水电费、管理费等）；变动费用是随着商品销售额的变化而变化的费用（如运杂费、保管费、包装费、商品消耗、借款利息、保险费、营业税等）。

7. 商圈调研报告的撰写

调研报告的写作过程，大致可分为选定题目、拟写提纲、撰写初稿、修改定稿。在此处，有一部分必须注意，作为一种直观体现，商圈调研报告中都必须附有地图，有条件的学校可以使用 GIS（地理信息系统）来制作特定的调研地图。

四、相关知识

1. 商圈

商圈指商店对顾客的吸引力所能达到的范围，一般商店商圈的范围与商店规模、商店所经营的商品、商店的经营水平、交通条件等因素有关。

2. 商圈调研的重点

（1）针对设店的可能性进行大范围的调查，其结果作为确定设店意向的参考，重点在于设店预定营业额的推断及商店规模的确定。此阶段的调查内容包括设店地区的市场特性调查及该地区的大致情形的调查。

（2）根据第一阶段的市场调查结果，对消费者的生活方式进行深入分析，作为确定商店具体的营业政策的参考，重点在于商店内商品的构成、定价及销售促进策略的确定。

3. 商圈调研的内容

（1）生活结构：收集设店地区内消费者生活形态的资料，对人口结构、家庭构成、收入水平、消费水平、购买行为进行整体、定量的研究。人口数、家庭户数应与行政区的划分情况相配合，但也应预测3~5年后的人口变化。

（2）都市结构：都市结构的调查是对设店地区内实际生活的空间，包括中心地带及周围区域的都市结构功能的调查，以了解该地区内的设施、交通、生活空间以及将来的发展计划。

（3）零售业结构：零售业结构调查是对设店地区内零售业的实际情况进行的调查。此项调查的调查资料不但可作为设店可能性及经营规模的判断依据，更可作为该地区内零售商业活动的指针及洞悉大小零售动向的依据，一般包括地区销售动向，各业种、各品类销售动向，商业地区间的竞争情况，大型店的动向等。

4. 商圈调研的方法

良好的调查方法是"5W1H"理论，"5W"为 What to do（调查什么——调查种类的确定）、Who（谁做调查——调查人员的确定）、Whom（调查谁——调查对象的确定）、When（何时调查——调查时间表的确定）、What is done（结果如何——调查统计分析方法与结果），"1H"是指 How（用什么手段——调查手段的确定）。

市场调查分两种：预备调查和现场调查。调查种类不同，调查方法也不同。预备调查是指政府部门资料的调查，从政府部门获取人口数资料、户数资料、都市规划、建设指定用图等都属于预备调查。现场调查作业相当困难，如果事前缺乏计划，即使花费很多时间也很难得到有效结果，同时也不易下结论。为使现场调查作业能顺利进行，计划之初必须首先假定商圈范围，并在范围内收集所需资料。现场调查分为：交通网络调查，确定道路交通网，对某地区人们日常生活最常用的道路进行流量调查；竞争店调查，调查某地区内超市的数量，明确本店可达到多大的市场占有率、有什么样的销售效果；住户访问调查，即消费者调查，这是所有调查中最消耗时间、最耗资金的一项，执行起来最困难，也最容易被一般人所忽略，但是这项调查绝对不能省略，因为可从中获得许多消费者情报，而且店铺差别化的启示也来自于此项调查。

5. 销售预测的方法

（1）根据商业零售引力模型来做销售预测。

目前市面上常见教材的计算方法是，如果我们知道商圈内某品类（如食品）的消费额，那么这个消费额乘以该商圈内顾客到某一家商店去购物的概率，那么我们就可以估算出该商圈内顾客在该商店的消费额，也就是该商店的销售额，而且为了体现核心商圈、次级商圈以及边缘商圈的不同，采取了不同的概率。尽管如此，在一个拥有多家竞争店铺与多个居民小区的多对多模型的情况之下，该方法依然是不太科学。目前有些公司已经细化到了以居民小区为单位来进行核算，也就是说，如果我们能够知道商圈内所有居民小区的消费额及其对应概率的话，那么我们就可以做出该店的销售额预测。商圈内居民小区的消费能力以及对某些特定品类的消费额是一个基本固定的数字，可以通过调研获得，关键是某小区居民到某家商店的购物概率如何确定。

目前跨国公司确定概率的主要模型为哈夫模型以及在该模型基础上的改进模型，该模型是美国学者 Huff D. 提出的在城市区域内商圈规模预测模型，基本法则引用万有引力原理，其在确定商业中心的吸引力时做了以下假设：

假设一个商场 j 对消费者的吸引力与这个商场的面积呈正比（j＝1，2，…，n），与消费者从地点 i 到该商场的阻力呈成反比，利用哈夫模型设定地点 i 的消费者选择商场 j 的概率 P_{ij}，P_{ij} 公式如下所示：

$$P_{ij} = \frac{\dfrac{S_j^{\mu}}{T_{ij}^{\lambda}}}{\displaystyle\sum_{j=1}^{n} \dfrac{S_j^{\mu}}{T_{ij}^{\lambda}}}$$

商场的魅力用该商场的面积 S_j 表示，面积越大表示业态和组合越丰富，魅力指数越大，阻力用从 i 到 j 所需时间 T_{ij} 表示。λ 表示所需要的时间对消费者选择商店影响的参变量，μ 表示商店面积对消费者选择影响的参变量。一般 $\lambda = 2$，$\mu = 1$。

哈夫模型认为，某消费者选择商场 j 的概率等于商场 j 对该消费者的吸引力除以可能选择的所有商场吸引力之和，即对商业项目的吸引力是由两个因素决定的——距离和商业面积。利用哈夫模型做销售预测要注意以下 3 个问题：

①以商业项目的面积表示其吸引力或魅力值。哈夫模型利用商业项目的面积大小来确定其魅力值高低，按照这个逻辑如果需要扩大商圈，吸引更多人那就只需要将未来商业场所的面积设置越大越好，越可以扩大影响力，在一定程度上这种推论是没有错的，但是这存在一个假设前提就是面积越大，越具有吸引力，经营业绩越好，而实际上商业设施的建筑形态、业态的组合、市场定位、经营策略方式、宣传广告等都会与商业设施的吸引力具有直接关系。

②对商业项目面积的修正值。为了避免产生第一类的错误，引入的修正参数对商业项目以面积代表吸引力的做法进行了修正，一般情况下取值为 1 时，即陷入第一类的错误中，其取值为经验值。

③消费者选择商店的参数。其取值原则为按照消费者的消费心理进行界定，当消费者购买耐用消费时，其愿意花费较多的路程时间，而对于快速消费品，消费者的路程时间的忍耐性将下降，哈夫模型推荐的参数值有：购买家具 $\lambda = 3.19$，购买衣服 $\lambda = 2.72$。但是不同地区的消费文化以及各地商业发达的不平衡性等使得不同地区的消费心理会产生很大的差异，统一的数据难以反映各地的实际情况，需要具体计算。

（2）类比分析法。

这个方法很容易让人叫成"相似商店法"。假设华润苏果超市想在南京市玄武区开一家新店，由于它在南京市白下区某一个位置做得非常好，那么它在玄武区就会找一个具有同样地区特征的地点开店。既然我们能够确定目前商圈的大小和顾客的消费类型，就可以把它们与新的潜在销售区的情况做一下比较。这样，我们能通过对目前零售店的顾客人口统计信息、竞争状况和销售状况的了解，对某个新店址的潜在规模与销售额做出预测。

类比分析法可以分为 3 个步骤：第一步，顾客定位，主要是指通过调研汇总或地理信息系统在地图上确定顾客的位置；第二步，根据商圈中消费者特征将顾客位置进行分类，如核心商圈、次级商圈、边缘商圈；第三步，通过对现有商店与潜在销售点的特征进行比较，我们能够找出最佳店址。

（3）多元回归分析法。

这种分析法通常适用于那些超过 20 家连锁店的零售商来分析商圈潜在需求量的情况。虽然它使用的逻辑与类比分析法有点相似，但它是根据统计数据而非主观判断来预测新店的销售额。最初的两个步骤与类比分析法相同，第三步开始就与类比分析法不一样了。它并不是通过店址分析员的主观经验来比较现有和潜在销售点的特征，而是采用了一个数据等式方法来解决问题。这个等式方法的第三步又分成 3 个步骤展开：①选择合适的衡量指标，例如人均销售额或公司占有率；②选择一组变量，这些变量须与预测的过程有关；③解这个回归方程，并用它来预测潜在销售点的业绩。

6. 投资明细报告及损益分析

（1）在开店之前，损益分析及损益平衡点的预估，可作为潜在销售点取舍的依据；开店后，必须每月盘点计算盈余，包括：

①营业额预估（不含加值营业税）。

②销售成本预估。

③营销费用。

④损益平衡点销售额预测。

损益平衡点是店铺收入、支出相等时的营业额。

（2）损益的计算方法：

实际损益＝税前损益（店铺责任利润）－费用（分担总部的费用）

式中：税前损益＝销售毛利－变动费用，销售毛利＝营业成本－销售成本

（3）损益平衡点的计算方法：

损益平衡点销售额＝固定成本÷（毛利率－变动费用率）

（4）经营安全率的计算方法：

经营安全率＝（1－损益平衡点销售额÷预期销售额）×100%

经营安全率是衡量店铺经营状况的重要指标，测定的标准为：经营安全率在 30% 以上为优秀店，在 20%～30% 为优良店，在 10%～20% 为一般店，10% 以下为不良店。

7. 商圈调研报告

根据商圈分析和销售预测的结果，撰写标准的选址分析报告，一般包括如下内容：

（1）店址地理特征。

（2）周边交通情况。

（3）预计商圈范围。

（4）商圈供求情况。

（5）销售额预估。

（6）投资收益分析。

五、学生天地

表 9-1   调研方案

班级		姓名		调查时间	
学号		组员		主要任务	

调研方案摘要:

调研问卷摘要:

访谈提纲摘要:

备注	

六、效果评价

表 9-2   连锁门店选址训练评价评分表

考评人		被考评人	
考评地点			
考评内容	连锁门店选址		
考评标准	内　容	分值（分）	评分（分）
	了解店铺开发的原则	10	
	熟悉不同业态的选址标准	20	
	掌握商圈调研方案的制订	20	
	掌握市场调研执行的方法	10	
	掌握商店销售预测的方法	10	
	了解损益平衡分析的方法	10	
	商圈调研报告的制作	20	
合计		100	

注：考评满分为 100 分，60～70 分为及格，71～80 分为中等，81～90 分为良好，91 分以上为优秀。（该表可复印后灵活用于教学）

七、知识拓展

常见业态的选址标准

（一）经济型酒店选址要求：

1. 区位要求：邻近主要公路（或高速公路）的交叉道口，交通便利，有通往商业区及机场、火（汽）车站的公交线路；市郊结合部。

2. 建筑要求：独栋，周边有停车场。

3. 面积和租期：建筑面积为 3 000～6 000 平方米；基本年限在 10 年以上。

4. 合作方式主要有 3 种：特许经营、租赁、共同投资。

（二）普通餐厅、快餐连锁店选址要求：

1. 商圈选择：商务型的普通餐厅以商务酬宾为销售对象，一般选址在商务区域或繁华街市附近，或其他有知名度的街市；大众餐厅以家庭、个人消费为主，一般选址在社区型或便利型商业街市；而快餐连锁店一般选址在客流繁忙之处，如繁华商业街市、车站，以及消费水平中等以上的区域型商业街市或特别繁华的社区型街市。

2. 建筑要求：一般连锁餐饮店要求建筑为框架结构，层高不低于 4.5 米。配套设施：电力不少于 20 千瓦/100 平方米，有充足的自来水供应，有油烟气排放通道，有污水排放、生化处理装置，位置在地下室或 1、2、3 楼均可，但忌分布在数个楼面。普通餐厅因餐厅为个性化装饰、布置，各种建筑结构形式均适合开设。餐厅门前要有相应的停车场。

3. 面积和租期：快餐连锁店要求面积为 200～500 平方米，大众型餐厅为 80～200 平方米，商务型餐厅为 150～10 000 平方米；一般要求不得少于 3 年。

（三）茶坊、酒吧、咖啡馆选址要求：

1. 商圈选择：消费者进入茶坊、酒吧、咖啡馆的动机是休闲或是非正式的轻松谈话，这与进入其他餐厅的动机不同。该业态是以文化、情调、特色，以及舒适和愉悦来吸引消费者的，其选址往往是在高雅路段，具有清净、优雅的环境，消费对象具有一定的消费能力和文化修养。

2. 建筑要求：茶坊、酒吧、咖啡馆的布置和装饰有个性化与艺术化要求，但对建筑结构形式无特殊要求，视投资者创意、设想而异。层高不低于 2.8 米，电力按每 100 平方米 10 千瓦配置，有自来水供应。如与居民相邻，最好设置隔音层。

3. 面积和租期：面积为 50～400 平方米；租期在 2 年以上。

（四）主题餐厅选址要求：

1. 业态成因：随着生活水平、文化素养的提高，消费群体也会呈现出个性化的餐饮需求。主题餐饮业态是以特定喜好（文化、艺术、体育等）为主题糅合餐饮文化，形成餐饮企业独特风格的一种业态，其销售对象固定且消费能力较强。

2. 商圈选择：文化、艺术类主题餐厅可开设在剧院、图书馆、公园、文化艺术故居；体育类主题餐厅可开设在相关的体育场所附近。

3. 建筑要求：与主题相关。

4. 面积：以设计特定对象的人群多少而定。

（五）健美服务会所选址要求：

1. 业态成因：进入新世纪以后，我国经济发达地区如上海等地的人们对生活的要求已不再满足于一般的饱暖问题，而是对生活质量有了新的追求。一些健美服务会所（包括保健、美容、减肥、康复等）会得到迅速发展。该业态在为人们提供无形商品（服务）的同时，又向人们销售有形商品，如保健、健美、美容、康复、减肥器具和用品。

2. 商圈选择：社区型、便利型商圈，可泊车。

3. 建筑要求：框架结构或无柱宽跨结构建筑，层高 4 米，周边有绿化布置，也可以选择其他服务种类可以使用的一般商铺或楼层商铺。

4. 面积：200～300 平方米。

（六）干洗店选址要求：

1. 商圈形态：商圈形态一般指该商圈是属于商业圈、住宅区、文教区、办公区还是混合区。干洗店选址一般要求在住宅区比较合适。

2. 常住人口数量：一般需要洗衣服务的以常住人口为主，当然也有一些旅游区以为流动游客洗衣为主，以中型干洗店为例要求主商圈内的常住人口数要达到 5 000 人以上，即相当于 1 500 户以上。

3. 消费水平：干洗店的业务量和商圈内的消费水平有直接的关系，消费水平越高，相对洗衣量也就越多，洗衣价格也偏高。不同的消费水平是决定投资规模的参考资料之一。

4. 交通便利：一般干洗店要求交通越便利越好，特别是处于该区域的流动主干道、周围小区的必经之路、菜场必经之路等位置最好。无须让客人特地为了洗衣走一趟路，因为在人们对洗衣质量或消费档次要求不高的前提下，人们更愿意选择便利。

5. 消费密集区：消费密集区包括该区域拥有超市、购物商场、其他市场等，就可以形成人们消费主要区域。其特点是人口流量大，消费集中，送取衣物方便。

6. 竞争对手：干洗店由于具有针对性强、客户稳定等特点，因此在选择店址时要考虑已拟定的商圈内是否已有干洗店。如果有，需要了解其所在位置、业务量、价格、投资规模、服务质量、消费层次、洗衣质量、是否适合该商圈的主消费群等，得出综合评估后再决定是否在这个地理位置投资一家干洗店。

资料来源 李卫华，李轻舟，王菱. 连锁企业门店开发与设计［M］. 北京：中国人民大学出版社，2012.

项目25 门店开发筹备综合训练

大多数员工在商店营运部门等开始其连锁行业的职业生涯，这种专业化分工造成了他们对其他部门了解较少，对企业运作的全盘把握较弱，而对企业运作进行全盘把握恰恰是对开发人员的基本要求，所以优秀的开发人选往往要求在连锁企业的关键部门都工作过。门店筹备要求在对门店营运、商品采购、营销企划、财务信息等工作相对了解的前提下，进行工作分析、组织设计、人员分工、日程安排、进度控制等基本实务，从而锻炼学生对连锁企业运作的整体把握能力。

一、实训目标

1. 能力目标
- 能够全面分析连锁企业开店筹备工作；
- 能够对开店筹备工作进行系统化模块划分；
- 能够区分不同业态筹备工作的差异；
- 能够进行连锁门店组织架构的详细设计；
- 能够制定简单的门店开业筹备进度表。

2. 知识目标
- 熟悉门店开发的用地计划；
- 熟悉门店开发的商品计划；
- 熟悉门店开发的营销推广计划；
- 熟悉门店开发的财务信息计划；
- 熟悉门店开发的人力资源计划。

3. 方法目标
- 掌握项目工作分析的方法；
- 掌握门店组织设计的方法；
- 掌握甘特表制订计划的方法。

二、场景设计

现在是 2012 年 2 月份，华润苏果连锁超市公司计划在南京市天景山社区附近开一家 2 000 平方米左右的社区店，并计划在 8 月 28 日正式营业，作为华润苏果的工作人员请分析开设该社区店需要做哪些工作，并将这些工作进行合理划分，分别以模块的形式罗列清楚，同时结合总部在南京的实际情况为门店开发设计合适的筹备工作小组，并制订门店开业筹备工作计划。

注：各位实训指导教师也可以让学生选取比较熟悉的连锁企业在自己周边开店进行该项目训练。

三、训练步骤

1. 门店筹备工作分析

门店筹备是个系统工程，包括一系列工作，最开始是指根据业态定位和企业战略选择店址，做好开业前的一切准备以及开业后的跟踪分析等一系列活动。门店开发总流程如图 9-1 所示。

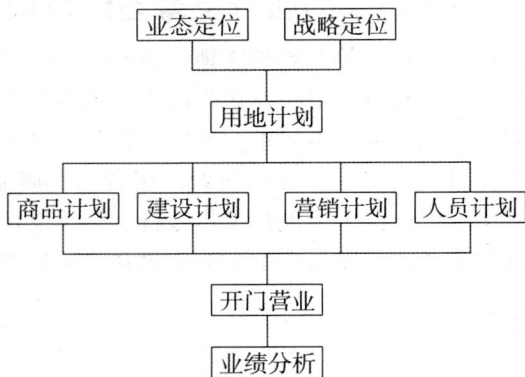

图 9-1　门店开发总流程

所以，学生需要结合实训项目进行深入分析，既要考虑业态的差异性，也要考虑企业的差异性，同时还要考虑工作进度的紧迫性等一系列实际情况，最终确定新店开发筹备需要的工作内容。

2. 门店筹备组织设计与分工

所有的开店工作都需要由人来实施，所以必须建立使工作任务得以分解、组合和协调的框架体系，也就是组织结构，并将上述的各项工作分配给相应的组织部门。开店过程中，在总部其他职能部门的支持下，由开发部（有的公司叫发展部）主抓该项工作，门店开业运营之后再将门店的经营权有序交给门店。所以在门店筹备组织设计与分工的过程中，既要考虑门店层面的架构设计，也要考虑从连锁体系角度、从筹备工作小组的角度进行组织架构的设计与分工。实训指导教师指导回顾组织结构设计与分工的实训内容，按照职能、工作、岗位、组织架构的思路，讨论不同的敏感点。例如：讨论是要进销合一还是要进销分离、是要连锁总部加强型还是要门店加强型等问题，然后进行定岗定编。

根据企业的组织架构，实训指导教师按 5~8 人进行分组，以小组作为一个企业完整的管理团队进行下一步的工作，在每个小组中，除了组长任总经理之外，每一位同学代表一个部门。

有了开店需要完成的工作任务，设计了开店组织结构并进行了工作分工，还不能保证门店就顺利开业。开业工作从店址确定之日起即开始筹备，到开业当天结束，想要在此过程中完成商品、人员、资金、工程等方面的各项准备工作，就要有一个合理详细的工作流程来加以计划和安排。制定合理的工作流程最常见的方法是列出开店的工作进度表（开业筹备进度表），以保证各项工作如期完成。开业筹备进度表是表示整体控制、管理开店工作的表格，内容一般包括项目的具体内容、任务的起止时间、执行者名称等，要特别注明的内容应在备注栏中说明。表 9-3 是一张开业筹备进度总表的实例。有了开业筹备进度总表以后，接下来就要按照部门来制定详细的开店计划表。

表 9-3 　　　　　　　　　　　　　　**开业筹备进度总表**

项目内容	筹备阶段	要点	执行者
决策开店		决定开店、位置选择	筹委会
经营方针	酝酿确定实施	确立经营方针	筹委会
楼层布局	草案调整定案	确定商品构成	筹委会
内部装修	设计洽谈，施工进度排定，施工完成	突出商品特色	筹委会
设备安装	酝酿完工	调整建筑结构	工程部
商品策略	酝酿调整	实现商品差别化	筹委会、商品部
采购商品	酝酿确定方针，采购完成		商品部
营运组织	酝酿组织，决定执行	组织功能强化	人力资源部
商品管理	酝酿决策执行	作业流程系统化	商品部
销售计划	酝酿定案	确定营业目标	营运部
采购计划	酝酿定案	商品质量的保证	营运部、商品部
广告计划	酝酿决策立案执行	注意营销功能的运用	营销部
人员聘用	干部招聘、员工招聘		人力资源部
教育训练	上架		行政部
商品进场			商品部、营运部
短期预算			财务部
典礼准备	开业前广告		营销部
	公关活动、试营业	开业部门间配合	各有关部门
补充事项	管理制度		行政部
	员工制服的准备等		行政部

在实训中，各小组为一个筹备工作组，在组长的统筹安排之下，每人代表一

第四部分 进阶技能 阶段

265

个部门分别制订自己的工作计划。各小组成员将自己部门的工作计划，在组长的领导下，进行汇总沟通，做好各个部门的协调运作，最终确定开业筹备进度表。

☙ 注意事项

> 每个部门必须知道开业的全部工作，才能制订出自己的工作计划，本模块实际上是对本书知识的全面总结，也是对学生综合能力的一大锻炼。

四、相关知识

1. 用地计划

用地计划包括用地选定、用地取得、用地整备。

（1）用地选定。

用地选定即门店选址，也就是适合门店开设位置的选定，一般分三步走：第一步区域市场选择；第二步门店位置类型选择；第三步具体位置选择。这三步是一个由"面"到"点"的过程，即由"区域市场"到"商业区域"最后到"具体店址"这个地理点的选择过程。由于门店存在形态的多样性和选址目的的差异，这三个层次在实际的选址活动中不一定全部存在，也不一定需要全部按照顺序依次走完，尤其是第一步和第二步对于一些区域性的公司来讲完全可以合并在一起或者说就是一步。

（2）用地取得。

选定合适的地点后，应立即展开用地取得活动。用地取得的方法有购买土地（土地所有权的转移）、设定土地使用权或土地租赁权、确保建筑物的租赁权等。由于门店开发最终目的是获得经济效益，尤其是大型门店的投资额大、涉及因素多、风险大，其成功或失败所带来的收益或造成的损失都是巨大的，因此门店投资前的投入产出分析论证尤为重要。

（3）用地整备。

取得用地后，应开始地质调查，为门店开发做好基础设施的准备工作。用地整备的内容包括与开店有关的所有项目，如店前道路的改善，电气、煤气、自来水的引入以及施工时各种危险的防范措施等。

2. 商品计划

（1）商品经营定位。

要做好商品经营定位首先需要进行市场需求分析与竞争态势分析，在此基础上结合门店业态进行目标市场定位，确定需要满足的消费者需求，并根据需要满足的消费者需求确定需要经营的商品组合结构。影响每一个需求点的商品的价格、规格型号、品牌、产地、质地等因素很多，门店必须根据自身情况选择每一个需求点的商品，也就是细化确定目标顾客的商品组合，接下来就是根据商品组合定位寻找出商品背后的供应商，当然有些时候商品定位与供应商定位是同时进行的，尤其是品牌定位的同时基本上就确定了供应商。

（2）经营模式及合作条件的确定。

确定了商品结构之后，需要与供应商合作，以便将商品摆放到门店中，而与供应商合作的前提是先确定与供应商的合作模式。根据与供应商交易方式的不同，连锁企业与供应商的合作模式有租赁、联营、代销、经销四种常见的形式。由于与供应商的合作模式不同，造成了门店的运营体系也不同，所以此处需要对这四种模式进行简单分析。

①租赁。租赁严格意义上不是采购，它仅仅是将门店中的某块固定面积的经营空间租给供应商来经营，经营范围必须是门店在商品定位环节希望在此面积经营的商品，也就是根据门店的规划来出租卖场营业空间。一般来说，在租赁模式下，门店根据面积大小与位置收取固定租金，供应商自己进行商品库存控制、销售人员配置、货款收银等各项工作，门店方相当于进行商业地产运作，作为房东（或二房东）赚取房租，对供应商的具体运作不做参与。

②联营。联营是指门店在计算机系统中记录详细的供应商信息，但是不记录详细的商品进货信息，销售时由门店方进行统一收银。在结账时，门店财务部在双方认可的购销合同中所规定的付款日，在"当期"商品销售总金额中扣除当初双方认可的"提成比例"金额后，将剩余销售款付给供应商。在这种方式下，联营商品的销售人员配备与商品库存控制由供应商进行。

③代销。代销是指门店在计算机系统中记录详细的供应商及商品信息，销售时由门店方配备销售人员并统一收银。在每月的付款日准时按"当期"的销售数量及当初双方进货时所认可的商品进价付款给供应商。卖不完的货可以退货或换货，代销商品的库存控制一般由门店进行。

④经销。经销又叫买断采购，是指门店计算机系统记录详细的供应商及商品信息，可能是现金采购，也可能是在双方约定的账期，按当初双方进货时所认可的商品进价及收货数量付款给供应商，供应商主要负责供货，至于后续的销售工作由门店方进行。通常情况下，换货、退货是不存在的，这种方式下门店的商业风险最大，相对来说，利润也最高。

四种常见零供合作模式比较见表9-4。

表9-4　　　　　　　　　　　　四种常见零供合作模式比较

类别	租赁	联营	代销	经销
利润来源	固定租金	联营扣点	进销差价	进销差价
货品所有权	归属承租户	归属供应商	归属供应商	归属零售商
货品选择权	零售商选择品种和租户	零售商选择品牌和供应商	全部选择权	全部选择权
货品控制权	承租户控制	供应商控制	零售商控制	零售商控制
价格控制权	承租户控制	供应商控制零售商影响	零售商控制供应商影响	零售商控制供应商影响
商品陈列位置	双方协商零售商为主	双方协商零售商为主	双方协商零售商为主	零售商控制供应商影响
陈列道具提供	承租户控制	供应商提供	零售商提供为主	零售商提供为主
陈列展示手法	承租户控制	供应商主导零售商影响	零售商主导供应商影响	零售商主导供应商影响
销售人员归属	承租户	供应商	零售商	零售商
销售人员管理	承租户为主	零售商为主供应商为辅	零售商	零售商
统一收银权	两可	零售商统一收银	零售商统一收银	零售商统一收银

（3）采购招商。

在与供应商的合作模式确定之后，门店就可以与供应商进行采购谈判，并签订合作合同。签约之后，供应商按照门店的商品管理流程将货品摆放到门店货架上，达到可销售状态。

3. 建设计划

（1）建筑计划。

建筑计划重点有三个方面：

①门店配置及面积的确定。对建筑法规的规定事项、周围的环境状况、建筑施工的安全问题等，均要统筹考虑。在建筑面积的运用上，均应根据资金状况、管理体制、对卖场面积及后勤设施的空间和配置以及将来扩建的可能性进行整体规划。

②平面计划的确定。确定卖场规划与货位布局，将卖场进一步划分为销售空间、服务提供空间、商品陈列空间、作业空间等。对顾客出入口、员工出入口、商品出入口、顾客动线、商品运送动线、员工动线都应充分考虑，为使卖场面积得到最有效的运用而进行详细计划。

③建筑物外观的确定。为让整个建筑物具有吸引力并能加深顾客的印象，对建筑物的外观设计及使用的建材要充分考虑，塑造一个观念，使卖场不单能容纳商品及防风避雨，更具有促销功能。

（2）设备计划。

设备包括空调设备、给水排水设备、电力照明设备、通信设备、运送设备和消防安全设备等。

（3）装潢计划。

装潢计划内容包括：对天花板、墙壁、柱子、地面等色彩和装潢材料的确定和使用，以配合商品特性的表现；照明设备的种类、位置及配置方式的确定，以发挥整个卖场的灯光效果；陈列道具的使用场合与色彩的确定，以求卖场的变化及气氛的营造；顾客动机引导功能，以使顾客能容易看见商品，能很方便地接触和选购商品；卖场内防止意外事件的紧急出口、消防安全设备均应配合设备计划加以规划。

（4）关联设施建设计划。

在门店的关联设施（如停车场、配送中心、员工宿舍）方面，不但要考虑资金的运用情况，还要考虑与门店本身的关联性。

4. 营销计划

营销计划又叫开店宣传活动计划，宣传活动的内容包括开店日期、宣传主题、宣传标语、重点宣传地区、媒体运用、商品企划配合等。

（1）宣传活动计划的立案与决定。

最理想的宣传活动计划是在开店前两个半月能够立案，在开店前两个月能定案。开店日期（年、月、日）、宣传主题与重点、宣传文案、宣传期、商圈的重点地区、门店特性、行政业务等均应在计划中加以考虑。

（2）开店实施前的引导宣传。

开店实施前的引导宣传如召开招商会、工程及内装修进度发布会、记者招待会及筹备情况说明会等，以通过各种媒体开展开店前的公共关系活动。

（3）开店宣传活动的实施。

在开店前一个月左右展开，在开店当天达到活动的高潮。其实施方式和内容要与员工对商圈内家庭的访问、各种广告媒体的运用、公共关系活动的开展、开店当天庆祝活动的实施以及所提供的特别服务项目相结合。

（4）开店后的宣传活动。

开店后的宣传活动配合上述系列宣传活动的内容，是开店宣传活动的持续，包括文化性活动、商品促销和服务性措施。

5. 人员计划

人员计划包括：确定新店的组织架构，如采购、营运、财务、商品维护与管理人员以及开店所需其他人员的配置；各岗位人员工作职责的划分；根据组织结构进行各岗位薪酬体系的设计；制订员工招聘计划、培训计划与上岗计划。当然人员计划还包括整体筹备工作的组织协调与营运交接，即筹备工作任务的组织安排、落实、协调以及最后的营运交接工作的完成。

（1）门店开发部门。

★设立地商圈调查、统计、分析。

★商店具体位置的确定。

★预算设计（包括营业额估计、损益设定）。

★门店物业的获得。

★门店经营计划的拟订。

★开业日期的选定与进度的拟定。

★平面配置图的设计。

★门店设施、设备的导入。

★内外装潢工程的进行。

（2）营销企划部门。

★宣传活动计划的立案与决定。

★开店实施前的引导宣传。

★开店宣传活动的实施。

★开店后的宣传活动。

（3）财务信息部门。

★收银系统、POS 和 EOS 的导入。

★收银机的安装试运行。

★POS 的连线作业。

★会计流程与传票管理规定的制定。

★现金收入与支出管理规定的制定。

（4）行政人事部门。

★门店组织架构设计。

★人员招聘。

★人员培训。

★各部门所需用品的准备与分配。

★公共关系作业要点。

★政府营业证照及其他证照的申请。

（5）商品管理部门。

★商品方针政策的拟定。

★商品大类构成及品种的选定。

★中分类商品构成的设定。

★小分类商品构成的设定。

★价格带的设定（按商品的小分类进行）。

★选择合适的供应商。

★竞争店重点商品的售价调查。

★特卖商品、促销商品的确定。

★卖场的规划、分配。

★其他促销活动的展开。

（6）配送处理中心。

★厂商进货管理规定（含储存、储位安排及设计规定）的制定。

★配送范围、路线及时间表的确定。

★订货、验货、出车等配送管理规定的制定。

★物流搬运工作及设施的准备。

（7）营业部门（分店）。

★操作手册的实施（包括清洁、整理工作）。

★作业工具的准备、搬运。

★作业计划安排、工作分配及支援需求的提出。

★补充订货系统的运作。

★商品作业的核对。

★开业前对商圈的亲自拜访。

★卖场 POP 展示、商品陈列演示。

★卖场异常状况的应变措施。

五、学生天地

表 9-5 　　　　　　　　　　　**开业筹备进度表制作难点及心得**

班级		姓名		调查时间	
学号		组号		主要任务	
设计的重点难点分析：					
心得体会：					
备注					

六、效果评价

表 9-6　　　　　　　　　　**门店开发筹备训练评价评分表**

考评人			被考评人	
考评地点				
考评内容	开店筹备能力			
考评标准	内　容	分值（分）	评分（分）	
	熟悉门店开发的工作流程	20		
	熟悉开店时的组织结构安排与协调	20		
	熟悉开店筹备工作的主要内容	20		
	熟悉开店筹备的进度安排	20		
	熟悉开店筹备工作计划书的制作	20		
合计		100		

注：考评满分为 100 分，60～70 分为及格，71～80 分为中等，81～90 分为良好，91 分以上为优秀。（该表可复印后灵活用于教学）

七、知识拓展

门店筹备计划实例参考

假设现在是 5 月底，某房地产公司决定开设一家综合大卖场，同时为了迎接春节前的旺季，公司计划于 11 月 28 日开业。从组织结构来看，该大卖场组织结构齐全，包括总经理办公室、总务行政部、人力资源部、财务部、采购部、电脑部、企划部、营运部、食品部（包括生鲜）、非食品部（百货）、收货部、客服部、防损部。下面以该场景为例来制订开业筹备进度计划，提供一套通用表格，供大家参考。通用开店进度计划表格包括：

（1）新店开业筹备工作——总经理办公室、总务行政部工作内容（见表 9-7）。

（2）新店开业筹备工作——工程及设施方面（见表 9-8）。

（3）新店开业筹备工作——人力资源部工作内容（见表 9-9）。

（4）新店开业筹备工作——采购部工作内容（见表 9-10）。

（5）新店开业筹备工作——收货部工作内容（见表 9-11）。

（6）新店开业筹备工作——防损部工作内容（见表 9-12）。

（7）新店开业筹备工作——电脑部工作内容（见表 9-13）。

（8）新店开业筹备工作——财务部工作内容（见表 9-14）。

（9）新店开业筹备工作——企划部工作内容（见表 9-15）。

（10）新店开业筹备工作——非食品（百货）部工作内容（见表 9-16）。

（11）新店开业筹备工作——食品部（包括生鲜）工作内容（见表 9-17）。

（12）新店开业筹备工作——营运部工作内容（见表 9-18）。

（13）新店开业筹备工作——客服部工作内容（见表9-19）。

表9-7　　　　新店开业筹备工作——总经理办公室、总务行政部工作内容

序号	工作内容	工作标准（要求）	时间	责任部门/人
1	工程许可证、营业执照、卫生许可证、税务登记证、烟酒专卖执照、药品专卖执照、食品加工卫生防疫站许可证、消防许可证等的办理		6.1—9.1	
2	公司组织架构及职务计划表的制定		7.10—7.15	
3	营运计划及目标方针政策的制定		7.14—7.15	
4	工作进度日期决定		7.15	
5	各干部的条件推荐与选择		7.16—7.30	
6	人员接收，定岗定位		8.1	
7	负责建立物品领用记录		8.1	
8	岗位职责及业务技能的培训		8.1—8.10	
9	负责管理员工伙食及饮水		8.1—11.26	
10	物品的采买、仓库及配发		8.1—11.26	
11	办公用品的采购及库管工作		8.1—11.27	
12	有关印章办理等		8.10	
13	厂商联谊会的协助		8.26	
14	员工意见箱的制作		8.31前	
15	员工工作服定制		9.15	
16	保洁公司的确定		10.1前	
17	防鼠、防虫、防灾害的确定及管理		10.1前	
18	员工医药箱的建立及管理		10.1前	
19	纸皮收取供应商的确定		10.1	
20	员工食堂残渣物收取商的确定		10.1	
21	负责登录各项接收工作		10.1—10.31	
22	跟进设施设备到位情况		10.15—11.10	
23	二次装修人员等店外人员的管理		10.20—11.10	
24	协助各项验收工作		10.20—11.10	
25	员工餐厅及人员就餐		11.1	
26	办公室、更衣室及保洁工作		11.1	
27	负责员工洗手间的管理		11.1	
28	办公区域整理、大扫除		11.1—11.10	
29	卖场情况熟悉		11.10—11.20	

序号	工作内容	工作标准（要求）	时间	责任部门/人
30	派进工程进展情况		11.10—11.20	
31	成立各部门开业协调小组，由政府牵头		11.10至开业前	
32	开业前与市、区、街道、城管、交通、消防、公安等一系列政府职能部门沟通、协调及开业当天天气变化的应急计划等		11.15—11.20	
33	开业典礼的来宾接待方案及工作		11.15—11.20	
34	开业礼品的准备及发放		11.25—11.28	
35	开业典礼的协助		11.28	

表 9-8　　　　　　　　**新店开业筹备工作——工程及设施方面**

序号	工作内容	工作标准（要求）	时间	责任部门/人
1	建筑设计与施工完毕		9.1	
2	门前地坪的完备		9.10	
3	门脸招牌及场外附属设施的完工		9.10	
4	水电安装到位		9.1	
5	收货部建设及交付使用		9.10	
6	停车场、办公区、仓库、金库、洗手间、食堂、宿舍等施工完毕并交付使用		9.1	
7	空调、消防设施等安装完毕并交付使用		9.1	
8	部分二次装修设计及施工		9.10	
9	部分灯箱位的设计及施工		9.15	
10	联营厂商的工程洽谈及设计施工		9.1—9.20	
11	发电设备及备用照明		9.1	
12	24小时维修人员配备		8.15	
13	监控设备到位（监控室、探头的布局）		9.1	
14	电脑设备、收银设备及电脑房的网络安装、调试		9.5	
15	办公电脑的安装、调试		9.1	
16	收货设备安装、调试到位		9.1	
17	防盗设备安装、调试		9.1	
18	生鲜设备到位		9.10	

序号	工作内容	工作标准（要求）	时间	责任部门/人
19	货架及配件安装		9.1—9.5	
20	办公设备（桌椅、冷暖、通风）到位		9.1	
21	电子存包设备到位		9.5	
22	临时应急存包设备到位		9.15	
23	购物车、购物篮到位		9.10	
24	员工打卡设备到位		10.1	
25	员工更衣柜到位		10.1	
26	播音设备到位		10.10	
27	防火门、安全门、消防栓、消防器材等设备到位		10.1	
28	员工饮水设备到位		10.1	
29	保安装备（警具、用具等）		10.1	
30	传真设备到位		10.1	
31	内外线电话到位		10.1	
32	复印、打字等办公设备到位		10.1	
33	卖场公用电话到位		10.5	
34	对讲机设备到位		10.15	
35	企划刻字设备到位		10.15	

表9-9 **新店开业筹备工作——人力资源部工作内容**

序号	工作内容	工作标准（要求）	时间	责任部门/人
1	确定工资结构及指标		8.15	
2	新店人事架构的确定		8.15	
3	人力资源配备，人事档案建立		9.20	
4	明确员工加班奖励政策		9.30	
5	初步建立星级店员评定体系		9.30	
6	新员工培训工作组织		10.1—10.8	
7	新员工甄别及淘汰		10.1—10.31	
8	各部门文字人员提前备选、培训		10.15	
9	各项人事规章制度建立流程制定		10.31	
10	储备干部的定岗与竞聘		11.10	
11	人员政审		11.15—11.26	
12	办理员工健康证		11.20	

序号	工作内容	工作标准（要求）	时间	责任部门/人
13	签订新员工试用期合同		11.26	
14	新员工交接		11.1	
15	新员工分配及定岗		11.1	
16	促销员建档、培训管理，进退场的流程		11.1—11.20	
17	分发《员工手册》		11.20	
18	厂商驻场人员的审核		11.21	

表 9-10　　　　　　　**新店开业筹备工作——采购部工作内容**

序号	工作内容	工作标准（要求）	时间	责任部门/人
1	人员			
(1)	人员组织架构	人数、职能	7.12 前	
(2)	培训	流程、内容	7.13—7.25	
2	商品及商圈市调			
(1)	商品结构、商圈、价格、供应商的调查		7.26—8.20	
(2)	商品定位、商品组织表、商品品项数		8.21—9.25	
(3)	年度目标订立及采购目标细分		9.2—9.25	
3	制作招商资料、采购部作业表格		9.1—9.10	
4	招商广告发布		8.10	
5	与财务沟通开业资金使用计划		9.4—9.6	
6	联络供应商			
(1)	进货厂商的约谈和签约并发放招商大会邀请卡、邀请函	约谈、签约共需 3 次，采购稽核员参加	8.5—10.1	
(2)	该市招商大会安排		8.20—8.25	
7	召开招商大会		8.26—10.3	
8	商品组织计划表确认		8.27	
9	第三次供应商谈判，签订合同		8.27—10.31	
10	供应商资料及商品资料录入		10.1—11.5	
11	商品陈列配置图		10.15—10.30	
12	确定修正前 3 期 DM 及特卖（特价）商品		11.6—11.8	

序号	工作内容	工作标准（要求）	时间	责任部门/人
13	制定开业前厂商货款结算额度		11.10—11.20	
14	开业促销计划（活动）		11.21—11.27	
15	确定商品品项，并提交营运部，与营运部讨论陈列		11.20—11.22	
16	确定进货日程表	顺序：百货—食品—生鲜	10.30—11.1	
17	下订单	进货达成率需在80%以上	11.1—11.3	
18	开业大进货		11.20—11.26	
19	跟踪补货，补下订单	进货达成率需在99%以上	11.10	
20	开业前商品试扫描		11.18—11.25	
21	开业前商品大检查、陈列检查		11.24	
22	开业前商品盘点		11.25	
23	试营业		11.26—11.27	
24	开业		11.28	

采购部需与楼面协调部分

序号	工作内容	工作标准（要求）	时间	责任部门/人
1	采购员工作定位表及联络方式		8.1	
2	定期组织协调会		8.1—11.28 每周五下午	
3	厂商资料建档传送楼面		8.22—9.31	
4	厂商人员的派驻审批及进场计划		9.25—9.31	
5	场外促销区域规划		10.1—10.5	
6	促销用具、用品需求报告		10.1—10.5	
7	确定进货数量及到货时间		10.16—10.20	
8	陈列检查，商品检查		10.23	
9	商品市调情况反馈		10.20—10.25	
10	商品准销证、合格证及交接		11.1—11.5	
11	大进货工作协调		11.1—11.6	
12	商品品质及价格的抽查		11.20—11.24	
13	试营业工作协调		11.26—11.27	
14	试营业和正式营业的紧急订货，调拨指令		11.25—11.28	

表 9-11　　　　　　　　新店开业筹备工作——收货部工作内容

序号	工作内容	工作标准（要求）	时间	责任部门/人
1	收货标准制定、公告		7.10—7.11	
2	人员接收，定岗定位		7.12	
3	岗位职责及业务技能培训、实习		7.14—7.25	
4	临时搬运人员的管理		8.20	
5	验货单上双人点验制度建立		10.20	
6	建立收货资料档案系统		10.20—11.1	
7	收货熟手的借调需求及管理		10.20—10.31	
8	办公条件具备及人员进驻	请行政部配合，办公设备及时到位	11.1	
9	收货设施、设备接收及交接	请行政部配合物资到位	11.1	
10	收货码头的设定		11.1	
11	物品领用	请行政部配合物资到位	11.1	
12	收货进出口的路线设定	防损部配合	11.1	
13	停车位的指定	防损部配合	11.1	
14	设定栈板存放处	防损部配合	11.1	
15	标示各口标识及须知	防损部配合	11.1	
16	设备检查，计量检查		11.1	
17	仓库、中转仓的设定及使用规划		11.1	
18	仓库货架的到位		11.1	
19	纸皮存放处的设定及管理		11.1	
20	收货装备（叉车等）的指定区域及管理		11.1	
21	收货备用金的领用及管理		11.1—11.5	
22	大进货演习	再次检查所有设备进行大进货动员	11.1—11.5	
23	熟悉每日进货安排表		11.1—11.5	
24	卖场情况熟悉		11.1—11.10	
25	商品熟悉		11.1—11.10	
26	大进货进行		11.7—11.20	

表 9-12　　　　　　新店开业筹备工作——防损部工作内容

序号	工作内容	工作标准（要求）	时间	责任部门/人
1	采购稽核组人员、管理人员到位	符合相关条件	7.12	
2	采购稽核组人员、管理人员到位参加采购培训	掌握采购知识	7.13—7.25	
3	采购稽核组人员参加采购部工作并开展稽核市调		7.26—8.20	
4	参加招募		8.21—9.30	
5	各检查制度的建立		9.20	
6	消防检查体系的建立		9.20	
7	防损检查体系的建立		9.20	
8	人员接收，定岗定位	各进出口及人员班次	10.1	
9	物品领用	行政人员务必准时到位	10.1	
10	交通状况维护		10.1	
11	通信联络方式的明确		10.1	
12	夜保、巡场路线、时间、人员等设定		10.10	
13	罚没款体系的建立		10.10	
14	岗位职责、业务技能培训、政审	须人力资源部配合政审	10.1—10.20	
15	防损档案的建立		10.20	
16	营业款传送流程的确定		10.20	
17	警示牌的检查		10.20	
18	卖场情况熟悉		11.1—11.10	
19	办公条件具备及人员进驻		11.1	
20	监控设备接收及使用		11.1	
21	广播内容的监控		11.1	
22	停车场的管理	划分区域，制订方案及实施	11.1	
23	检查制度的执行	单据、物品、工牌、包	11.1	
24	防盗条码的领用及防盗标签投放量的设定安置	楼面统计易盗物品汇总到防损部	11.1	
25	大进货演习	配合收货部，协调一致	11.1—11.7	

序号	工作内容	工作标准（要求）	时间	责任部门/人
26	开业典礼安防方案的确定		11.10	
27	大进货安防计划实施		11.7—11.26	
28	防盗条码投放（防损组）	食品部和非食品（百货）部配合	11.17—11.22	
29	消防、交通、公安等部门适时联络，开业礼品或招待人数报告		11.17—11.27	
30	开业警卫方案，消防方案讲解	全店配合，与相关部门沟通，成立统一指挥小组	11.23	
31	开业前警卫方案演习		11.24	
32	开业前消防方案演习		11.25	
33	试营业安防方案实施	防损部连班作业	11.26—11.27	
34	开业典礼	警卫、消防方案实施	11.28	
35	整理散落购物车		11.26—11.28	

表9-13　　　　　**新店开业筹备工作——电脑部工作内容**

序号	工作内容	工作标准（要求）	时间	责任部门/人
1	电脑系统建立及调试		7.1—7.15	
2	收银系统调试		8.1	
3	各部门电脑调试		8.1	
4	电脑知识培训	楼面人员进行商品查询界面培训、商用报表培训，电脑部人员进行整个电脑系统流程的全面培训	8.1—8.20	
5	电脑器材维护		9.1始	
6	收货录入系统调试		10.1	
7	各类电脑报表提供	申请报表部门提供所需项目，审核后提供	10.20	
8	各类电脑信息查询	申请查询信息项目，审核后提供	10.1	
9	会员信息录入培训	注意寄发DM会员和不寄发DM会员的不同	10.15—10.31	

279

序号	工作内容	工作标准（要求）	时间	责任部门/人
10	收银员上机操作后培训	使收银员全面了解收银的全部服务功能	10.15—10.20	
11	电脑部新员工接收及熟手调配		11.1	
12	电脑部新员工熟悉商品	协助收货，同时熟悉商品	11.7—11.20	
13	电脑部新员工熟悉卖场商品布局	尤其是通道号、货号及货号的布置，对盘点有利	11.1—11.10	
14	电脑部新员工掌握盘点流程并进行试盘点测试		11.10—11.20	
15	办公电话线路安装调试		11.1	

表 9-14　　　　　　　　**新店开业筹备工作——财务部工作内容**

序号	工作内容	工作标准（要求）	时间	责任部门/人
1	办理验资手续，申请执照		5.25—6.15	
2	银行开户		6.15—6.20	
3	办理税务登记		6.15—6.25	
4	办理购买/印制发票手续		6.10—6.25	
5	编写财务制度		6.25—7.5	
6	完善财务流程		7.5—7.10	
7	会计电算化初始化		6.25—7.25	
8	驻店财务人员的人员配备		6.1—6.15	
9	专业人员技能培训		6.16—7.6	
10	店面费用支出的报销及管理		7.7	
11	支持相关工作的资金到位		7.7	
12	员工工资卡制作归档		7.8—7.10	
13	费用预算审批情况		7.11—7.15	
14	信用卡结算系统的建立		7.16—7.25	
15	金库设置运作流程		7.16—7.25	
16	总收工作流程及安防方案的确定		7.16—7.25	

序号	工作内容	工作标准（要求）	时间	责任部门/人
17	备用金的配备及应急方案		7.16—7.25	
18	财务软件系统的培训、熟悉		7.26—8.10	
19	电脑系统的培训、熟悉		7.26—8.10	
20	收银员财务知识培训		8.11—9.10	
21	店面相关单据传递人员、时间、程序要求		9.11—10.6	

表 9-15　　　　　**新店开业筹备工作——企划部工作内容**

序号	工作内容	工作标准（要求）	时间	责任部门/人
1	企划人员到位及技能培训	培训动手能力并有一定美术基础	7.13—7.25	
2	企划用具、用品领用		8.1	
3	企业文化展示制作安排		8.10	
4	招商会等活动的组织参与及记录		8.16—10.3	
5	办公区、生活区美化		9.20	
6	卖场布置方案的预算、报批		10.10	
7	快讯制作		10.20	
8	各种标示牌的设计及制作（确定悬挂预留图）		10.20	
9	标识、标物设计制作		10.20	
10	视觉形象广告的设计及制作		10.20	
11	各种广告设施的定价	灯箱、快讯、媒体发布等	10.25	
12	媒体（杂志、报纸、广播电视等）广告预算、报批		11.1	
13	开业典礼方案		11.10—11.20	
14	各项促销活动的组织参与		11.26–11.28	

表 9-16　　　　新店开业筹备工作——非食品（百货）部工作内容

序号	工作内容	工作标准（要求）	时间	责任部门/人
1	人员招募		7.1—7.12	
2	人员接收及定岗定位	理货员应及时到岗，对口实习	7.12	
3	岗位职责及业务技能培训、实习		7.13—7.25	
4	卖场情况熟悉		8.1—8.10	
5	培训商品的陈列、店内布局、商用设备知识		9.1—9.20	
6	培训销售管理、价格管理		10.1—10.8	
7	培训库存管理，与采购部沟通确定堆位品项		10.1—10.20	
8	熟悉收货码头进出管理规定		10.20	
9	熟悉仓库布局及相关管理规定		10.20	
10	服装货架、试衣间等特殊道具的提报		10.20	
11	确定店内标识		10.20	
12	商品明细表介绍		10.16—10.19	
13	货架编号张贴陈列图，采购单品表完成交于楼面		10.1—10.5	
14	办公条件具备及进驻，物品领用		10.1	
15	第一期 DM 商品设计陈列提报		10.5	
16	建议进货量	与采购部共同完成	10.15—10.19	
17	解释相关工具的使用，清洁货架，准备大进货		10.26—11.1	
18	熟悉进货日程表		10.26—11.1	
19	卖场货架全部安装完毕		11.1	
20	熟悉厂商合作合同（了解破损退货率及最小订货量）		10.11—10.31	
21	员工动员大会		10.30	

序号	工作内容	工作标准（要求）	时间	责任部门/人
22	大进货，做排面宽度、高度试验，陈列商品		11.1—11.17	
23	调试、检查，价签标示全部完成，第一次扫描，做好开业后员工排班表		11.17—11.20	
24	补充订单及上POS机第二次扫描，商品陈列及促销全部确定，完成开业前工作检查表		11.21—11.23	
25	第三次扫描，更换所有错误的价签		11.23—11.26	
26	建立暂存区及价码查询处		11.25	
27	品质、价格检查		11.19	
28	建立家电类的三级账		11.17—11.19	
29	建立库存单管理体系		11.10	
30	商品卫生检查	商品上货架后，天天进行	11.16	
31	商品陈列检查	细致全面	11.17	
32	盘点工作进行	局部、小组别进行	11.20	
33	试营业		11.26—11.27	
34	与楼面协调工作		11.1—11.26	
35	加强服务意识培训		11.20—11.26	

表9-17　　**新店开业筹备工作——食品部（包括生鲜）工作内容**

序号	工作内容	工作标准（要求）	时间	责任部门/人
1	人员招募		7.1—7.12	
2	人员接收及定岗定位	视生产力而定	7.12	
3	岗位职责及业务技能培训实习	分批培训	7.13—7.25	
4	卖场情况熟悉	每天巡场	8.1—8.10	
5	制定岗位职责及工作流程	每天清扫	8.20	
6	办公条件具备及进驻		9.1	
7	生鲜耗材计划提报		9.20	
8	与采购部沟通商品陈列，跟踪冷库及陈列柜的安装		9.1—9.10	

序号	工作内容	工作标准（要求）	时间	责任部门/人
9	商品明细表的介绍		9.10—9.20	
10	绘制货架陈列配置图	结合店内实际，借鉴先进经验	9.25—10.15	
11	建议进货量	估算最大陈列量上限	10.15—10.20	
12	区域责任指示牌的确定	及时与企划部联系	10.5	
13	第一期DM商品陈列设计提报		11.5	
14	领用物品	专人领用分配	10.10	
15	熟悉厂商合作合同（了解破损退货率及最小订货量）		10.1—10.31	
16	跟踪工程部自制设备及排水给电工程完毕，行政部自用工具到位		11.1	
17	生鲜卫检培训		11.1—11.10	
18	不锈钢商用设备全部到位		11.1	
19	商用设备理论培训，耗材到位		11.1—11.10	
20	商用设备全部到位，熟食配方确定		11.1	
21	冷库安装完毕，商用设备全部安装完毕		11.1	
22	PLU码的确定，电子秤的使用培训，最后确定商品陈列		11.1—11.10	
23	大进货排班表，以及相关工具的准备清洁卫生		11.1—11.5	
24	设备安装调试，部门设备放置确定		11.1—11.5	
25	员工动员大会		11.6	
26	熟悉进货日程表	请收货部派人培训	11.1—11.5	
27	大进货		11.11—11.20	
28	进行开业演习，完成开业前工作检查表		11.20—11.22	
29	大扫除，检查各项工作准备情况		11.20—11.22	
30	试营业		11.26—11.27	

表 9-18　　　　　　　　**新店开业筹备工作——营运部工作内容**

序号	工作内容	工作标准（要求）	时间	责任部门/人
1	人员接收，定岗定位		7.12	
2	管理人员培训		7.13—7.25	
3	会员招募	会员目标、手册、培训、招募	8.21—9.30	
4	绘制货架陈列配置图		10.20	
5	卖场情况熟悉		11.1—11.10	
6	店面实习		11.1—11.10	
7	货架、收银台、道具等到位		11.1	
8	发会员卡		11.1 开始	
9	大扫除		11.5—11.6	
10	开业促销计划布置	媒体、POP、DM、赠品检查	11.10—11.20	
11	大进货	正常销售商品、快讯商品	11.7—11.20	
12	补充货架、商品上架、陈列、堆码、核价、条码检索		11.7—11.20	
13	陈列的局部调整		11.10—11.20	
14	大进货调整、补货		11.15—11.20	
15	库存区的规定及整理		11.15—11.20	
16	商品试扫		11.20—11.24	
17	卖场大检查、准备开业	商品陈列、货架卫生、库存区、生鲜区	11.23—11.26	

表 9-19　　　　　　　　**新店开业筹备工作——客服部工作内容**

序号	工作内容	工作标准（要求）	时间	责任部门/人
1	人员接收，定岗定位		7.12	
2	岗位职责及业务培训实习		7.13—7.25	
3	卖场情况熟悉		9.1—9.10	
4	总服务台的设立		9.1	

序号	工作内容	工作标准（要求）	时间	责任部门/人
5	手推车存放区的设定		9.1	
6	购物袋发放的规定及管理		9.20	
7	招募工作进行及核查总结		9.21—9.30	
8	会员信息录入及核查	与电脑部共同完成	10.1—10.20	
9	赠品发放处的设置	场地，货架到位，摆设合理	10.1	
10	退/换货处的设置		10.1	
11	临时应急存包柜的设置及管理		9.1	
12	办公条件具备及人员进驻		9.1	
13	物品领用	物品需求申报齐全，合理	9.1	
14	标示各项标识及须知等	内容丰富、合理	9.1	
15	建立顾客意见簿，投诉记录，建立圆桌会议提案（投诉顾客恳谈会）		9.20	
16	电子存包柜的到位及试运行检查		10.1	
17	促销信息熟悉		10.15—10.20	
18	会员卡发放	先取先发，决不积压	11.1 开始	
19	快讯发放		11.15—11.17	
20	赠品收货及管理	流程、规范出台，人员到位	11.17—11.20	
21	区域卫生	随时保持区域清洁		
22	试卖或演练		11.17—11.25	

资料来源　作者根据相关资料改编。

主要参考文献

［1］操阳．连锁经营原理与实务［M］．北京：高等教育出版社，2008.

［2］林正修．零售业促销方法与案例［M］．北京：企业管理出版社，2006.

［3］刘超．卖场选址与布局［M］．北京：中国发展出版社，2008.

［4］张智强．品类管理实施指南［S］．美国食品营销协会，中国连锁经营协会，2002.

［5］李卫华．连锁企业门店开发与设计［M］．北京：中国人民大学出版社，2012.

［6］黄权藩．品类管理——教你如何进行有效促销［M］．北京：机械工业出版社，2012.

［7］李卫华．连锁企业品类管理管理［M］．北京：高等教育出版社，2012.

［8］高勇．啤酒与尿布——神奇的购物篮分析［M］．北京：清华大学出版社，2008.

［9］林肯，托马森．终端突围的货架革命［M］．胡晓姣，译．北京：东方出版社，2010.

［10］中国连锁经营协会．2004年中国连锁经营企业经营状况分析报告［R］.2005.

［11］科斯蒂恩斯．决胜零售［M］．管新潮，姚奕，译．北京：华夏出版社，2005.

［12］斯塔尔博格，梅拉．购物者营销：如何把进店购物者变成实际购买者［M］．派力，译．北京：中国商业出版社，2012.

［13］昂德希尔．顾客为什么购买：新时代的零售业圣经（升级版）［M］．缪青青，刘尚焱，译．北京：中信出版社，2011.

［14］陈立平．卖场营销［M］．北京：中国人民大学出版社，2008.

［15］《零售商学院》系列杂志.

［16］《销售与市场》系列杂志.